中共晋江市委党史和地方志研究室 编

晋江地情丛书

曾公亮年谱

陈芳盈　甘传芳　陈金土　著

厦门大学出版社
XIAMEN UNIVERSITY PRESS
国家一级出版社
全国百佳图书出版单位

图书在版编目（CIP）数据

曾公亮年谱 / 陈芳盈，甘传芳，陈金土著. -- 厦门：
厦门大学出版社，2024.7
（晋江地情丛书）
ISBN 978-7-5615-9366-0

Ⅰ．①曾… Ⅱ．①陈… ②甘… ③陈… Ⅲ．①曾公亮
-年谱 Ⅳ．①K827＝44

中国国家版本馆CIP数据核字(2024)第089941号

责任编辑　章木良
美术编辑　蒋卓群
技术编辑　朱　楷

出版发行　厦门大学出版社
社　　　址　厦门市软件园二期望海路 39 号
邮政编码　361008
总　　　机　0592-2181111　　0592-2181406(传真)
营销中心　0592-2184458　　0592-2181365
网　　　址　http://www.xmupress.com
邮　　　箱　xmup@xmupress.com
印　　　刷　厦门市金凯龙包装科技有限公司

开本　720 mm×1 000 mm　1/16
印张　19.5
插页　8
字数　300 千字
版次　2024 年 7 月第 1 版
印次　2024 年 7 月第 1 次印刷
定价　90.00 元

厦门大学出版社
微信二维码

厦门大学出版社
微博二维码

《古圣贤像传略》中的
曾公亮画像

原设于泉州府文庙中的
泉州历史名人纪念馆内
的曾公亮蜡像

位于河南省郑州市的曾公亮墓及墓碑背面的碑记（张保见教授提供）

立于墓茔之后的"曾公亮墓"文物保护碑（张保见教授提供）

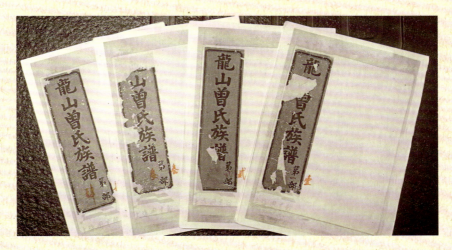

《龙山曾氏族谱》（又名《温陵曾氏族谱》，上海图书馆馆藏）影印件

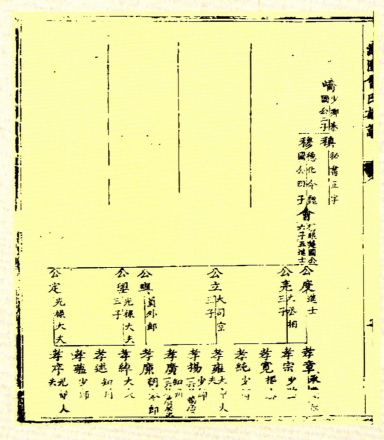

《龙山曾氏族谱》中的曾会、曾公亮家族谱系图

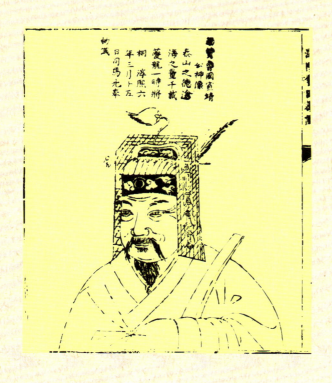

《龙山曾氏族谱》中的
曾公亮画像

《龙山曾氏族谱》中
关于曾公亮的记述

《龙山曾氏族谱》中的
曾穆画像

位于晋江御辇的曾穆墓碑（现
碑为御辇村人曾英灿所书）

《龙山曾氏族谱》
中的曾会画像

曾会神道碑

曾公亮为高祖母立于泉州清源山北麓的"唐故高祖母夫人张氏墓"（国田院）
墓碑（左为拓片）

曾公亮为其母黄氏立于泉州清源山北麓的"宋故楚国夫人黄氏墓"（国田院）
墓碑（左为拓片）

德化"相安院"墓葬群中
的曾公亮三世祖曾宏墓碑

南安"国相院"墓葬群中
的曾公亮五世祖曾瓒墓

重建于 1936 年的晋江市池店镇御辇村曾延世（曾公亮之入闽曾氏一世祖）祠

曾公亮之侄、曾公度之子曾孝章与苏轼、苏颂同游杭州西湖石屋洞的碑刻

《武经总要》书影

为桂州东至昭州二百六十里西至柳州四　　桂州始安郡為靜江三年升桂林郡唐置總管府尋為都督府人領桂管經署平使乾元中　　廣南西路　　兵為鈐轄以州為治所　　兵伐交州由此州水路進師今置廣南東路　　天竺國不可計程太平興國中朝廷遣三將　　三日至陵山東有胡其西南至大佛石獅子　　至九乳螺州又南三日至不勞山國朝以深州又南　　里計二百里從屯門山用東風西南行七日

《武经总要》中关于"九乳螺洲"（即西沙群岛）的记载

位于泉州市区"源和1916"创意产业园曾公亮文化园牌坊居中联"公心扶（北）宋，武经一部传中外；亮节耀（南）天，文脉千秋贯古今"（陈金土撰联，李德谦书法）

牌坊背面居中联"派衍武城，基肇鲤城，三省流芳多将相；学从至圣，裔承宗圣，九思毓秀出公卿"（陈金土撰联，周焜民书法）

序

林华东[*]

曾公亮是宋代闽南泉州人,北宋名相。他秉承闽南文化的务实创新精神,敢为敢当,曾向宋神宗推荐改革家王安石;他具有天才的军事眼光,主持编纂《武经总要》,第一次把历代的主要兵书和宋朝军事家们的军事成果汇集起来,编纂成我国第一部较为全面系统的军事学大全;他家风严谨,缔造了宋代泉州仕宦世家的东南传奇,除曾公亮、曾孝宽外,南宋又有曾怀、曾从龙等位极人臣,素有"一门四相"之美名。在泉州,曾公亮为后来的闽南文人学士树立了鲜亮的形象。曾公亮之后,宋代的闽南又相继涌现出苏颂、蔡确、吕惠卿、梁克家、留正、陈淳等一批以经世致用著称的人物。延至明清,闽南务实学风更为鼎盛,蔡清、陈琛、何乔远、林希元、李廷机、张岳、俞大猷、李贽、林焊、李光缙、蒋德璟、黄道周、蔡世远、李光地、丁拱辰等人在全国都产生过广泛而又深远的历史影响,不断提升闽南的知名度。

曾公亮为学为人为政的成功之道,追根溯源,无疑与闽南文化的长期浸染有着极为密切的关系。闽南人在长期的奋斗中,逐步形成了具有鲜明地方特色且充满活力的"重乡崇祖、爱拼敢赢、重义求利、山海交融"的人文精神。这一人文精神的核心要素就是一个"实"字。现实生活中的一切都以"实"为基,以"实"为据,以"实"为要。曾公亮尤其深得这个要领,无论是为学治书的创新精神、为人处世的宽容精神,还是为官治政的担当精神,无不彰显着闽南文化的底色。据《(道光)重纂福建通志》记载,宋神宗曾赞誉说:"大臣如公亮,极不可得也。"

* 泉州师范学院原副校长,二级教授,福建师范大学博导;在闽南思想文化、现代汉语和闽南方言、高等教育管理等方面有独到的研究。

　　为纪念宋代名相曾公亮诞生 1020 周年，泉州曾公亮学术研究会与龙山曾氏大宗祠管委会曾于 2019 年 12 月 21 日，在泉州华侨大厦联合召开"曾公亮文化泉州论坛暨泉州曾公亮学术研究会 2019 年年会"。出于对曾公亮的景仰，我在大会上作了《闽南文化优秀传统与曾公亮的为官治学》学术报告。《曾公亮年谱》作者中的陈金土、甘传芳两位同志，除了担负论坛的具体会务工作外，他们当时撰述的《曾公亮年谱（初编）》作为学术材料在大会上进行交流，引起了学界广泛的关注。

　　对于曾公亮生平方面的研究，之前已有张小平《宋人年谱二种·曾公亮年谱》和西北师范大学赵积优的硕士学位论文《曾公亮研究》等，但他们毕竟不是泉州本土人士，对曾公亮的历史了解总有一些天然不足。陈芳盈是福建省作家协会会员、福建省闽南文化研究会会员，对人文历史具有深厚兴趣，常协助地方文史工作者做好相应的搜集、整理、分类等工作，自身逐步积累，积极参与曾公亮研究工作，让我们看到了年轻的力量和希望。陈金土、甘传芳均是我的学生，他们在学时勤耕苦读，任教后润物无声，课余痴迷闽南文化。陈金土告诉我，作为泉州曾公亮学术研究会的重要成员，几年来他和甘传芳查阅了大量史籍、谱牒等，踏勘了泉州市南安和泉州市区清源山北麓的曾公亮家族墓葬群，走访了泉州曾氏家族聚居的村庄，咨询曾氏族人；此外，还多次专程拜访中共晋江市委党史和地方志研究室蔡斯坤主任、尤春晓副主任，以及编纂研究科林荣国科长，得到诸多颇具针对性的学术建议和修改意见。

　　泉州作为宋元时代的世界大港，曾公亮及其家族生于这个历史大时代，对当时的社会进步发挥了积极的推动作用，对地方教化也有着不可磨灭的功勋。曾公亮展示了闽南文化的精神，是闽南人的典范。今天，我们对历史文化的继承，要遵循习近平总书记提出的创新性发展和创造性转化的思路。故而弘扬曾公亮文化，一要学他的为人，谨言慎行，修身齐家，流芳千古；二要学他的从政，为民造福，治理有方，支持改革；三要学他的思想，学风扎实，著述经典，惠泽后人；四要学他的精神，自强自立，立志正途登官，不以斜封入仕，以实才担重任。

　　陈芳盈、甘传芳、陈金土三位同志勤于读史，考据周详，敏于治学，调研尽力，且能克服诸多现实困难，对曾公亮学术研究充满独特的情怀。《曾公亮年谱》的出版，为把曾公亮研究引向深入做出了重要贡献。了解历史是为了面向未来，希望有更多学者不断探索闽南文化的历史，为推进中国式现代化增添精神力量。

　　是为序。

凡　例

一、本年谱系曾公亮生平资料之编年体汇编。谱主事迹及相关人物活动轨迹,多所考证。所据之文献典籍,有与谱主同年代之宋人著述,亦有元明清乃至近人著作,更有地方志书、家史谱牒等。所援引资料一般只做摘引。

二、本年谱以年号加干支纪年,并于括号内标注公元纪年。同一条目、同一页码或文段中,出现一个朝代有数个年号者,仅首次出现者冠以朝代名称。其干支月日,参照陈垣《二十史朔闰表》。

三、关于谱主,《宋史》或地方史志及家谱有传,虽记载有文集,但均失于流传。凡涉及谱主的资料如为历代文集、方志碑刻之类,均予采集,以资互证。本年谱所引各书,只于首次出现时注明时间与撰人,其后则仅引书名;帝王年号以括号加注公元纪年,同一年号中的多个纪年在同一条目或页码中再次出现者,则不再加注公元纪年。

四、与谱主或国家、地方事务相关性相对较强之人,择其要事及与谱主有关者列入,与谱主有关事件则更详叙之。年长于谱主者,其生平简介一般系于谱主"1岁"之"时事选摘";年少于谱主者,则在谱主的相应"年份"中出现;凡人物之卒年发生于谱主在世时间段者,其生平则均详列于谱主之对应"年份"。至于相关性较弱之人物,即简列于事件出现之处。

本着互见精神,各相关事件的有关人物,尽量予以适当注释,或详或略,使谱主及其所处之历史背景更为全面开阔,也有存史于当今、求证于未来的考证希冀。

五、并作"余记"若干,附于谱主卒年之后。

六、宋朝地方行政区划,实行路、州府军监、县建制,且于宋至道三年(997年)在全国同时设置"路",是直辖于中央且高于府、州、军、监的一级监察区。这年设置的十五路被称为"至道十五路",其路名及治所分列如下,在正文中不再加以注释:

1.京东路:治所在宋州,即今河南省商丘市。

2.京西路:治所在河南府,即今河南省洛阳市;庆历中分为南北二路,北路仍治河南府,南路治襄州即今湖北省襄阳市。

3.河北路:治所在大名府,即今河北省邯郸市大名县东,宋熙宁六年(1073年)分为河北东路、河北西路。

4.河东路:治所在并州,即今山西省阳曲县。

5.陕西路:治所在京兆府,即今陕西省西安市。

6.西川路:治所在益州,即今四川省成都市。

7.峡路:治所在夔州,即今重庆市奉节县。

8.两浙路:治所在越州,即今浙江省绍兴市。

9.淮南路:治所在扬州江都县,即今江苏省扬州市区。

10.江南路:宋天禧四年(1020年)分江南东路和江南西路,即今江西省和安徽省长江以南区域。

11.福建路:治所在今福建省福州市。

12.荆湖北路:治所在江陵府,即今湖北省荆州市荆州区。

13.荆湖南路:治所在潭州,即今湖南省长沙市。

14.广南东路:治所在今广东省广州市。

15.广南西路:治所在桂州,即今广西桂林市。

宋咸平四年(1001年)又分置、设置:

1.分峡路为益州路、梓州路,南宋乾道六年(1170年),梓州路更名潼川府路,辖地包括今四川东部、重庆西部及云南北部部分地区。

2.夔州路:治所在今重庆市奉节县。

3.利州路:相当于今之四川绵阳市梓潼县、平武县,巴中市,广元市和陕西的汉中市等区域,川峡四路之一。

七、辽朝是契丹族建立的政权,与宋朝并存一个历史阶段,但国号频频更改,多家典籍使用、引用不一。为行文方便,做灵活处理,允许适时互见。其国号使用概况如下:

由辽太祖耶律阿保机建立于907年,传九帝,享国二百一十八年。后梁贞明二年(916年)始建年号,建国号"契丹",定都上京临潢府(今内蒙古赤峰市巴林左旗);后晋天福三年(938年)改号大辽。辽会同元年(947年),辽太宗耶律德光率军南下攻占汴京(今河南开封),灭后晋,于汴京登基称帝,改国号"大辽",改年号"大同"。辽圣宗耶律隆绪统和元年(983年,北宋太平兴国八年),又改称大契丹;辽道宗耶律洪基咸雍二年(1066年,北宋治平三年),复号大辽。

八、西夏为党项族建立的政权,因地处中国西北,加上为了与之前的"夏"政权相区分,史称"西夏"。西夏前期与辽(契丹)和北宋并立,后期与南宋和金并立。行文中,凡属引文仍称为"夏",引文之外则统一称为"西夏"。

目 录

╔══════════════╗
║   谱　文   ║
╚══════════════╝

余 记

附 录

曾公亮简传

　　曾公亮生于宋真宗咸平二年（999年）二月初七日，是北宋中后期国家政治舞台上的一位重要人物，出身于泉州晋江仕宦家族，祖父曾穆曾经担任德化县令，父亲曾会高中宋端拱二年（989年）榜眼，宋太宗认为曾会的文才与状元、四川人陈尧叟不相上下，于是同时授予两人同样的官职。曾会历任刑部郎中、集贤殿修撰，天资夷旷，为政清廉。由此，泉州曾氏开始了一个世家大族的奋进历程。

　　曾公亮"少力学问，能文章"，表现出不凡的禀赋和才气。他初入政坛时，正当北宋王朝处于内外矛盾日趋激烈、"兵虚财匮"的转折阶段，开国皇帝宋太祖赵匡胤通过"杯酒释兵权"，加强了中央集权统治，却产生了"兵将分离""守内虚外"的严重后果，而且"将不称职"和"冗兵"现象非常严重，仅宋仁宗时期，中央禁军和地方厢兵就达到150万，给人民造成了极大的负担。面对由此产生的种种弊端，曾公亮上疏条陈六事，提出"完堡栅，畜兵马，损冗兵，汰冗官，省徭役，专任农"等切中时弊、富国强兵的改革建议和措施，得到宋仁宗的嘉许和器重，而且政绩卓著，于嘉祐元年（1056年）升任吏部侍郎、同中书门下平章事、集贤殿大学士，与祖籍河南、出生于泉州的另一位宰相韩琦，共同主持朝中政事。他们"勠力一心，更唱迭和"，主张鼎革更新，关注民生疾苦，发展茶业贸易让利于民，清查绝户田产，增加国库收入，扶助孤寡，等等。曾公亮尽力为国家奖掖人才，尤其赏识卓有才干的改革家王安石，虽然保守派激烈反对起用王安石，但并没有动摇曾公亮举荐贤能的决心，他多次在神宗面前推荐王安石，尽管自己身居相位，仍然非常虚怀地建议——"安石，真辅相之才"。当然，面对新法出现不尽合理之事时，曾公亮仍能与王安石折辩商榷，但也因此受到了革新派或保守派的非议。

　　曾公亮一生从政近半个世纪，虽然把主要时间和精力都用在治理国事上,但还是给后世留下了不少著作。他不仅是北宋中叶著名的政治人物,而且广泛涉猎军事、军火、文学和史学等领域,做出巨大贡献,留下大量著作,见于记载的有《宋英宗实录》30卷、《元日唱和诗》1卷、《勋德集》3卷、《演黄帝所传风后握奇阵图》等。此外,他还一度出任史馆编修,参与《新唐书》的修撰工作。由欧阳修、宋祁两人领衔编纂的《新唐书》,最后是由曾公亮进呈给皇帝的。其中建树最大的,还是在宋仁宗康定元年(1040年)至庆历四年(1044年),曾公亮和丁度奉命主编的《武经总要》,这部军事科学专著分前后集共40卷,记录了历代军事典章制度、边防战守、各种战例以及武器生产和火药配制等内容,材料翔实,范围广泛,保存了不少有科学价值的资料和珍贵的史料,对后世产生了深远的影响,《四库全书总目提要》认为其"前集备一朝之制度,后集具历代之得失"。被誉为"当代利玛窦"的英国科学史家李约瑟,在皇皇巨著《中国科技史》中就高度评价了《武经总要》,认为《武经总要》关于火药配方的记录比欧洲至少要早300年。尤其值得一提的是,《武经总要》记载:北宋朝廷"命王师出戍"于广南(即广东),"从屯门山用东风,西南行七日至九乳螺洲"。"九乳螺洲"即今南海诸岛中之西沙群岛,它充分说明西沙群岛自古以来就是我国的神圣领土,也为我们伟大祖国在维护领土完整和主权,以及今天南海九段线的划分提供了一份无可争辩的历史证据。

　　曾公亮历仕宋仁宗、英宗、神宗三朝,集政治家、军事家、军火家、史学家和文学家于一身,是文理兼通的一代名相。元丰元年(1078年)闰正月二十三日,曾公亮与世长辞。宋神宗下令停朝三日,并亲临哭奠,在曾公亮出葬时,又穿素服在皇宫中哭奠,并御题陵墓碑额为"两朝顾命,赞策勋德",后又下诏改为"两朝顾命,定策亚勋",高度评价曾公亮,钦赐配享先皇宋英宗庙庭。宋理宗宝庆二年(1226年),朝廷仿唐太宗"凌烟阁"故事,摹画自宋代开国以来二十四功臣像,悬挂于昭勋阁,曾公亮赫然居于其中。1937年元月,现代文学家郁达夫畅游泉州,三年多后,泉州人陈祖泽在新加坡将自己的著作《温陵探古录》奉赠郁达夫。郁达夫感怀之余,写下七律《咏泉州》,其颈联"里中志记曾明仲,桥上人歌蔡状头"提到的曾明仲,就是泉州历史名人曾公亮。

谱文

◎宋真宗咸平二年己亥（999年）

1岁

　　是年，二月初七日（一作二月二十五日），曾公亮生于泉州晋江名宦世家。父曾会时年48岁，以太常博士、直史馆知台州（《嘉定赤城志》卷九"秩官"）。曾公亮之妹、三弟曾公立、四弟曾公奭、五弟曾公望，先后诞生于次年后的4年之间，据此推断，曾公亮出生地应为台州，其弟、妹出生地亦必随同父亲宦迹而辗转。嫡母吴氏，生母黄氏。

　　曾公亮先世为唐光州固始（今河南省固始县）人，五代中徙泉州晋江（原晋江县城区，今为泉州市区），遂为晋江人。

　　曾祖父曾峤，唐司农少卿、泉州节度掌书记。以曾孙曾公亮贵，赠太师、中书令、秦国公，忌日九月十一日，葬晋江县鸾歌里通泉院前。娶肖氏，赠秦国太夫人，葬白石流隔岭。生二子：曾积、曾穆。

　　祖父曾穆，乡进士（"举人"的别称），德化县令，以殿中丞致仕，以孙曾公亮贵，赠太师、中书令、魏国公，后又以曾孙曾孝宽贵，晋封秦国公。先后娶两辛氏，赠魏国、韩国太夫人。生四子：曾会、曾愈、曾介、曾俅。曾穆葬晋江永宁里御辇村（亦称行辇村、下辇村等）"荷叶摆水穴"，建普门院守坟，忌日□月初九日。魏国太夫人葬晋江县鸾歌里鹤龄，忌日三月十四日。韩国太夫人葬白石留隔岭萧夫人（曾峤夫人）墓右，忌日十月初八日。

　　曾穆"清约自持"，教子颇严，与儿子们约法三章：一是不得向人表露父亲的官员身份；二是不准好逸恶劳；三是不拿取他人赠物。四子皆走上仕途，其中三人荣登进士第。曾公亮就生长于家风如此敦厚的福建东南仕宦家庭。

父曾会（952—1033），字宗元，榜眼、刑部郎中、集贤殿修撰，赠太师、中书令兼尚书令，封楚国公。于此前十年高中宋端拱二年（989 年）己丑科陈尧叟榜进士第二名，帝以其二人难分伯仲，同授集贤殿修撰一职。后历官他乡，但泉州晋江是他发迹的祖居地，根据他的遗嘱，灵柩运回家乡，葬在南安县（今泉州市南安市）亳光山白石猴坑（又名白石窟斗）"翻天马蹄穴"。曾会著作较丰富，有《杂著》20 卷、《景德新编》10 卷，其诗文散见于《泉州府志》《晋江县志》，以及宣州、处州、台州、建州、颍州、池州、明州等七州。《晋江县志》卷三《名人事迹》载："以文章名世者，唐有欧阳行周……宋有曾宗元……"曾公（会）娶妻吴氏、黄氏，共生六子、四女：长子曾公度，濠州钟离县主簿；次子曾公亮，进士知会稽县，拜吏部侍郎，同中书门下平章事，集贤殿大学士，礼部尚书，吏部尚书，封鲁国公，拜司空，太保；三子曾公立，大司空；四子曾公奭，都官员外郎；五子曾公望，光禄大夫；六子曾公定，秘书丞，集贤校理。长女适杨克昌（1027 年进士），二女适王从益，三女适王平（1019 年进士），四女未嫁而夭（见于《龙山曾氏族谱》第 66 页，张小平《宋人年谱二种·曾公亮年谱》中未载有三子曾公立）。吴氏封夏国太夫人（后封秦国太夫人），黄氏封江夏郡君，后追封楚国太夫人（《龙山曾氏族谱》）。

曾会举家入京前，至泉州市区西门外九日山延福寺，访契仙上人，作《题名于泉郡南安延福寺聚秀阁》："余自端拱元年秋入忝乡解之首，宿是寺。端拱二年（989 年）进士及第，居甲科之二；夏四月，释褐授光禄寺丞直史馆；冬十二月，请假还乡。淳化元年春三月，携家入京，复来于此，因访契仙上人，故志于壁，为他日乞骸东归张本也！"

曾愈（960—1043），曾穆次子，曾公亮二叔，字于义，官朝列大夫，秘书丞，娶刘昌言女，封彭城县君。时年 40 岁。其六世孙曾从龙为南宋状元、参知政事。

曾介（967—1051），曾穆第三子，曾公亮三叔，字源兴，官秘书丞，两举朝奉大夫，特乞恩赠秘书省，娶黄氏，恩赠同安县君。时年 33 岁。其子曾公敏举家为祖父曾穆守墓，是以居家繁衍，成为晋江御辇曾氏开基祖。

曾俅(970—1060),曾穆第四子,曾公亮四叔,字振兴,生于宋开宝三年(970年)八月十五日,卒于嘉祐五年(1060年)十一月初九日,历官将仕郎、司录参军,宽柔方正,学问广博。时年30岁。

曾公亮之兄曾公度,大中祥符八年(1015年)乙卯科蔡齐榜进士,娶妻刘氏,以承议郎知濠州钟离县(今安徽省凤阳县)主簿,后来葬在曾穆墓旁。

曾会长女曾氏,适杨克昌。据《龙山曾氏族谱》和《金华县君曾氏墓志铭》(曾巩撰),金华县君曾氏为曾会之三女,少曾公亮一岁。据此,则曾会长女(适杨克昌)、次女曾氏(适王从益),均年长于曾公亮,生年均应在曾公亮之前,且有可能在曾公度之前。

曾会次女曾氏,适王从益。

陈省华(939—1006),陈尧叟、陈尧佐、陈尧咨之父,为曾公亮岳祖父,时年61岁,字善则,阆州阆中县(今四川省南充市)人,官至左谏议大夫,卒赠太子少师、秦国公。其曾祖父陈翔为后蜀新井令。早年随祖父陈诩至四川阆州,后定居阆中县。为后蜀西水(今四川省剑阁附近)县尉,后为宋陇城(今甘肃省天水市秦安县东)主簿,再迁栎阳(古县名,战国时秦国都城,今属陕西省西安市)令。任栎阳令期间,郑白渠为邻县强占,陈省华设法使水利均沾。妻冯氏,封燕国夫人。冯氏性严,富贵之后仍每天带着儿媳妇下厨做饭,不事奢华,与陈省华育有三子:长子陈尧叟是端拱二年(989年)己丑科状元,次子陈尧佐进士出身,三子陈尧咨是咸平三年(1000年)庚子科状元,世称"三陈",还有一女适傅尧俞;父子四人皆进士,故称"一门四进士",陈省华女婿傅尧俞也是状元,因此又称"陈门三状元"。

陈尧叟(961—1017),字唐夫,陈省华长子,端拱二年(989年)己丑科状元,为北宋状元宰相。时年39岁。

陈尧佐(963—1044),字希元,号知余子,陈省华次子、陈尧叟之弟、陈尧咨之兄,北宋宰相、水利专家、书法家、诗人。时年37岁。

陈尧咨(970—1034),字嘉谟,陈省华三子,北宋官员、书法家,曾公亮岳父。时年30岁。

陈省华父子翁婿一门五进士、三状元(含女婿傅尧俞),是科举史也是家族史的奇迹。陈省华和妻子冯氏律己甚严,教子有方,"陈省华教子"成为千秋典范。陈尧叟、陈尧佐官至宰相,陈尧咨位至将帅,可谓出将入相,且陈氏兄弟多有阴德,其后代据称已达百万以上。同时代的司马光称赞陈氏"三子……接踵为将相,始大其家,子孙繁衍,多以才能致美官,棋布中外,故当世称衣冠之盛者推陈氏"。曾公亮迎娶陈尧咨之女,后来曾公亮之子曾孝宽亦娶陈尧咨孙女,曾会家族与陈尧咨互为亲家,陈尧叟与曾会又分别为同榜的状元与榜眼,属于世家大族的强强联合。

时事选摘

是年,首任翰林侍讲学士邢昺(932—1010,字叔明,北宋儒家学者、经学家)与杜镐(938—1013,字文周,北宋目录学家)、孙奭等校订《周礼》《仪礼》《公羊》《谷梁传正义》《孝经》《论语》《尔雅》等群经义疏。

曾致尧(947—1012),字正臣,江西抚州南丰人,北宋散文家,曾巩、曾布祖父,时年53岁。曾致尧是北宋开国后南丰第一位进士及第者,为官清正廉洁,性情刚正直率,敢于直言不讳。有一次,宋太宗宴请群臣时夸耀自己国库充盈,但时值江南干旱,曾致尧直言不讳地说:"未及江南一夜秋雨之富也。"皇帝不但没有动怒,反倒为之感动。南丰曾氏从此获得"秋雨名家"的称号。南丰曾氏为耕读世家,自曾致尧举进士起,77年间出了19位进士:曾致尧辈7人,其子曾易占辈6人,其孙曾巩辈6人。此外,曾巩妹婿王安国(1028—1074,字平甫,王安石大弟)以及王补之、王彦深等一批人亦皆进士。据《建昌府志》《南丰县志》及诸曾著作如曾巩之《元丰类稿》记载,南丰曾氏的儒学底蕴、文化积淀与苦学精神为世所震惊,曾巩的同年进士苏辙为之赠诗称"儒术远追齐稷下,文词近比汉京西"(《曾子固舍人挽词》),非虚言也。江西南丰曾氏家族与福建晋江曾会、曾公亮家族之科举盛事,可以说是中华曾氏西东辉映相互媲美的佳话。

曾易占(989—1047),字不疑,曾致尧第五子,曾巩、曾布之父,累官至太常博士,赠光禄卿。时年 11 岁。

毕士安(938—1005),本名毕士元,字仁叟,小字舜举,山西代州云中(今大同)人,北宋初年宰相、诗人。时年 62 岁。

张齐贤(942—1014),字师亮,山东曹州冤句(今曹县西北)人,北宋名臣。时年 58 岁。

吕蒙正(944—1011),字圣功,河南洛阳人,祖籍今山东省烟台市莱州市城港路街道军寨址村。时年 56 岁。

钱熙(953—1000),字太雅,泉州南安人。时年 47 岁。

韩国华(957—1011),字光弼,河南相州(今安阳市)人,北宋名相韩琦之父,曾任泉州知府,《泉州府志》中父子皆有传。时年 43 岁。

王旦(957—1017),字子明,河北大名莘县(今山东省聊城市莘县)人,北宋名相。时年 43 岁。

赵安仁(958—1018),字乐道,河南府人。时年 42 岁。

冯拯(958—1023),字道济,长乐信都(今河北省衡水市冀州区)人,出生于河南孟州河阳,进封魏国公,北期宰相,谥"文懿"。时年 42 岁。

杨延昭(958—1014),本名延朗,亦称杨六郎,山西太原人,北宋前期名将。时年 42 岁。

陈彭年(961—1017),字永年,江西省南城县人,北宋大臣、文学家。时年 39 岁。

寇准(961—1023),字平仲,华州下邽(今陕西省渭南市临渭区下邽镇)人,北宋政治家、诗人。时年 39 岁。

王钦若(962—1025),字定国,临江军新喻(今江西省新余市)人,宋真宗、宋仁宗时期宰相,"五鬼"之一。时年 38 岁。

丁谓(966—1037),字谓之,后更字公言,两浙路苏州府长洲县人,祖籍河北。时年 34 岁。

刘娥(968—1033),宋真宗皇后,宋朝第一位摄政的太后,史书称其有"吕武之才,无吕武之恶",谥号"庄献明肃皇后",后改为"章献明肃皇后"。时年 32 岁。

孙仅(969—1017),字邻几,河南汝州人,北宋大臣,宋咸平元年(998 年)戊戌科状元。时年 31 岁。

高惠连(972—1068),字元溥,泉州晋江安平人,北宋政治家。时年28 岁。

王曾(978—1038),字孝先,祖籍泉州晋江清蒙(古称清濛、青芒、旌贤等),出生于山东青州益都县兴儒乡秀士里(今青州市郑母镇),北宋名相、诗人,咸平五年(1002 年)壬寅科状元,有"连中三元"的殊荣。时年 22 岁。

范仲淹(989—1052),字希文,谥"文正",北宋政治家、文学家、军事家。时年 11 岁。

丁度(990—1053),字公雅,开封人,祖籍恩州清河(今河北省邢台市清河县),北宋大臣、训诂学家。大中祥符四年(1011 年)登"服勤词学科"进士(榜眼),累官至枢密副使、参知政事,与曾公亮等编纂《武经总要》四十卷,皇祐五年(1053 年)去世,赠吏部尚书,谥"文简"。《宋史·卷二百九十二·列传第五十一》《丁文简公度崇儒之碑》《东都事略·卷六十三·列传四十六》均有记载。时年 10 岁。

晏殊(991—1055),字同叔,江西临川人,北宋文学家、政治家。时年 9 岁。晏殊的女婿是富弼,富弼的女婿是冯京。

贾昌朝(997—1065),字子明,河北省真定府获鹿县(今石家庄市鹿泉区获鹿镇)人,北宋宰相、训诂学家、文学家和书法家。时年 3 岁。后娶陈尧咨女,为曾公亮连襟。

包拯(999—1062),字希仁,安徽庐州合肥人。时年 1 岁。

刘奕(999—1051),字蒙伯,福州怀安县刘宅乡(今福州市仓山区建新镇刘宅村)人。时年 1 岁。刘奕父刘若虚(字叔扬,其先泉州人,徙居闽县)为咸平五年(1002 年)壬寅科王曾榜进士,官至尚书屯田员外郎。

苏绅(999—1046),字仪父,一作仪甫,原名庆民,与曾公亮妹夫王平为同榜进士,泉州同安人,有《文集》《奏疏》,历知扬州,任集贤殿修撰等,为北宋名相兼科学家苏颂的父亲。苏缄、苏绅、苏颂被称为宋代泉州"三苏"。时年 1 岁。

◎宋真宗咸平三年庚子(1000 年)

2 岁

是年,曾公亮 2 岁。

曾公亮妹(金华县君曾氏)生。〔(道光)《晋江县志·卷之六十七·列女志·名媛附》及《金华县君曾氏墓志铭》〕

陈尧咨高中是年庚子科状元。此榜共取进士 414 人。

正月,宋辽发生瀛州(今河北省河间市。宋大观二年即 1108 年,废瀛州为河间府)之战。

九月,朝廷建置群牧司官署(设制置使一人,由枢密使或副使任职;副使一人以及都监二人、判官二人),掌管内外厩牧的事务。

十月,宋真宗始特置西川及峡路安抚使;又命翰林学士宋白(936—1012,字太素,一作素臣,北宋词人、文学家)等承旨续修唐杜佑《通典》。

钱熙(953—1000)卒,年四十八。钱熙于雍熙二年(985 年)乙酉科进士及第,迁殿中丞。宋真宗即位时迁右司谏。好学,善谈笑,精笔札。钱熙年轻时曾与曾会同窗共读。先于曾会登第,曾写诗寄语期许曾会——"好看闽州名士传,东南此事古来稀"。

◎宋真宗咸平四年辛丑(1001 年)

3 岁

谱主活动

是年,曾公亮 3 岁。

曾公亮弟曾公立出生。

时事选摘

六月,田锡(940—1004,初名田继冲,字表圣,北宋初期著名谏臣、政治家、文学家)著《御览》三十卷、《御屏风》五卷。

朝廷设龙图阁,为纪念宋太宗的专门宫殿(位于会庆殿西侧;收藏有宋太宗御书、各种典籍、图画、宝瑞,以及宗正寺所进宗室名册、谱牒等);置有龙图阁待制、龙图阁直学士、龙图阁学士、直龙图阁等官员职位,掌管阁内一切事务。在崇文院内建置史馆、昭文馆、集贤殿,合称"三馆",分别执掌起草制诰诏书、整理典籍、编纂图书、教授生徒等工作。

尹洙(1001—1047,字师鲁,世称河南先生,北宋散文家)出生。尹洙与曾公亮为同榜进士,与欧阳修、梅尧臣等力倡古文诗歌,并身体力行,简而有法,使唐末五代以来文格卑弱之风为之大变。主要著作有《河南集》《五代春秋》。

◎宋真宗咸平五年壬寅（1002 年）

4 岁

谱主活动

是年,曾公亮 4 岁,尝试识文断字,从父兄诵读诗书。

曾公亮四弟曾公奭生。

时事选摘

正月,首次专设经略使（边防军事长官）,管理一路兵民之政,往往以经略安抚使为名,由各路帅府的知州、知府兼任,并兼马步军都总管。

三月,契丹派遣北府宰相萧继远等率兵南下。四月,文班太保达里底于梁门（今河北省保定市徐水区）大败宋军,南京（辽国之南京号为"析津府",今北京市西南）统军使萧挞凛（澶州之战时为宋将威虎军头张瑰伏弩射杀。萧挞凛之死为"澶渊之盟"的签订创造了条件）攻打泰州（今河北省保定市）。不久,辽师北还。

四月,宋真宗下诏申警,要求三司今后须收掌好各类簿书,每年比较钱谷收支、校定户口现数。

五月,梅尧臣（1002—1060,字圣俞,世称宛陵先生,北宋诗人）出生。

王曾高中是年壬寅科殿试第一名,此科共取进士 38 人。王曾此前于发解试、省试皆为第一,遂成"连中三元"之殊荣,金殿传胪后被授予将作监丞。著名文学家杨亿读了王曾所作之赋,赞叹道:"此王佐之才。"

◎宋真宗咸平六年癸卯（1003 年）

5 岁

谱主活动

是年，曾公亮 5 岁，开始诵读诗书。

曾公亮五弟曾公望生。

时事选摘

正月，宋遣使臣到丰州（今陕西省榆林市府谷县北）诏谕，赏赐首领龙移、昧克。

世界上第一张纸币"交子"出现于中国四川民间地区，官方于宋天圣元年十一月二十八日（1024 年 1 月 12 日）设立益州（今四川省成都市）交子务，意味着交子正式成为国家法定货币。交子有随到随取、简易轻便等优点，随着民间经济的发展，使用范围也越来越广。

四月，契丹进攻定州，宋定州行营都部署王超（河北赵州即今赵县人，宋初大将，官至建雄军节度使；女儿王氏，为晏殊之妻，封荣国夫人）先指挥步兵 1500 余人迎战辽兵于望都县；副部署王继忠率部与辽军在康村（今属河北省保定市）交战，辽军集中兵力攻宋师侧面，并从阵后烧毁宋军粮道。王继忠等在辽军的重重包围中，边战边撤，终败。王超等领兵回定州。

五月，李元昊（1003—1048，本名拓跋元昊，字嵬理，党项族，西夏开国皇帝）出生。

六月,罢三部使(盐铁使、度支使、户部使的合称,分管三司事务),合并盐铁、度支、户部为一使,任命刑部侍郎、权知开封府寇准为兵部侍郎,充三司使。

冬,宋真宗根据静戎军(治所在今河北省保定市徐水区)王能(942—1019,北宋将领)的奏请,诏命静戎(今徐水区)、顺安、威虏(今徐水区西)界并置方田,开凿河流来阻遏敌骑。

◎宋真宗景德元年甲辰(1004 年)

6 岁

谱主活动

是年,曾公亮 6 岁。与兄弟姐妹跟随父曾会辗转于任所,初见山川之秀丽,日诵诗文。

时事选摘

正月,刘娥(宋代第一位临朝称制的女主,常与汉代吕后、唐代武后并称,后世称其"有吕武之才,无吕武之恶")被宋真宗封为四品美人,正式成为后宫妃嫔。

京师连续三次地震。二月,冀(今河北省衡水市冀州区)、益(今四川省成都市)、黎(今四川省雅安市汉源县)、雅(今四川省雅安市)诸州发生地震。四月,邢州(今河北省邢台市)、瀛州(今河北省河间市)亦地震。十一月,石州(今山西省吕梁市离石区)地震。

正月二十日,富弼(1004—1083,字彦国,河南洛阳人,北宋名相、文学家)于洛阳出生。

二月,夏国主李继迁(963—1004)遭吐蕃(中国西藏历史上第一个有明确史料记载的政权,一般认为其实际立国者为松赞干布)伏击,中流矢死。

三月,威虏军(治所在今河北省保定市徐水区西)大破契丹于长城口。

七月,迁翰林侍读学士、兵部侍郎毕士安为吏部侍郎、参知政事。毕士安荐举寇准。八月,毕士安与寇准同时被任命为相。

八月,同知枢密院事冯拯、陈尧叟并为签署枢密院事。

九月,契丹耶律吴欲来降。

闰九月,辽圣宗(972—1031,原名耶律隆绪,契丹名耶律文殊奴,辽朝第六位皇帝)与萧太后(953—1009,原名萧绰,小字燕燕,原姓拔里氏,拔里氏被耶律阿保机赐姓萧氏,辽朝政治家、军事家、改革家)率军大举南下,进抵澶州(又称开德府,今河南省濮阳市西)。寇准为相,在其力谏下,宋真宗御驾亲征,两军一时对峙,胜负未卜。契丹请和,以获利为条件,寇准不允,宋真宗却想脱离战争状态,终于达成和议。

吴育(1004—1058,字春卿,礼部侍郎吴待问长子,北宋参知政事)出生。

十月,宋真宗诏令修茸历代圣贤陵墓。

◎宋真宗景德二年乙巳(1005 年)

7 岁

谱主活动

是年,曾公亮 7 岁,父曾会为其延师课读。

时事选摘

正月,宋辽在澶州正式签订盟约:宋辽结为兄弟之国,契丹视宋为兄,宋每年给辽绢二十万匹、银十万两,以白沟河为界分治。澶州亦名澶渊郡,因而史称"澶渊之盟"。之后,宋辽开启了长达一百多年没有战争的和平局面,双方都在边境地区设置互相交易的市场,贸易与文化往来十分频繁,丰富了汉族和契丹族人民的文化和经济生活。

宋遣散此前召集戍边的丁壮回乡务农;鉴于战乱造成河北地区耕具短缺,牛多瘠死,又组织购买耕牛发送河北,并推行淮、楚地区民间习用的"踏犁"(系人力犁,凡四五人力可比一头牛力)。类似政策的实施,使得宋朝北方沿边地区的农业生产有所恢复和发展,人民生活逐渐安定。

二月,宋命开封府推官、太子中允、直集贤院孙仅担任辽国母"生辰使",出使辽朝,受到极好的礼遇。十月,又派度支判官、太常博士周渐(吕蒙正三女婿)为契丹国主"生辰使",职方郎中、直昭文馆韩国华为契丹国母"正旦使",盐铁判官、秘书丞张若谷[字德元,福建沙县人,生卒年不详,宋淳化三年(992 年)壬辰科孙何榜进士,累官至尚书左丞,得到三度为相的张士逊的器重与提拔]为契丹国主"正旦使",并对使节携带礼品名目等做了具体规定。此后,宋辽使节往来便成惯例,持续百余年。

四月,参知政事王钦若以素与宰相寇准不和而罢政,宋真宗设置资政殿,并任命王钦若为资政殿学士。

十月,丁谓上《景德农田编敕》。

十一月十四日,毕士安(938—1005)卒,年六十八。毕士安中宋太祖乾德四年(966年)丙寅科李肃榜进士。宋太宗时为翰林学士、礼部侍郎。宋真宗即位后,累迁至吏部侍郎、同平章事,成为宰相,大力荐举寇准。澶州之战时,支持寇准决策,力主宋真宗亲征。宋辽签订"澶渊之盟"后,又挑选良将守边,量时制法,依次施行。去世后追赠太傅、中书令,谥号"文简"。著有文集三十卷,如今已佚,《全宋诗》录有其诗。

十一月,福建飓风,不害庄稼,朝廷遣使分赈。

◎宋真宗景德三年丙午（1006 年）

8 岁

谱主活动

是年,曾公亮 8 岁。

右正言、知制诰陈尧咨充当进士科考官,因帮三司使刘师道(961—1014,字损之,一字宗圣,开封东明人)之弟刘几道作弊,获罪被贬为单州(今山东省菏泽市单县)团练副使。

时事选摘

正月,除沿边州郡外,京东西、河北、河东、陕西、江南、淮南、两浙等地皆立常平仓(古代政府为稳定粮食市场价格、调节粮食供应,以备官需民食而设置的粮仓。宋太宗淳化三年即 992 年,已先设置于京畿)。各地按人口多寡量留上供钱一千贯至二万贯为籴本,由转运使在各州择清官掌握,三司不得移用。每岁夏秋谷贱之时,增价收籴,遇谷贵则减价出粜,但所减不得低于本钱,在一定程度上起到了积极作用。常平仓事由司农寺总领,日后有结余款项时,再将本钱归还三司。常平仓粮如三年以上不曾出卖,即易以新粮。

春,宋真宗罢寇准相位,使其出知陕州(今河南省三门峡市陕州区),任命王旦为宰相。

四月,宋真宗派使者巡抚益(今四川省成都市)、利(今四川省广元市为其主体)、梓(今四川省三台县)、夔(今重庆市奉节县),以及福建诸

— 19 —

路,决狱及犒设将吏、父老。

九月,文彦博(1006—1097,字宽夫,号伊叟,山西汾州介休人,北宋政治家、书法家)出生。

十月,西夏太宗李德明(981—1032,西夏国主李继迁长子)即位后,痛感连年对宋战争已使党项族深陷困境,人畜死亡严重,遂产生与宋和好之心。宋以其为定难军节度使,封西平王,并录其誓表,遣人送至西凉府(今甘肃省武威市),晓谕诸蕃,转告甘(今甘肃省张掖市)、沙(今甘肃省敦煌市)首领。当月,宋又以张崇贵等为(李)德明旌节官告使,赐李德明袭衣、金带、金鞍勒马,银万两,绢万匹,钱二万贯,茶二万斤。此后,双方维持了几十年的和平局面,经济文化交流不断。

张去华(938—1006)卒,年六十九。张去华,字信臣,开封襄邑(今河南省商丘市睢县)人,宋太祖建隆二年(961年)辛酉科状元,曾随宋太宗征战太原;其第十子张师德亦为状元。

苏舜元(1006—1054,字才翁,旧字叔才)出生于汴京(今河南省开封市)。

◎宋真宗景德四年丁未（1007 年）

9 岁

谱主活动

是年，曾公亮 9 岁。随父亲曾会寓居浙江明州（今浙江省宁波市）。

时事选摘

正月，契丹在原奚王牙帐地（今内蒙古宁城县西南）仿照宋都汴京城（今河南省开封市）建制，又保留了本土特色，初步建城为都，号曰中京，府名大定（今内蒙古宁城县）。城中有皇室祖庙，辽景宗和承天皇后御容殿。设大同驿、朝天馆、来宾馆分别接待宋朝、高丽和西夏使臣。中京建成后，皇室及辽朝中枢机构多驻节于此，成为辽朝的重要陪都。

宋廷规定杖刑以下罪犯如抗拒不招者，必须戴上十五斤重的木枷，继续受审。枷用干木制成，长五至六尺，颊长二点五至二点六尺，阔一点四至一点六尺，径三至四寸。上刻有阔狭、轻重数字。杻长一点六至二尺，宽三寸，厚一寸；钳重零点八至一斤，长一至一点五尺，锁长八至十二尺。

六月二十一日，欧阳修（1007—1072，字永叔，号醉翁，晚号六一居士，江西吉州永丰人，北宋政治家、文学家）出生于四川绵州（今四川省绵阳市）。欧阳修之父欧阳观（四十九岁时才步入仕途，因子欧阳修贵，追赠崇国公）时任绵州推官，在欧阳修四岁时病逝，欧阳修与母郑氏相依为命,有郑氏"画荻教子"的教育佳话,欧阳修之母为中华"四大名母"之一。

"三范"之一范镇(1007—1088,字景仁,四川成都华阳人,北宋文学家、史学家)出生。

◎宋真宗大中祥符元年戊申(1008 年)

10 岁

谱主活动

是年,曾公亮 10 岁,继续就学。

时事选摘

二月,西夏国主李德明邀留回鹘(又称回纥,中国少数民族部落,维吾尔族祖先)贡物,又侵扰回鹘。三月,遣万子等四军主领族兵攻西凉府(今甘肃省武威市)。既至,见六谷蕃部强盛,往攻回鹘,为回鹘所败。

七月初二日,韩琦(1008—1075,字稚圭,自号赣叟,河南安阳人)于泉州北楼附近(泉州人称之为"生韩处"或"生韩古地")降世。韩琦后与范仲淹同列朝班,与曾公亮同朝为相,被称为宋室柱石、社稷之臣。

福建莆田人冯元中考中进士,后官至户部侍郎。

宋景德(1004—1007)末年,宋朝国势趋于平稳,王钦若等迎合宋真宗急于建立丰功伟绩的心理,竭力拉着皇帝往"神道"的方向走去。寇准被罢相,宋廷始言封禅事,既而宋真宗诈称"天书降",改元"大中祥符"。四月,正式议定封禅之事,宋真宗命枢密院王钦若、参知政事赵安仁(958—1018,河南洛阳人,字乐道,累官至御史中丞,谥"文定")同为封禅经度制置使,权三司丁谓掌度封禅所需粮草,王旦等主持有关礼仪,大兴土木,修筑道路,建立行宫,东行泰山封禅的各类准备活动由此全面展开。十月,宋真宗一行自澶州(今河南省濮阳市西)至泰山,举行了庄严隆重的封禅仪式。之后,又进行祭孔活动,宋真宗亲谒孔子庙,加谥孔子为"玄圣文宣王"。又派吏部尚书张齐贤等以太牢致祭,并以孔子四十六世孙、同学究出身孔圣佑为奉礼郎,赐孔庙《九经》《三史》,令选儒生讲说。次年(1009年)五月,追封孔子弟子兖公颜回为国公,费侯闵损等九人为郡公,郕伯曾参(即曾子,前505—前435,中国著名思想家,孔子的晚期弟子之一,与其父曾点同师孔子,是儒家学派的重要代表人物)等六十二人为列侯。

四月,宋真宗在崇政殿亲试进士科举人,殿廊设帷幄,列置座位,逐一标出举人姓名,并揭榜图表其座次,命举人对号依次入座应试。

北宋朝廷发布中国古代第一部由官方主修的韵书《广韵》。

十月,宋真宗令开封府及所过州军考送服勤词学、经明行修举人,其怀材抱器沦于下位及高年不仕,德行可称者,所在以闻。三班使臣经五年考课。两浙钱氏、泉州陈氏近亲、蜀地孟氏、湖南马氏、荆南高氏、广南河东刘氏子孙未食禄者,听叙用。

十一月,契丹使上将军萧智可等来贺。

北宋名将狄青(1008—1057,字汉臣,山西汾州西河人)出生。

苏舜钦(1008—1048,字子美,四川梓州铜山县即今四川省中江县人,北宋大臣,参知政事苏易简孙子)出生于开封。

◎宋真宗大中祥符二年己酉(1009 年)

11 岁

谱主活动

是年,曾公亮 11 岁,随馆就学,试作诗文。

时事选摘

是年为回历 400 年,耶路撒冷人阿哈玛特出资于泉州城南始建圣友寺(艾苏哈卜大清真寺,今名清净寺,位于泉州市涂门街),属于鲜明的西亚伊斯兰教寺院建筑,为中世纪伊斯兰教建筑艺术的典型杰作。元、明、清三代均有修建,其中元至大三年(1310 年,回历 701 年),来自波斯(今伊朗)的朝觐者阿哈玛特·本·穆罕默德·贾德斯出资予以修缮。现存主要建筑有大门、奉天坛、明善堂等。其中大门最具特色,门高约 20 米,宽约 4.5 米,用花岗石砌筑,分外、中、内三重,皆为圆形穹顶尖拱门。寺内存有古阿拉伯文《古兰经》石刻等;北面围墙正中完好无损地镶嵌着一方明永乐五年(1407 年)《永乐上谕》的石刻,是明成祖朱棣(1360—1424)颁发保护伊斯兰教寺院的文告。这是中国现存最古老的伊斯兰教寺院,为我国古代与阿拉伯各国人民友好往来和文化交流的历史建筑,也是古泉州(刺桐)史迹系列遗产的代表性遗存与 2021 年泉州申遗成功的 22 个遗产点之一。它见证了 10—14 世纪泉州海洋交通繁荣、多元文化和谐共处的历史,保留了伊斯兰教的诸多文化信息,20 世纪 90 年代被列为"中国十大名寺"之一,1961 年 3 月被国务院公布为第一批全国重点文物保护单位（当年泉州市仅两处，另一处为晋江安平桥）。与扬州仙鹤寺、广州怀圣寺、杭州凤凰寺合称中国伊斯兰教四大古寺。2008 年，由阿曼苏丹国王全额捐资，在寺东边添建新礼拜堂。

高惠连知泉州，因为州学（今泉州府文庙）旧址基址卑下，每逢雨季，常被洪水浸潦，为避水潦，便将州学迁往地势较高的育才（或称育材）坊（今泉州市区庄府巷泉州酒店一带）。泉州府文庙唐时建于州衙右，宋太平兴国（976—984）初迁于崇阳门外东南（今址）。大观三年（1109 年），名宦柯述卸职归里，应泉郡士绅推举，向郡守建议，认为当时的庙址对人才培养不利，迁建文庙于旧址，泉郡人士载文刻石留念。

二月，丁谓被任命为三司使；四月为修昭应宫使。

二月，应天府富民曹诚捐资三百万金，就戚同文（生于唐朝末年，字同文，山东宋州楚丘人，五代至北宋初年著名教育家，睢阳学舍创办人杨悫的学生。戚同文继承师业，继续在睢阳学舍办学，人称戚同文为"睢阳先生"）办学旧址，建学舍一百五十间，聚书一千余卷，广招学生，讲习颇盛。应天府奏上其事，宋真宗赐额"应天府书院"，命戚同文之孙奉礼郎戚舜宾主持院事，令本府幕职官提举，以曹诚为府助教。书院订立制度、学规，凡属讲课、考试、劝督、赏罚，都有规程、立法，设置休假、探亲时间，注重学习，兼顾人情，读书人因此都愿意入读。

三月，于阗（故地在今新疆和田地区）黑韩王派回鹘罗厮温等到宋朝进贡方物。于阗此时已皈依伊斯兰教，属于哈拉汗王朝。罗厮温称于阗到敦煌的道路通畅，行旅如流。于阗使节又多是商队，贡品有玉石、乳香、琥珀、棉织物、琉璃和胡锦等；于阗从内地带去的物品则有丝织物、金银器、茶叶等，甚至远销至中亚。北宋时期，于阗向宋进贡三十八次，于阗一道成为中西交通的主要路线。

苏洵（1009—1066，字明允，自号老泉，汉族，四川眉山人，北宋文学家）出生。

◎宋真宗大中祥符三年庚戌(1010年)

12岁

谱主活动

是年,曾公亮12岁,于经史方面日有精进,随父流寓,得益于良师。

七月,父曾会撰池州梅山崇明院碑文,署衔为"宣德郎、守尚书屯田员外郎、监舒州酒税、上骑都尉、赐绯鱼袋曾会撰"(《全宋文·卷二七二》),知曾会时监舒州(今安徽省潜山市)酒税。

曾公亮六弟公定出生。

时事选摘

二月,丁谓请于承天节(即宋真宗生日)禁屠宰刑罚。

四月十四日,皇子赵祯(1010—1063,宋仁宗,初名赵受益,宋朝第四位皇帝,宋真宗第六子)出生。

五月,高丽(朝鲜半岛古代国家之一)西北面巡检使康肇(?—1010,高丽王朝穆宗和显宗时期的戍边将领)杀王诵,迎其从弟王询(992—1031,字安世,高丽王朝第八任君主,庙号显宗)为王,契丹以讨伐康肇弑君之罪为由,号召诸道缮甲整兵,以备东征。八月,辽圣宗将亲征高丽,以皇弟楚王耶律隆裕留守京师,北府宰相、驸马都尉萧排押为都统,北面林牙僧奴为都监。十月,女真(一般认为是现在满族人的祖先)进良马万匹于辽,要求从征高丽。契丹使耶律宁来宋告征高丽。

十一月,龟兹(今我国新疆库车、阿克苏一带,西域大国之一)、占城(今印度支那半岛东南沿海地带)、交州(今我国广西、广东,越南北部、中部地区)、甘州回鹘(今我国河西地区)来贡。

◎宋真宗大中祥符四年辛亥(1011 年)
13 岁

谱主活动

是年,曾公亮 13 岁,就学交友。

时事选摘

韩琦之父韩国华(957—1011)卒,年五十五。韩国华于宋景德四年(1007 年)以太常少卿知泉州,大中祥符(1008—1016)初迁右谏议大夫。大中祥符四年(1011 年)离泉,至建州(今南平市建瓯市)卒于传舍。韩国华去世时,韩夫人亦卒,韩琦仅四岁,由诸兄扶养。泉州一带长期以来广为流传泉州知府韩国华与婢女连理生下韩琦的故事,宋元南戏、古泉州梨园戏的七子班均有剧目《韩国华》(亦称《连理生韩琦》),演出其事。泉州市区至今仍有"生韩古地"遗迹,位于福建医科大学附属第二医院(东街院区)西大门右侧,泉州人传为"连理巷",巷今已变为医院围墙一段。1984 年 6 月泉州市人民政府立有"韩琦出生地"石碑。此外,与韩琦出生传说有关的七里庵(也称鲫鲤庵,位于泉州东门外凤山附近),现在也翻建一新。与韩氏父子有关的泉州史迹还有"忠献堂",清道光《晋江县志·卷十二·古迹志坊宅附·城中古迹·忠献堂》记载:"忠献堂,在旧州治内,即今提署。《闽书》以韩魏公琦生此得名,后易以'清署',守王十朋仍旧名。"南宋状元、泉州太守王十朋专门为此写了《复旧额》一诗:"相出相州生此州,巍巍勋业出伊周。后人莫要轻更改,别有堂名胜此不?"

七月,朝廷免除闽、浙、荆湖、广南岁丁钱(也叫身丁钱,封建时代政府向成年男子征收的一种赋税)四十五万。

王曾升任尚书主客郎中,后又知审官院、通进银台司、勾当三班院。

宋真宗到汾阴(今山西省万荣县西南)祭祀,张师德(978—1026,字尚贤,河南开封襄邑人,张去华之子)献《汾阴大礼颂》。后张师德参加当年的科举考试,中进士第一(状元)。张去华、张师德"父子状元"为时人所称颂。

陈升之(1011—1079,原名旭,避宋神宗讳,改字旸叔,福建建阳三桂里人)出生。

吕蒙正(944—1011)卒,年六十八。吕蒙正为太平兴国二年(977年)丁丑科状元,授将作监丞,出任升州(今江苏省南京市)通判,后步步高升,三登相位,封为许国公,授太子太师。为人宽厚正直,对上遇礼而敢言,对下宽容有雅度。去世后追赠中书令,谥"文穆"。其子吕从简等,其侄吕夷简,侄孙吕公著,大多位至公卿;外孙女崔氏封永嘉郡君,嫁与包拯长子包繶。吕蒙正有个宾客叫富言,富言想向吕蒙正推荐自己的儿子进入书院学习。吕蒙正见了富言之子后,大为惊叹:"你这儿子将来名位与我相似,功勋事业还会远远超过我。"就让富言的儿子与自己的儿子做了同学,这就是后来两任宰相的富弼。《吕蒙正》是泉州梨园戏的传统剧目。

邵雍(1011—1077,字尧夫,谥"康节",生于林县上杆庄即今河南省林州市城郊乡邵康庄村,北宋著名理学家、数学家、诗人)出生。邵雍与周敦颐、张载、程颢、程颐并称"北宋五子"。

◎宋真宗大中祥符五年壬子(1012 年)

14 岁

谱主活动

是年,曾公亮 14 岁,勤读诗书。

曾公亮叔曾愈登是年壬子科徐奭(985—1030,字武卿,浙江瑞安木棉即今泰顺县司前镇墩头人,自幼随父旅居福建建瓯,后返迁故里。徐奭智质聪颖,博学多闻,28 岁的他殿试作《铸鼎象物赋》,举进士第一,成为温州历史上第一位状元。因他以建瓯籍考上状元,世人多以为徐奭为福建人)榜进士第(明黄仲昭《八闽通志·卷五十》)。此榜取士126 人,也有史料(宋人祝穆《方舆胜览·卷十二》"曾愈,进士第二人及第")称其高中榜眼。

时事选摘

泉州记载:占城稻(耐旱早熟稻种)首次传入泉州地区。

三月初七日,蔡襄(1012—1067,字君谟,北宋名臣,书法家、文学家、茶学家)出生于兴化军仙游县唐安乡依仁里赤湖蕉溪(今莆田市仙游县枫亭镇九社村五星自然村)。

九月,丁谓为户部侍郎、参知政事。

曾致尧(947—1012)卒,年六十六。曾致尧生于南唐元宗保大五年(947 年),宋太平兴国八年(983 年)癸未科王世则(963—1008,人称"连科状元"。当年王世则高中状元,谁料同科进士中有人担任县令,其县

— 31 —

境内军粮失火焚毁。有人因此告状说该科进士大多虚浮轻妄不合格。第二年,宋太宗便下诏让该科进士进京复试,王世则依旧高中状元)榜进士,官至礼部郎中,后改吏部郎中。

十月,宋真宗作《崇儒术论》,刻石于国学。

十一月,宋真宗晋封刘娥为德妃,并给百官加官晋爵。

十二月丁亥,刘娥晋封为皇后,时年四十四岁。

◎宋真宗大中祥符六年癸丑(1013 年)

15 岁

谱主活动

是年,曾公亮 15 岁,继续求学。

时事选摘

三月,建安军(治所在今江苏省仪征市)铸玉皇、圣祖、太祖、太宗尊像成,以丁谓为迎奉使。

六月,诏翰林学士陈彭年(961—1017,字永年,江西抚州南城人)等删定《三司编敕》。

八月,以丁谓为奉祀经度制置使;又置礼仪院(依典礼裁定行礼所用仪仗、法物等制度,多以参知政事为判院)。

十一月,宋真宗赐御史台《九经》、诸史。

八月,《册府元龟》成书。宋景德二年(1005 年),宋真宗命资政殿学士王钦若,知制诰杨亿,直秘阁钱惟演、孙奭等 18 人一同编修历代君臣事迹。大中祥府六年(1013 年)八月,枢密使王钦若等上新编修君臣事迹 1000 卷,宋真宗为序,题名《册府元龟》,意即作为后世帝王治国理政的借鉴。"册府"是帝王藏书处,"元龟"是大龟,古代用它来占卜国家大事。此书自上古至五代分门编纂,以编年体和列传体相结合,共分 31 部,1004 门,为北宋四大类书(《册府元龟》《太平广记》《太平御览》《文苑英华》合称"宋四大书")之一。其所引文献皆为北宋以前古本,可校史、补史。

◎宋真宗大中祥符七年甲寅(1014 年)

16 岁

谱主活动

是年,曾公亮 16 岁。与父曾会仿前贤故事,登家乡晋江的灵源山,游灵源寺,与寺僧对句,留下嵌首名联"灵山好作西天界,源水能通南海潮"。灵源山位于今晋江市境内,海拔 305 米,又称"太平山""大鹏山";宋时,因见山中"时涌灵源"而称"灵源山"。山上有泉南最享盛名的寺庙之一——灵源寺以及众多古人留题的摩崖石刻。

时事选摘

二月,宋真宗前往亳州谒圣祖殿,途经应天府(今河南省商丘市南),升应天府为南京。

二月,西夏李德明遣使诣行阙朝贡。

六月,罢枢密使王钦若为吏部尚书;寇准为枢密使、同平章事;陈尧叟为户部尚书。

十一月,户部尚书陈尧叟上《汾阴奉祀记》三卷。

十二月,诏川、峡、闽、广转运、提点刑狱官察属吏贪墨惨刻者;辽使萧延宁等辞别归国;据统计,天下共有 9055729 户 21976965 人。

封皇子赵祯(宋仁宗)为庆国公。

陈希亮(1014—1077,字公弼,四川眉州青神人,北宋大臣)出生。

吕诲(1014—1071,字献可,河北廊坊人,累官至御史中丞等,宰相吕端之孙,反对王安石变法)出生。

蔡高[1014—1041,字君山,蔡襄胞弟,宋仁宗景祐元年(1034年)甲戌科张唐卿榜进士,后任长溪即今霞浦县尉,善于断案。可惜英年早逝,欧阳修称之为"天下奇才"]出生。

杨延昭(958—1014)卒,年五十七。杨延昭是北宋前期著名将领,不仅智勇善战,而且品德高尚,关心士卒,所得赏赐全部犒劳部下;生活俭朴,与士卒同甘共苦,出入骑从如小校;号令严明,遇敌必身先士卒,克敌制胜后总是推功于部下。大家都乐意为他效命,在边防20余年,威名震动契丹。他去世后,宋真宗甚为悼惜,遣中使护椟(棺材)以归,河朔地区的人多望柩而泣。

◎宋真宗大中祥符八年乙卯(1015年)

17 岁

谱主活动

是年,曾公亮 17 岁。父曾会由三司判官职出任两浙转运使,这时,丁谓正在杭州负责建设钱塘江堤(钱塘江为浙江省最大的河流,钱塘江潮号称"天下第一潮"),民众虽已不堪重负,却一直没有人敢于批评他。曾会到任后,以两浙转运使的身份上奏朝廷,详细列举了丁谓的罪状。丁谓被免职,曾会亲自指挥继续修建,军民才得以安定。

三月,其兄曾公度与里人陈从直(其从兄陈从易与陈尧叟、曾会为同榜进士,历知虔州、广州,为官廉洁清正,博学强记,文风质朴,预修《册府元龟》)、谢徽、黄虚舟,同登乙卯科蔡齐(988—1039,字子思,先世洛阳人,其曾祖曾任山东莱州胶水令,遂定居于此。当年乙卯科状元,官至参知政事,为政有仁声,逝后获赠兵部尚书,谥"文忠")榜进士,知濠州钟离县(今安徽省凤阳县)主簿。

陈尧咨到洛阳任西京留守。

时事选摘

北宋时期,泉州港在海外贸易中的重要性日益提高,常与高丽等国通过海道进行贸易。据《高丽史》载,是年闰六月"宋泉州人欧阳征来投"。商人欧阳征遂定居高丽,受封左拾遗。从此,泉州成为高丽国的主要贸易港。

四月,寇准为武胜军(治所在今河南省邓州市内城西南隅)节度使,同平章事;丁谓为大内修茸使。

十一月,待禁杨承吉出使西蕃而还,进献地理图。占城、宗哥族及西蕃首领向宋朝进贡。

晋封皇子赵祯(宋仁宗)为寿春郡王,讲学于资善堂。

吕夏卿(1015—1068,字缙叔,泉州晋江人,北宋大臣)出生。

◎宋真宗大中祥符九年丙辰（1016年）

18岁

谱主活动

是年,曾公亮18岁,勤学不辍,随父履任,渐知国计民生。

时事选摘

正月,置会灵观(建于宋大中祥符五年即1012年,供奉五岳帝,又名五岳观)使,并命丁谓为之,加刑部尚书。

二月,王旦等上《两朝国史》;延州(今陕西省延安市)蕃部发生饥荒,货以边谷。

九月,以丁谓为平江军(治所在今江苏省苏州市)节度使;王曾以右谏议大夫为参知政事。

十月,又置龙图阁。龙图阁,北宋阁名,建于咸平四年(1001年)。景德四年(1007年),置龙图阁学士,为正三品。如包拯即曾任龙图阁直学士,故民间称之为"包龙图"。

◎宋真宗天禧元年丁巳（1017 年）

19 岁

谱主活动

是年,曾公亮 19 岁,随侍父亲。在父亲悉心教育下,伴随父亲仕宦生涯的转徙跌宕而奔走四方,丰富了阅历,开阔了视野。从是年起,曾公亮始游学于远地。

陈尧叟（961—1017）卒,年五十七。陈尧叟为宋端拱二年（989 年）己丑科状元,其弟陈尧佐为端拱元年（988 年）戊子科程宿榜进士。另据《宋史》记载,"(宋)端拱初,礼部试已,帝虑有遗才,取不中格者再试之,于是由再试得官者数百人",故有史学家认为兄弟同科。陈尧叟又与父亲同日获赐绯袍,历官秘书丞、河南东道判官、工部员外郎。宋淳化四年（993 年）,任交州国信使,出使前黎朝（今越南）。后拜知枢密院事兼群牧制置使。澶州之战前后,陈尧叟主张迁都,与宰相寇准意见不同。大中祥符五年（1012 年）,升任同平章事、枢密使,四年后因病改授右仆射、知河阳军（治所在今河南省孟州市西）。去世后获赠侍中,谥"文忠",著有《监牧议》《请盟录》等。

时事选摘

正月,宰相读天书于天安殿,宋真宗遂幸玉清昭应宫,作《钦承宝训》示群臣。

皇子赵祯（宋仁宗）兼中书令。

蔡襄曾于宋太宗天禧年间（1017—1021），与舅舅卢锡（生卒年不详，惠安县城山乡德音里八都峰尾卢厝人，主要成就是参与主持建造洛阳桥）在昆山伏虎岩寺（今属泉州市泉港区涂岭镇松园村）结庐读书。今昆山虎岩寺仍留有蔡襄任泉州太守，重游故地时所镌的"伏虎胜境"的摩崖石刻。伏虎岩虽不雄奇，却因蔡襄而扬名。

柯述（1017—1111，字仲常，别名柯世程，泉州南安人）出生。宋皇祐元年（1049年），柯述任府学教谕，嘉祐二年（1057年）登丁酉科章衡（1025—1099，字子平，南平浦城人，后被授予上柱国，册封吴兴县开国伯）榜进士，先后任赣州县尉、吴兴（今属浙江省湖州市）知县、怀州（今河南省沁阳市）知州、福建提刑、湖南运使，两度任福州知州，又被封龙图阁直学士，文学出众。曾与弟柯迪［嘉祐四年（1059年）己亥科刘辉榜进士］寄文章给时任泉州太守蔡襄，蔡襄作《送柯秘书三子归泉应诏诗》，赞赏其兄弟"海鹰上云出爪翼，天马历地无羁缰"。柯述通百家诗史，更精于《易》，著有《否泰十八卦》。由于柯述任职期间为读书人做了大量好事，其本人又著述丰富，福州、泉州两地文庙都以柯述从祀其中，泉州文庙旁还曾建有纪念柯述的祠堂。泉州民间还有柯述"瑞鹊传芳"的宦游佳话。

王旦（957—1017）卒，年六十一。太平兴国五年（980年），王旦登庚辰科苏易简（958—996，字太简，梓州铜山县即今四川省中江县人，与苏舜钦、苏舜元合称"铜山三苏"）榜进士第，累官至同知枢密院事、参知政事。澶州之战时，权任东京留守事。景德三年（1006年）拜相，并监修《两朝国史》。他善于知人，多荐用厚重之士，力劝宋真宗行祖宗之法，慎作改变。掌权十八载，为相十二年，深为宋真宗信赖，晚年屡请逊位，最终因病罢相，以太尉掌领玉清昭应宫使。去世后获赠太师、尚书令兼中书令、魏国公，谥"文正"。乾兴元年（1022年），配享宋真宗庙庭，宋仁宗题其碑首为"全德元老"。与曾公亮等同列昭勋阁二十四功臣。

周敦颐（1017—1073，又名周元皓，原名周敦实，字茂叔，晚年移居庐山莲花峰下，峰前有溪水为濂溪，故号濂溪先生。湖南省道县人，北宋文学家、哲学家，是理学"关闽濂洛"中"濂学"代表人物，谥"元"，所以也称周元公）出生。

◎宋真宗天禧二年戊午（1018 年）

20 岁

谱主活动

是年，曾公亮 20 岁。

宋真宗再次派陈尧咨阅进士考试试卷。

时事选摘

八月，进封皇子赵祯（宋仁宗）为升王，九月册封赵祯为皇太子，作《元良箴》赐之。

吕公著（1018—1089，字晦叔，安徽寿县人，北宋著名政治家、学者，太尉吕夷简第三子）出生。吕公著累官至龙图阁直学士，其学说以治心养性为本，语约而理尽，开启了宋代学术史上"吕学"端绪。其著述颇丰，有《五州录》《吕申公掌记》《吕正献集》《吕氏孝经要语》《葵亭集》等。

郑穆（1018—1092，字闳中，福建福州人）出生。郑穆生于书香之家，与陈襄、陈烈、周希孟等友善，积极提倡儒学。宋皇祐五年（1053 年）癸巳科郑獬（1022—1072，字毅夫，号云谷，湖北安陆人）榜进士及第，任河南寿安（今河南省宜阳县）主簿；后入京，为国子监直讲，编校集贤院书籍，转馆阁校勘，升太常博士，又改集贤校理、汾州（一般指山西省汾阳市）通判。熙宁三年（1070 年），任岐王（赵颢，字仲明，初名仲纠，宋英宗次子，宋神宗同母弟，皆宣仁圣烈高皇后所出，天资聪颖，嗜学善射，后改封雍王、扬王等）侍讲。三年后，改诸王府侍讲。郑穆居馆阁 30 年,在王邸 10 年左右,凡可以劝诫者,必反复陈述,岐、嘉(即嘉王赵頵,后改封曹王、荆王等,原名赵仲恪,宋英宗第四子,宋神宗同母弟)二王,深为敬重。宋元丰三年(1080 年),出知越州(今浙江省绍兴市),加朝散大夫,任期尚未满即告老,掌管杭州洞霄宫(著名的道教宫观,又称大涤洞天、天柱观,位于今浙江省杭州市临安区青山湖街道洞霄宫村的大涤山中峰下大涤洞旁,与北京白云观、山西永乐宫、成都青羊宫等齐名。大涤山主峰白鹿山,相传很早以前,有一道者在此修行得道骑着白鹿升天,因而得名。"烟岭迷高迹,云林隔太虚。"宫址四面环山,有狮象守门、灵凤还巢、天柱壁立、大涤尘心等宜人景观;有大涤洞、栖真洞、归云洞等深浅莫测;还有翠峰丹泉、古桥修竹,名人游客来者甚众。李白、苏轼、陆游、范成大等均有题咏,许迈、郭文举、吴筠、邓牧等先后在此久住,宋代诸多名宦如李纲、朱熹等皆任过"提举洞霄宫观察使"之职)。元祐元年(1086 年),太皇太后高氏临朝,召郑穆入京,为国子祭酒。两年后,扬王、荆王请为侍讲,遂改任徐王(赵�“)府赞善。太学生上书乞以为师,朝廷仍命郑穆为国子祭酒兼徐王翊善。元祐四年(1089年),任给事中兼祭酒。两年后,以本官提举洞霄宫。次年病卒于福州文儒坊(福州三坊七巷之第二坊)家中。

◎宋真宗天禧三年己未（1019 年）

21 岁

谱主活动

是年，曾公亮 21 岁。父曾会知池州。

是年，有人揭发钱惟演（977—1034，字希圣，吴越王钱俶次子，章献明肃皇后刘娥之兄刘美妻舅，北宋大臣、文学家、诗人）对官员考核不公正，皇上命陈尧咨参与审查钱惟寅的考核情况。

曾公亮之妹曾氏适王平。王平于是年中己未科王整（970—?，字子齐，河北大名县人，历官太子舍人、监兖州酒务，后至殿中丞；曾以六宅使出使辽国，祝贺萧太后诞辰，回朝后曾提点河北刑狱）榜进士。王平与曾氏育有五子：回、向、固、同、冋，皆有学问品行，任职地方。

时事选摘

三月，苏绅中是年己未科王整榜进士。

五月，大食国（唐宋时对阿拉伯帝国的称呼）来贡。

六月，寇准为中书侍郎兼吏部尚书、平章事；丁谓为吏部尚书、参知政事。

十二月，寇准加右仆射；曹利用（?—1029，字用之，河北赵州宁晋人，北宋大臣、将领，"澶渊之盟"签订时的宋朝代表，因受牵连被贬，愤而自尽，后赐谥"襄悼"）、丁谓为枢密使。高丽、女真来贡。

曾巩（1019—1083，字子固，北宋文学家、史学家、政治家。出身于儒学世家,祖父曾致尧、父亲曾易占皆为北宋名臣)出生于建昌军南丰 (今江西省南丰县),后居临川,与曾公亮家族有交往。

宋敏求(1019—1079,字次道,河北赵县人,燕国公宋绶之子)出生。

◎宋真宗天禧四年庚申(1020年)

22岁

谱主活动

是年,曾公亮22岁,应在此年前后完婚。曾公亮在二十四五岁时做参加科考的准备,27岁时次子曾孝宽出生,在这之前还有长子曾孝宗出生,故曾公亮成婚的年份,很有可能在1020年前后。

曾公亮娶武信军(治所在今四川省遂宁市)节度使、康肃公陈尧咨女为夫人,陈夫人先于曾公亮辞世。

时事选摘

正月,下令开扬州运河。

二月,宋真宗患病,难以主持日常政事,上呈政务均由皇后刘娥处置。后来,宋真宗病情日益严重,便下诏此后由皇太子赵祯在资善堂听政,皇后贤明,从旁辅助。此诏书认可了刘娥裁决政事的权力。

六月,寇准为太子太傅、莱国公;八月,被贬为道州(今属湖南省永州市)司马。

七月,丁谓为平章事。寇准降授太常卿。

十一月,在龙图阁观御制文词,丁谓请镂板(雕版印刷)宣布。

朝廷加丁谓门下侍郎兼太子太傅,不久罢为户部尚书,但仍赴中书省视事如故,后丁谓兼太子少师。

苏颂(1020—1101,字子容,苏绅之子,北宋中期宰相,杰出的天文学家、天文机械制造家、药物学家)在同安芦山堂(位于今厦门市同安区城关)出生。

闰十二月,因为唃厮啰(997—1065,吐蕃王朝赞普后裔,宋代青唐吐蕃首领)为边患,诏陈尧咨等巡抚。

杨亿(974—1020)卒,年四十七。杨亿,字大年,南平浦城人。北宋大臣、文学家,"西昆体"诗歌的代表作家,个性耿介,崇尚气节。11 岁时,宋太宗闻其名声,授秘书省正字。宋淳化三年(992 年)壬辰科孙何(961—1004,字汉公,河南汝州人,年少即能属文,笃学嗜古,与其弟孙仅、孙侑合称"荆门三凤")榜进士,历任著作佐郎、知制诰、翰林学士、户部郎中、史馆修撰,官至工部侍郎。政治上,支持宰相寇准抵抗辽兵入侵,反对宋真宗大兴土木、求仙祀神的迷信活动。去世后谥号为"文"。其博览强记,尤长于典章制度,参修《宋太宗实录》,主修《册府元龟》,今存《武夷新集》《浦城遗书》《杨文公谈苑》等。

张载(1020—1077,字子厚,因寓居陕西眉县横渠,世称"横渠先生",是理学"关闽濂洛"中"关学"的代表人物。其名言"为天地立心,为生民立命,为往圣继绝学,为万世开太平",被称作"横渠四句")出生于陕西西安。

◎宋真宗天禧五年辛酉(1021 年)

23 岁

谱主活动

　　是年,曾公亮 23 岁,游于京师,舍于市侧,听到旁舍有哭声悲恻,经询问方知其人乃欠人家一笔钱,对方催索甚急,无可奈何之下,便将女儿卖给商人,"得钱四十万",即日骨肉将要离别,所以伤心痛哭。曾公亮听后,告之"商人转徙不常",且一旦"爱弛色衰,则弃为沟中瘠"亦未可知,倒不如将钱如数退返商人,让曾公亮将其女买下来。经解劝,即付钱四十万,约定三日后在某舟上等其女儿上船。到期,那父女二人来到河边,遍寻不见后,探问邻船,原来曾公亮的船已开走三日之久。(见《龙山曾氏族谱》录《为善阴德书》、吴曾《能改斋漫录》卷一二《记事》)

时事选摘

　　三月,丁谓加司空。

　　九月,唃厮啰请降。

　　十二月,王安石(1021—1086,字介甫,号半山,北宋著名思想家、政治家、文学家、改革家,封荆国公,"唐宋八大家"之一)出生于江西临川。

　　吴充(1021—1080,字冲卿,南平浦城人,北宋礼部侍郎吴待问四子,参知政事吴育之弟)出生。吴充,宋景祐五年(1038 年)戊寅科吕溱(1014—1068,字济叔,江苏扬州人,见识过人,善于断案。他身患急症时,宋神宗派御医多方救治,并为之升职,结果还是与世长辞)榜进士,调谷熟县(今河南省商丘市虞城县西南部)主簿。入为国子监直讲、吴王宫教授,除集贤校理。吴充之子吴安持是王安石的女婿,但不支持王安石变法,认为新法不便于民。宋熙宁八年(1075 年),为枢密使。熙宁九年(1076 年)王安石罢相,吴充继任同中书门下平章事。

冯京(1021—1094,字当世,湖北武汉人)出生。冯京读书十分刻苦用功,加上天分极高,从小就表现得卓尔不群,于皇祐元年(1049 年)己丑科高中状元。冯京是宋代少数几位"三元"(解元、省元、状元)及第的状元。冯京是宰相富弼的女婿,而富弼又是宰相晏殊的女婿。冯京以太子少师、宣徽南院使致仕。绍圣元年(1094 年),冯京病逝,年七十四,赐谥"文简"。

◎宋真宗乾兴元年壬戌(1022 年)

24 岁

谱主活动

　　三月,宋仁宗继位于崇德殿。曾会时为池州守,命曾公亮奉表晋京祝贺皇帝登基。宋仁宗见曾公亮青年才俊,遂任命其为大理寺评事。这种"以父荫授大理评事",是登堂入仕最便捷的门径,但曾公亮却不愿承受这种特殊待遇,以"斜封"(非朝廷正命封授官爵)入仕,而是立志从正途登第,故向皇帝婉辞,终不赴调。

时事选摘

　　二月,宋真宗崩于延庆殿,年五十五,遗诏皇太子赵祯于枢前即皇帝位。宋仁宗立,刘娥为皇太后,临朝称制,垂帘听政,军国重事"权取"皇太后处分。而小皇帝这时只有 11 岁,实际上就是由刘娥处理政务。吕夷简(978—1044,字坦夫,北宋政治家,太子太师吕蒙正之侄、光禄寺丞吕蒙亨之子)以集贤殿大学士拜同中书门下平章事。进封丁谓为晋国公。

　　二月,丁谓为山陵使、司徒兼侍中、尚书左仆射。

　　二月,寇准被贬为雷州司户参军。

　　三月,宋仁宗初御崇德殿,太后设幄次于承明殿,垂帘以见辅臣。

　　六月,丁谓罢为太子少保,分司西京(今河南省洛阳市),七月贬为崖州(古代州名,现为海南省三亚市辖区)司户参军。

郭逵（1022—1088，字仲通，河南洛阳人，祖籍河北巨鹿，北宋名将，与狄青齐名）出生。郭逵早年荫官北班殿侍、三班奉职，为名臣范仲淹等人所器重。宋嘉祐三年（1058 年）征剿彭仕羲，平定湖北；熙宁九年（1076 年）率军 30 万征交趾李乾德，于富良江之战大破其军，但因宋军病亡逾半，军粮耗尽，只得班师回朝，获罪被贬。宋哲宗即位后，一度起复任职，终以左武卫大将军、提举崇福宫致仕，累封武功县男。元祐三年（1088 年）去世，年六十七，获赠雄武军（治所在今天津蓟州区东北）节度使、司空。著有《五原集》《闲江集》《节制集》《奏议》《经制集》《对镜图释》等，今均佚失。

◎宋仁宗天圣元年癸亥（1023 年）

25 岁

谱主活动

是年，曾公亮 25 岁，在京师，勤读诗书，准备参加会试。

王回出生。王回，字深父，王平与曾氏之子，曾公亮外甥。（《临川先生文集》卷九三《王深父墓志铭》）

时事选摘

正月，朝廷制定了严密的防火措施，在京厢军（厢军，宋代驻州之镇兵，名义上是常备军，实际上只是各州府和部分中央机构的杂兵）中，挑选精干军士，组成队伍，建制为专事消防机构——军巡铺。

兴建海青寺阿育王塔（位于今江苏省连云港市海州区花果山街道）。8 年后建成，塔高 40 余米，九级八面，是苏北地区现存最高和最古老的一座宝塔。

闰九月初七日，北宋政治家寇准（961—1023）于雷州卒，年六十三。寇准，宋太平兴国五年（980 年）庚辰科苏易简榜进士，累迁至殿中丞、右正言、直史馆、三司度支推官、同知枢密院事、参知政事。后两度入相，一任枢密使，出为使相。乾兴元年（1022 年）被贬谪，终雷州司户参军。皇祐四年（1052 年），宋仁宗诏翰林学士孙抃（996—1064，字梦得，号道卿，四川眉山人，官至参知政事，谥“文懿”）撰神道碑，亲为碑首篆额“旌忠”二字，谥“忠愍”，复爵“莱国公”，追赠中书令，后人多称“寇忠

— 51 —

愍""寇莱公"。寇准善诗能文,七绝尤有韵味,有《寇忠愍公诗集》三卷传世。寇准与白居易(772—846,字乐天,号香山居士,又号醉吟先生,唐代伟大的现实主义诗人,唐代三大诗人之一)、张仁愿(? —714,原名张仁亶,唐朝宰相、名将)并称"渭南三贤"。

十一月,宋朝政府设置了益州(今四川省成都市)"交子务"(宋代掌管纸币流通事务的机关,大观元年即 1107 年改称"钱引务")。交子是世界上第一种由政府发行的纸币。

欧阳修第一次参加科举,却意外落榜。

◎宋仁宗天圣二年甲子（1024年）

26岁

谱主活动

正月十四日,任命省试知举官。以御史中丞刘筠(971—1031,字子仪,河北大名人,宋真宗咸平元年即998年戊戌科孙仅榜进士,谥"文恭",文与杨亿齐名,当时号称"杨刘")权知贡举,知制诰宋绶、陈尧咨、龙图阁待制刘烨(968—1029,字耀卿,刘温叟之子,河南洛阳人)权同知贡举。

三月,曾公亮参加甲子科考试。

三月十八日,省试结束,未举行殿试。礼部上合格进士吴感以下200人。命晏殊、冯元等人编排等第,曾公亮名列其中。宋庠与弟宋祁俱以辞赋得名,礼部奏宋祁为第三,太后不欲弟先兄,乃推宋庠为第一,宋祁为第十。

三月十九日,宋仁宗召对经晏殊等人排定名次的礼部合格进士宋庠以下207人,诸科354人,并赐本科及第、出身。宋庠高中状元,叶清臣为榜眼,郑戬为探花,曾公亮中进士第五名。

四月初七日,于琼林苑参加新及第进士宴会。

八月,新进士授官,曾公亮授太常寺奉礼郎、节察推官,知杭州临安县(今临安区)。未行,改知越州(今浙江省绍兴市)会稽县。曾公亮开始仕宦生涯。

父曾会知明州(今浙江省宁波市)。

《宋诗拾遗》录有曾公亮诗作《宿甘露寺僧舍》,后收录于《全宋诗》卷二二六。其诗曰:

枕中云气千峰近,床底松声万壑哀。

要看银山拍天浪,开窗放入大江来。

这是一首抒情诗,在曾公亮的诗作中当是上乘之作。诗人不写甘露寺的白日美景,而用工细的笔触,描绘出一幅空阔奇妙的江南夜色图,写出了江水的壮观和甘露寺的险要,借景抒情,抒发了自己的豪情壮志和对祖国大好河山的热爱。写作时间在宋天圣二年(1024 年)至天圣五年(1027 年)之间。全国有很多座甘露寺,诗中出现的甘露寺应该是位于今江苏省镇江市长江之滨的北固山上之甘露寺。镇江在宋代时属润州(今属江苏省镇江市),但从任职履历来看,曾公亮并无润州的任职记录,除了天圣二年(1024 年)到越州任职外,天圣九年(1031 年)后则一直在北方任职。据此,其经过润州甘露寺的机会只有两次,再者从诗句中能够读出其意气风发的壮怀之情,所以,这是曾公亮高中进士后前往越州会稽县赴任途中所作的可能性非常之大。因无更确切的时间印证资料,暂系于此年之下。

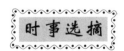

正月,西夏李德明在省嵬山(今宁夏银川石嘴山之东)西南山麓修筑了省嵬城,以控制吐蕃诸部。

三月,同提点开封府县镇公事张君平(官至黔州指挥使、右班殿直)上书朝廷陈述水利八事;王钦若上《宋真宗实录》。

福州知州陈绛(生卒年不详,莆田孝义里城郊人)邀请大学问家龙昌期(约 978—约 1059,字起之,四川陵州即今眉山市仁寿县人)到福州讲学,为当地老百姓、官员讲解《易经》。

傅尧俞(1024—1091,原名胜二,字钦之,本山东郓州须城即今东平县人,后徙居河南孟州济源,北宋官员,陈省华女婿)出生。傅尧俞未及 20 岁即举进士,入仕初由县官渐至殿中侍御史、右司谏,因反对新法被贬,一度削职为民,至宋哲宗朝官拜给事中御史中丞、吏部尚书兼侍讲等;元祐四年至六年(1089—1091),官拜中书侍郎。为官三十载,为宋仁宗、宋英宗、宋神宗、宋哲宗四朝重臣。司马光赞之:"清、直、勇三德,人所难兼,吾于钦之畏焉。"（查泉州《武荣傅氏族谱》和《桃源傅氏族谱》,有关于傅尧俞生平的记载,但无生卒年的记载。傅尧俞的岳父陈省华去世18年后,傅尧俞才出生,据此,二人的翁婿关系颇有疑窦。）

◎宋仁宗天圣三年乙丑（1025 年）

27 岁

谱主活动

　　是年，在会稽任上，曾公亮秉承先贤"民为邦本"的执政理念，提出"治国之道，首在为民；为民之道，首在稻粱"的执政思路。上任伊始，即放下身段，率领吏士至乡野拜访乡民。会稽本为江南富庶之地，但乡民在此生活也得靠天吃饭，遇上好年景可以温饱有余，年景不好即常有饿殍。尤其夏季六七月间，鉴湖（原名镜湖，浙江名湖之一，古代长江以南的大型农田水利工程之一，在今浙江省绍兴市会稽山北麓）经常洪水泛滥，流域内常受台风暴雨影响，东南面每年都遇到水涝，大片良田被洪水浸泡，庄稼被毁。曾公亮详察后，认为在其任上必须下大力气解此困厄。当时乡民的做法是：根据政府指令，每年夏季洪涝灾害来临前夕，摊派每家每户的强壮劳力到水洼地一线全天候抗洪救灾；倘若不能出劳动力的农户，则必须出钱粮抵扣。乡民抗洪救灾的具体办法是：筑高沿江水域堤坝，迫使洪水往下游滚流。曾公亮刚上任的头一年，目睹旧的抗洪救灾方法花费很大，却收效甚微，不但抗不住凶猛的大洪水，反倒劳民伤财，每每抗洪都要死伤数十人，即便是会稽县这头抗住了洪涝，下游良田也会被淹，难民往往为之流离失所。曾公亮在多次调研的基础上决定改革原本做法：一是变原先的筑高堤坝为深挖河道、扩展河床；二是变原先的夏天繁忙季节组织劳力抗洪为冬季农闲时期组织劳力兴修水渠，既不误农时，又可科学调配劳动生产力；三是变原先的家家户户出同样劳力为全体乡民出力出钱，给贡献大者予以奖赏；四是变原先水流方向,进入曹娥江(因东汉少女曹娥沉江救父而得名,是汇入钱塘江的最末一条重要河流)。这就是著名的"引鉴湖水入曹娥江"故事。

父曾会知明州(今浙江省宁波市)。

次子曾孝宽(1025—1090,字令绰)出生。

时事选摘

四月,诏三馆缮书藏于太清楼(北宋皇宫最主要藏书楼,位于崇政殿西北)。

六月,羌人部落在边境制造骚乱。八月,羌人部落抵挡不住宋军的攻势,不得不向西夏李德明求援。李德明不仅按兵不动,还向宋朝请和。至此,西羌之乱才完全平息。

七月,吴植身患重病。吴植原为新繁县尉,宰相王钦若任西川安抚使时曾荐举过吴植,吴植时任知邵武军(治所在今南平市邵武市),因病请求外调,便托殿中丞余谔送给宰相王钦若黄金二十两,请求朝廷同意他到外地做官。余谔尚未将黄金送到王钦若手中时,吴植便迫不及待地派人到王钦若处打探消息,不料派去的人嗓门较高,所问之事被旁人听见。王钦若知道掩盖不住了,就下令逮捕了吴植,送交开封府治罪,其后又移交到御史台。吴植起初矢口否认行贿之事,侍御史知杂事韩亿(972—1044,字宗魏,河北灵寿人,官至参知政事、太子少傅,宰相王旦的女婿,谥"忠献")彻查到底,找出了藏匿在余谔处的黄金,吴植伏法后被除名,王钦若也为此罢相。

王钦若(962—1025)病逝,年六十四。王钦若,字定国,临江军新喻县(今江西省新余市)人,宋真宗、宋仁宗时期两度担任宰相。与杨亿同为宋淳化三年(992年)壬辰科孙何榜进士,历任秘书省校书郎、太常寺丞、翰林学士、左谏议大夫、参知政事、刑部侍郎等职。澶州之战时,他主张迁都金陵,受到宰相寇准弹劾,出判天雄军(治所在今河北省大名县)。景德三年(1006年),寇准罢相后,知枢密院事。大中祥符(1008—1016)初年,为迎合宋真宗崇尚仙道的需求,伪造天书,争献符瑞,促成封禅泰山(位于山东省泰安市境内,为中华五岳之首,被誉为"五岳独尊"),深得宋真宗信任。宋仁宗时期,担任秘书监,累官至司空、门下侍郎、同平章事、玉清昭应宫使、昭文馆大学士,监修国史。曾二度为相,由于颈有附疣,时人称为"瘿(囊状瘤子)相"。宋天圣三年(1025年)病逝,追赠太师、中书令,谥"文穆",葬于濠州钟离县(今安徽省凤阳县)。因主导编纂《册府元龟》而知名。

七月,王曾以门下侍郎兼户部尚书、昭文馆大学士、监修国史、玉清昭应宫使。王曾认为宋仁宗刚即位,应当亲近儒生并以他们为师,于是召集孙奭(962—1033,字宗古,山东茌平人,拜王彻为师,王彻去世后,原来跟随王彻求学的数百学生改拜孙奭为师,北宋大臣、经学家、教育家,谥"宣")、冯元(975—1037,字道宗,广东南海人,精研五经大义,谥"章靖")在崇政殿讲学。

十一月,孙奭等人上书朝廷建议废除"贴射法"。贴射法是宋代茶叶专卖法的一种,是茶商向官府贴纳官买官卖应得的净利后,官府发给贴纳凭证,茶商持凭证直接向园户购茶贩茶的办法,既保障了官府应得的茶利,又减少了官府买卖茶叶所支出的费用。贴射法始于淳化三年(992年),天圣元年(1023年)由三司使李谘(982—1036,字仲询,今江西新余人,历官户部侍郎、知枢密院事,谥"宪成")进一步完善推行。

◎宋仁宗天圣四年丙寅（1026 年）

28 岁

谱主活动

是年,曾公亮 28 岁。继续在会稽任上显示其干练的吏治才华,造福百姓。

时事选摘

八月,筑泰州（古称海陵,今江苏省泰州市）捍海堰。是年,监西溪盐税范仲淹因母丧离任回原籍,临走时留书张纶,请张纶续修海堤,恢复海堤为民众带来的便利。张纶（962—1036,字公信,小字昌言,安徽阜阳人,少豪侠任气,考进士不第,补三班奉职,迁右班殿直,出任江淮制置盐运副使,改革盐税旧制,增设盐场,使盐课扭亏为盈）和胡令仪（生卒年不详,河南开封人,此时官任淮南转运使）再次上疏朝廷,获宋仁宗批准。第二年秋,宋仁宗任命张纶兼任泰州知府,他督率兵夫重新兴筑海堤,次年春将海堤建成。张纶三次上表,请修海堰,使民获益,深受百姓拥戴,百姓为他建生祠以表敬重。海堤北起庙湾场,南至拼茶场,延绵 79 公里,南北相连犹如巨龙屹立于黄海之滨。海堤刚刚建成,就有 1600 多户农民和盐民恢复生产,3000 余户逃亡的农民返回家园。从宋天圣七年（1029 年）至宣和元年（1119 年）的 90 年中,东台境内再无海潮倒灌之灾,农事、盐课两得其利,盐业生产得到新的发展,堤西也渐渐成为土地肥沃、物产丰富的里下河水乡。当地士绅、百姓为纪念范仲淹、胡令仪、张纶的修堤功绩,先后在西溪修建了"三贤祠"并塑像凭吊,以示后人。然而,当地百姓最为感念的还是首倡修堤的范仲淹,海堤被命名为"范公堤",以表彰他勤政爱民的功绩。明末清初布衣诗人、江苏泰州人吴嘉纪(1618—1684,字宾贤,号野人,以"盐场今乐府"诗闻名于世)在《范公堤》一诗中写道:"茫茫潮汐中,矶矶沙堤起。智高敌洪涛,胼胝生赤子。西塍发稻花,东火煎海水。海水有时枯,公恩何日已。"

九月,宋仁宗任命翰林学士夏竦(985—1051,字子乔,江西江州德安人,北宋大臣、文学家)、蔡齐与知制诰程琳(986—1054,字天球,永宁军博野人,宋大中祥符四年即1011年辛亥科举服勤辞学科,北宋宰相)为参知政事,并让他们重新删定《编敕》。宋仁宗问辅臣曰:"或谓先朝诏令不可轻改,信然乎?"王曾曰:"此憸人惑上之言也。咸平中,删太宗诏令,十存一二。盖去其繁密之文以便于民,何为不可!今有司但详具本末,又须臣等审究利害,一一奏禀,然后施行也。"皇帝深以为然。

欧阳修第二次参加科举,仍落榜。

大中祥符四年(1011年)辛亥科状元张师德(978—1026)卒,年四十九。

◎宋仁宗天圣五年丁卯（1027年）

29岁

谱主活动

　　是年，天旱，"（曾公亮）坐父买田境中，谪监湖州酒"（《宋史·列传第七十一·曾公亮子孝宽孝广孝蕴》），仍继续完成好水利工程改造等公务。

　　关于"低价买田"事件，在与曾公亮相关的诸多史料中，或表述有出入，或未见记载的有：

　　《宋史·列传第八十一·杨绘》记载为"曾公亮请以其子判登闻鼓院，用所厚曾巩为史官。（杨）绘争曰：'公亮持国名器视如己物。向者，公亮官越占民田，为郡守绳治。时巩父易占亦官越，深庇之。用巩，私也。'帝为寝其命。绘亦解谏职，改兼侍读，绘固辞，滕甫言于帝。帝诏甫曰：'绘抗迹孤远，立朝寡援，不畏强御，知无不为。朕一见许其忠荩，擢置言职，信之亦笃矣。今日之除，盖难与宰相并立于轻重之间，姑令少避尔，卿其谕朕意。'绘曰：'谏官不得其言则去，经筵非姑息之地。'卒不拜。"杨绘（1032—1116），字元素，四川绵竹人，宋仁宗嘉祐元年（1056年）登进士第，官至翰林学士、御史中丞，谥"肃轩"；晚年弃官南下，来广东潮州海阳县官溪都（今揭阳市榕城区仙桥、梅云一带）定居，被潮汕大多杨姓居民尊为始祖。杨绘前因弹劾曾公亮而被朝廷改任侍读一职，后因弹劾王安石而被贬为亳州知州。

　　司马光《温公日记》记为：曾巩被罢去检讨一职，元素（即杨绘）曰"曾公（指曾公亮）知山阴，贱市民田数十顷，为人所讼"。曾巩之父曾易占"时在越幕",告诉知府:"曾宰高科,它日将贵显,用兹事败之可惜。父会,为明守,衰老,宜与谋,俾代其子任咎。"知府听从了曾易占的建议。

曾肇在《曾太师公亮行状》中则记载为:"坐亲戚置田部中,公(指曾公亮)实不知。"

在其他一些志书中的"曾公亮条目"里,则未见有提到"贱买民田"事件。吴曾《能改斋漫录》记载的曾公亮舍得花四十万钱的巨款为萍水相逢之人济困解难,六年后却趁民之危贱买农田,让人诧异于曾公亮品行变化之快;再者,此后再无出现曾公亮敛财的记载,又让人深感曾公亮的廉洁忠正。至于曾易占对曾公亮前途的"预测",还让人看到了曾公亮的年轻有为,看到了曾易占及知府的识人慧眼。众所周知,前人之史必为后代所修,"前人"是无法要求"后人"按照自己的意愿修订史实的,看来《宋史》的记载应该是真实的,也必须是真实的。但史有讹误,或以讹传讹,却也是难免的问题,至于同时代的记载,还要考量记述者的好恶态度,这在历史上是有先例的。况且宋代党争非常厉害,"贱买民田"事件是否完全真实,有待进一步考证。当然,倘若贱买民田确为事实,对曾公亮磅礴壮阔的一生而言,也属瑕不掩瑜;如果事件不实,则应为之正名。只是,本着"不虚美,不隐恶"的原则,一并列出,留待将来。

三月,曾公亮四弟曾公奭及大姐夫杨克昌登丁卯科王尧臣(1003—1058,字伯庸,河南虞城人,北宋文学家、书法家,官至参知政事,谥"文安",后改谥"文忠")榜进士。韩琦名列第二,成为榜眼。此科共取士377人。

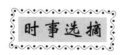

时事选摘

正月,刘太后听政后,任用张耆(?—1048,初名旻,字元弼,河南开封人,北宋宰相)为枢密使,枢密副使晏殊竭力反对,认为张耆既无功劳可言,又无真才实学,完全是依靠太后的宠幸而得以晋升,刘太后对此极为不满。其后,晏殊陪同刘太后到玉清昭应宫,随从人员持笏晚来一步,晏殊怒不可遏,撞断了笏。于是监察御史曹修古(?—1033,字述之,建州建安即今南平建瓯人,生前洁身自爱,死后无钱下葬)、王沿(?—1044,字圣源,河北邯郸馆陶人,官至太常博士)等人弹劾晏殊无大臣礼节,晏殊因而被贬知宣州(今安徽省宣城市),尚未上任时,又被改知应天府(今河南省商丘市)。晏殊到应天府上任后,大举兴办学校,当时范仲淹正为其母守丧,晏殊请他为教授,教育当地学生。从此以后,各地学校开始振兴起来。

二月,西域僧法吉祥等五人来献梵书,皇帝赐予紫方袍。

二月,宋仁宗命令参知政事吕夷简、枢密副使夏竦负责编修宋真宗一朝国史,宋绶、刘筠、陈尧佐、冯元等人参加撰写国史工作,宰相王曾具体负责管理工作。至宋天圣八年(1030年),吕夷简等人将所修国史上呈宋仁宗审阅。原来的国史共有太祖、太宗两朝,包括纪十卷、志五十卷、传五十九卷,总共一百一十五卷,至此增加宋真宗一朝国史三十五卷,分纪四卷、志十卷、传二十一卷,加上前两朝国史为一百五十卷。宋绶、夏竦等人因此而升官。

三月,包拯、文彦博登丁卯科王尧臣榜进士第。

◎宋仁宗天圣六年戊辰(1028 年)

30 岁

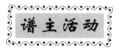

是年,尽管曾公亮在会稽任上功绩突出,但因"贱买农田"事件,终被贬监湖州酒务。

时事选摘

二月,宰相张知白(956—1028)去世,年七十三。张知白,字用晦,沧州清池(今河北省沧州市东南)人,与陈尧叟、曾会同为宋端拱二年(989 年)己丑科陈尧叟榜进士,历任龙图阁待制、御史中丞、参知政事等,后知剑(以今四川省剑阁县为主)、邓(今河南省邓州市)、青(治所在今山东省青州市)三州等,又官河阳(今河南省孟州市)节度判官。咸平年间(998—1003)上疏,宋真宗召试舍人院,权授右正言。天圣三年(1025 年),以工部尚书同中书门下平章事,性节俭,自奉养如为河阳掌书记时。天圣六年(1028 年),卒于任上。赠太傅、中书令,谥"文节"。

三月,宰相王曾推荐吕夷简接任张知白相位,枢密使曹利用则推荐张士逊(964—1049,字顺之,湖北襄州阴城即今老河口市人,北宋政治家、诗人)为宰相。刘太后认为张士逊品位在吕夷简之上,因而想任用张士逊。而王曾则主张挑选宰相应该按照实际能力,而不应按官阶高低,于是刘太后同意任用吕夷简为宰相。但吕夷简上书皇太后,盛赞张士逊曾精心辅佐过宋真宗,并建议任用张士逊为宰相,刘太后十分欣赏吕夷简豁达大度之量，于是张士逊接任宰相职务。

三月，南平王李公蕴（974—1028，越南李朝开国君主）卒。次年，其子李德政遣人来告，封其为交趾（亦作交阯，中国古代地名，位于今越南北部红河流域）郡王。

四月，宋仁宗诏审官、三班院、吏部流内铨、军头司各收对所理公事。

十月，除福州民逋（未缴交的赋税）官庄钱十二万八千缗。

曾易占赴真州（今江苏省仪征市）任知监。

王安国（1028—1076，字平甫，王安石同母弟，北宋著名诗人）出生。

林逋（967—1028）卒，年六十二。林逋，钱塘（今浙江省杭州市）人。宋仁宗赐谥"和靖先生"。少孤力学好古，性恬淡，弗趋荣利，高隐于钱塘西湖之孤山。擅长绘画，可惜画作没有流传下来；擅长行书、草书，笔意类李西台（李建中，字得中，北宋书法家，因任西京留司御史台等职，被称为李西台）而清劲处尤妙。陆游谓其书法高绝胜人。喜为诗，其语孤峭澄澹，而未尝存稿。或动录之，则曰：吾志晦迹，安用名世。不娶无子，种梅养鹤，自称"梅妻鹤子"。北京故宫博物院绘画馆藏有其所书诗卷。

◎宋仁宗天圣七年己巳(1029年)

31岁

谱主活动

是年,曾公亮继续监湖州酒务。

时事选摘

二月,任吕夷简为同中书门下平章事、集贤殿大学士。以夏竦、薛奎(欧阳修的岳父)参知政事,陈尧佐为枢密副使。

闰二月,始置理检使(掌管检院、鼓院,即监察事务)。

欧阳修由胥偃(生卒年不详,字安道,潭州长沙人,少力学,累迁尚书刑部员外郎、知制诰、工部郎中、翰林学士、权知开封府,北宋大臣,欧阳修岳父。欧阳修及第后便被恩师胥偃定为女婿,但新婚不久后,胥氏去世,欧阳修后来又娶了薛奎的女儿)保举,在春天就试京师国子监。秋天,欧阳修参加了国子监的解试。欧阳修在国子学的广文馆试、国学解试中均获第一名,成为监元和解元。

刘太后垂帘听政,范仲淹冒死直谏,触怒太后,被贬河中府(今山西省永济市)。后来一些阿谀奉承的官僚纷纷为刘太后上尊号,刘太后也乐意接受这一桂冠。这些官僚准备在天安殿举行上尊号的仪式,但宰相王曾坚决反对。其后,到了长宁节(即刘太后生日)给刘太后祝寿时,王曾又将祝寿仪式安排在别的大殿,未能使刘太后满意,加上刘太后的左右近臣、贵戚请谒不止,王曾又尽力阻止,由此触怒了刘太后。恰恰在此时，玉清昭应宫发生火灾，三千余间大殿被焚毁一空。王曾兼任玉清昭应宫使，刘太后借口他治宫不严，导致火灾，王曾因此于六月被罢相，出知兖州（今山东省济宁市兖州区）。

九月，颁布诏书，将太后生辰长宁节的仪礼升级到与皇帝生辰乾元节（即宋仁宗生日）相同的程度。

◎宋仁宗天圣八年庚午（1030年）

32岁

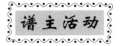

是年，曾公亮继续监湖州酒务。

时事选摘

蔡襄参加开封乡试，获第一名，后高中是年庚午科王拱辰（1012—1085，原名王拱寿，字君贶，宋仁宗赐名王拱辰，开封府咸平县即今河南省通许县人，官至宣徽南院使等，反对庆历新政和王安石变法，与同科进士欧阳修为连襟，谥"懿恪"）榜进士第十名。此科共取士249人。

欧阳修在礼部省试中获第一，成为省元，加上去年的监元和解元，也算是"连中三元"。殿试时二甲进士及第，被列为第十四名。据时任主考官晏殊回忆，由于欧阳修锋芒过露，众考官为促其成才，故意挫其锐气，使之未能夺魁。宋代有"榜下择婿"的风俗，即朝中高官喜欢挑选新科进士为乘龙快婿。欧阳修刚一高中，就被恩师胥偃选为女婿。

刘挚（1030—1098，字莘老，河北永静东光人）出生。刘挚为宋嘉祐四年（1059年）己亥科刘辉榜进士，北宋大臣。

十一月，黄宗旦（973—1030）卒，年五十八。黄宗旦，字叔才，出生于泉州晋江，后为惠安（太平兴国六年即981年后，析出晋江县东乡十六里为惠安县）张坂镇后边村人，北宋文学家、政治家。少有神童之称，欧阳修称黄宗旦为"闽中文士"。咸平元年（998年）戊戌科孙仅榜榜眼

(《宋登科记考》以高辅尧为榜眼),与同县同榜探花李庆孙(975—1027,
与黄宗旦一样,先是晋江人,后为惠安人,与南安人钱熙交厚)齐名。惠
安俗谚言:"国朝才子黄宗旦,天下文章李庆孙。"黄宗旦著有《襄州集》
10 卷、《易卦象赋》2 卷,因遭劫难,遗稿散失,所存无几。《惠安县志》载
其《铺锦记》文 1 篇,《早春》诗 1 首。《锦田大宗族谱》载《灵秀山记》《锦
田黄氏世录》《宗谱序》《铺锦记》文 4 篇,其诗除《早春》外,仅存《深春早
起》《长歌行》《宫调》3 首。黄宗旦墓位于惠安县涂寨镇林前村东北 300
米处的东山上,与其妻何氏合葬。墓坐北朝南偏东,面积 60 多平方米,
为传统的"风"字形构造,墓堆前竖半月形墓碑。

◎宋仁宗天圣九年辛未（1031 年）

33 岁

谱主活动

是年，曾公亮在湖州任上回京述职，升任光禄寺丞，"归，迁光禄寺丞，监在京曲院"。又因当年"岁课（一年的赋税）大溢"，特迁秘书省著作佐郎。

时事选摘

三月，欧阳修抵达洛阳，与梅尧臣、尹洙结为至交，互相切磋诗文。同年，在东武县（治所在今山东省诸城市）迎娶新娘胥氏。当时他的上司为吴越忠懿王钱俶之子、西京留守钱惟演。

六月，宋绶上《皇太后议制》。

十二月，女真晏端等百八十四人内附归顺宋廷。

陈从易（966—1031）卒，年六十六。陈从易，字简夫，泉州人，其宅在泉州城内睦宗院（今泉州市区西街旧馆驿），少好学强记，宋端拱二年（989 年）己丑科陈尧叟榜进士，任彭州（今属四川省成都市）军事推官，召为秘书省著作佐郎，预修《册府元龟》，改监察御史，累擢太常少卿、龙图阁直学士，知杭州。以清德闻名，与杨大雅相厚善，皆好古笃行。时朝廷矫文章之弊，故并进二人，以风天下。陈从易著有《泉山集》二十卷，《中书制稿》五卷，《西清奏议》三卷，均载《宋史本传》。

◎宋仁宗明道元年壬申（1032 年）

34 岁

谱主活动

十一月初六日，朝廷因大内建成而改元"明道"，百官加官一等，曾公亮被任命为秘书丞。

时事选摘

正月，赵曙（宋英宗）生于宣平坊第。

二月，吕夷简上《三朝宝训》。

蔡襄授漳州军事判官。

吕惠卿（1032—1111，字吉甫，号恩祖，泉州南安水头镇朴里人，一作晋江人，北宋宰相、政治改革家）出生。吕惠卿是王安石变法中的二号人物，与蔡确、曾布等皆为有争议的人物。

《宋史·卷四百七十一·列传第二百三十·奸臣一·吕惠卿》载："吕惠卿，字吉甫，泉州晋江人。父璹习吏事，为漳浦令。"《泉州府志》载吕惠卿"南安人"。据南安《吕氏族谱》记载，吕占衍传到第五代吕晏，迁居晋江县七都（今晋江市安海镇）草坂村。吕惠卿于宋天圣十年（1032年）在草坂村出生，幼年随父亲居泉州州城相公巷。

《宋史·吕惠卿》载："议罢制科，冯京争之不得。弟升卿无学术，引为侍讲。又用弟和卿计，制五等丁产簿，使民自供首实，尺椽寸土，检括无遗，至鸡豚亦遍抄之。隐匿者许告，而以赀三之一充赏，民不胜其困。

— 71 —

又因保甲正长给散青苗,使结甲赴官,不遗一人,上下骚动。""郑侠疏(吕)惠卿朋奸壅蔽,惠卿怒,又恶冯京异己,而安石弟安国厌恶惠卿奸谄,面辱之。于是乘势并陷三人,皆获罪。安石以安国之故,始有隙。惠卿既叛安石,凡可以害王氏者无不为。韩绛为相不能制,请复用安石。安石至,犹与共事。"

《宋史·吕惠卿》又载:"熙宁初(宋熙宁二年,1069 年),安石为政(推行变法),惠卿方编校集贤书籍。安石言于帝(宋神宗)曰:'惠卿之贤,岂特今人,虽前世儒者未易比也。学先王之道而能用者,独惠卿而已。'"

乾隆《泉州府志》引《百川学海》云:"绍圣中,吕惠卿复知延州,途出西都。时程伊川(程颐,程颢之弟)居里,谓门人曰:'吾闻吕吉甫,未识其面,明旦西去,必经吾门,且一觇之。'迨旦,了无所闻。询之,则过去已久。伊川叹曰:'从者数百人,人马数千,能悄然无声,驭众如此整肃。在朝虽多可议,而才调亦何可掩也。'厥后,夏人欲以全师围延安,惠卿修米脂诸寨以备寇。寇至,欲攻城,城不可近;欲掳掠,则野无所得;欲战,则诸将按兵不动;欲南,则惧腹背受敌。留二日,拔栅去。小人固有其才哉!"

蔡确、曾布、章惇等被同列《宋史·奸臣一》。

十一月,延州(今陕西省延安市)上报西夏王李德明卒,宋廷以李德明子李元昊(1003—1048,党项族,银州米脂寨即今陕西米脂县人,西夏王朝开国皇帝。与北宋决裂而称帝时,放弃旧姓名,改姓为嵬名,名曩霄,后恢复李姓)为定难军(治所在夏州即今陕西靖边白城子)节度使、西平王。

曾易占调泰州如皋县任七品县令。

章懿皇后李宸妃(987—1032)卒。李皇后,浙江省杭州人,宋真宗赵恒妃嫔,宋仁宗赵祯生母,即民间和戏台上广泛流传的"狸猫换太子"故事中的李妃。

程颢(1032—1085,字伯淳,号明道,世称"明道先生",河南洛阳人,理学奠基人物,与弟弟程颐合称"二程",皆为理学"濂洛关闽"中"洛学"代表人物;兄弟二人与南宋朱熹并称"程朱";反对王安石变法)出生。

◎宋仁宗明道二年癸酉（1033 年）

35 岁

谱主活动

是年七月，父曾会于明州（今浙江省宁波市）知府任上去世，寿八十二，赠楚国公。曾会生前官历他乡，但泉州晋江是他发迹的祖居地，所以根据他的遗嘱，把灵柩运回家乡，葬在南安毫光山"翻天马蹄"。依制，曾公亮丁父忧。曾公亮兄弟子侄当有一番奔丧哭奠、扶柩还乡、叩谢亲友的举动。

时事选摘

泉州疫病流行。泉州府同安县（今厦门市同安区）人吴夲悬壶今泉州市区花桥亭，广施丹药，救治民众。吴夲（979—1036）又称大道公、吴真人，字华基，泉州府同安县积善里白礁村（今漳州市台商投资区角美镇白礁村）人，祖籍泉州安溪县感德镇石门村。清代李光地《吴真人祠记》说："吾邑清溪之山，其最高者曰石门。吴真人者，石门人也，乡里创庙立祀，子孙聚族山下，奉真人遗容。"去世后，被朝廷追封为大道真人、保生大帝。保生大帝是福建省历史悠久的民间信仰，保生大帝宫在闽南一带随处可见。吴夲生前为济世良医，民间尊为"神医"，著有《吴夲本草》一书，信众近亿人，是中国历史上最著名的医神之一。

二月，皇太后刘娥穿着天子衮衣、头戴仪天冠，在近侍引导下步入太庙行祭典初献之礼。亚献者为皇太妃杨氏，终献者为宋仁宗皇后郭氏。仪式结束后，刘娥在太庙文德殿接受了群臣给自己上的尊号：应天齐圣显功崇德慈仁保寿皇太后。自此,彻底还政于宋仁宗。

三月,皇太后刘娥病重,宋仁宗大赦天下,四处征召名医。三月甲午,刘娥病逝于宝慈殿(本为宋太宗皇后居所,后废弃不用,变为"治后丧之所")。上谥号为:庄献明肃皇后(后改章献明肃皇后)。一般情况下,皇后只谥二字,可见宋仁宗对刘娥的尊重,宋仁宗的生母李宸妃则上谥为庄懿皇后(后改章懿皇后)。四月宋仁宗亲政,召宋绶、范仲淹,拜王曾为同中书门下平章事,判河南府(今河南省洛阳市)。

十一月,册封美人张氏为皇后,废皇后郭氏为净妃。十六岁的曹氏(1018—1079,河北真定灵寿人,北宋开国元勋、枢密使、周武惠王曹彬孙女,尚书虞部员外郎、吴安僖王曹玘之女)被宋仁宗养母章惠杨太后看中,诏聘入宫。曹氏叔父曹琮主办嫁妆,竟至负债极多。

赠寇准为中书令。

西平王李元昊称帝,建立西夏政权。富弼上疏陈述八件事,请求斩杀李元昊派来的使者,奉召任开封府推官、知谏院。

十二月,注辇国(又名朱罗王朝,是建立于公元前 3 世纪的印度半岛古国,立国 1500 多年,其地在今泰米尔纳德邦)来贡。

杨大雅(965—1033)卒,年六十九。杨大雅,初名侃,字子正,宋州(今河南省商丘市睢阳区)人。因避宋真宗(曾名赵元侃)旧名改大雅。少好学文,躬履俭约。宋端拱二年(989 年)陈尧叟榜进士,任光禄寺丞、新昌(今属浙江省绍兴市)知县、直集贤院,因不附权贵,二十七年未升迁。杨大雅称:"吾不学乎世而学乎圣人,由是至此。"天禧年间,奉使淮南,遇大风翻船,冠服尽失。当时丁谓人在金陵(今江苏省南京市),派人赠衣一袭,不受。累官至提点淮南路刑狱,历知制诰,终官亳州知县。杨大雅曾为《新唐书》写序。有《大隐集》五十卷、《职林》二十卷、《两汉博闻》十二卷及《西垣集》等。杨大雅有女嫁欧阳修为继室,在薛奎女之前。

程颐(1033—1107,字正叔,世称"伊川先生",程颢之弟,"洛学"代表人物;其学生、福建人杨时、游酢访学于程颐,留下"程门立雪"的尊师佳话)出生。

◎宋仁宗景祐元年甲戌（1034 年）

36 岁

谱主活动

是年，曾公亮 36 岁，在家丁父忧。

曾公亮岳父陈尧咨（970—1034）徙任天雄军知府，是年在任上去世，年六十四。陈尧咨登宋咸平三年（1000 年）进士第一，即状元。历官右正言、知制诰、起居舍人、以龙图阁直学士知永兴军（治所在今陕西省西安市）、陕西缘边安抚使、以尚书工部侍郎权知开封府、翰林学士、武信军节度使、知天雄军，卒谥"康肃"。兄陈尧叟、陈尧佐。

时事选摘

五月，契丹主耶律宗真（即辽兴宗，1016—1055，辽圣宗耶律隆绪长子，母钦哀皇后萧耨斤）之母还政于子。

六月，交州（包括今中国广西和广东、越南北部和中部，其中广东是汉族地区）民六百余人内附。

九月初，杨、尚二美人被送出宫，曹氏被立为皇后。

九月，韩琦迁开封府推官。

拜王曾为枢密使、吏部尚书。

吕夏卿第一次上京参加会试，未考取。当时，苏绅（苏颂之父）在朝为官，见了他的试文稿后，很是赞赏，并拿给同僚们观阅，大鸣不平，愤慨地说："安有文章如此而不为时用者？"使得他名震京师。

28 岁的欧阳修召试学士院,授任宣德郎,回京担任馆阁校勘,参与编修《崇文总目》。

薛奎(967—1034)卒,年六十八。薛奎,字宿艺,山西新绛人,宋淳化三年(992 年)壬辰科孙何榜进士,后得到御史中丞向敏中(949—1020,字常之,河南开封人,官至左仆射、昭文馆大学士,谥"文简")举荐,拜监察御史,迁殿中侍御史。宋仁宗即位后,历任吏部郎中、权知开封府、辽圣宗萧后生辰使、权御史中丞,受到弹劾,外放治理秦州(今属甘肃省天水市)、益州(今四川省成都市),政绩颇多。天圣六年(1028 年),擢龙图阁直学士、权三司使,历任参知政事、给事中、礼部侍郎。身得喘疾,多次请辞,出任资政殿学士、户部侍郎、判尚书都省事。去世后,谥"简肃"。

◎宋仁宗景祐二年乙亥(1035 年)

37 岁

谱主活动

是年,曾公亮 37 岁,继续在家丁父忧。

时事选摘

二月,拜王曾为右仆射兼门下侍郎、平章事,集贤殿大学士,十一月,封沂国公。吕夷简为申国公。

三月,以知苏州、左司谏范仲淹为礼部员外郎、天章阁待制。十二月,范仲淹为吏部员外郎,权知开封府。

十月,诏诸路输缗钱,福建、两广易之以银,江东(一称江左,一般指自芜湖至南京以下的长江南岸地区)易之以帛。

十二月,韩琦迁度支(官署名,掌管全国财赋的统计和支调)判官,授太常博士。

章惇(1035—1106,字子厚,号大涤翁,南平浦城人,北宋中期政治家、改革家、书法家,银青光禄大夫章俞之子)出生。后曾公亮长子曾孝宗第三子曾咏娶章惇之女。

◎宋仁宗景祐三年丙子（1036 年）

38 岁

谱主活动

曾公亮丁忧期满，被宋仁宗任命为监京都商税院。古代丁忧制度，一般须守孝二十七个月，但泉州一带，所谓"三年守孝"却是"虚年"，实际上只有两年，且如若家中男丁数目为"若干"者，则还须扣去"若干"天，所以实际守孝的日子还不到两个整年。故，若依泉州旧习俗，曾公亮应于前一年即守孝满。

时事选摘

神医吴夲登文圃山龙池岩（位于今漳州市台商投资区角美镇）采药之时，羽化飞升（有采药堕崖之说）。

八月，韩琦拜右司谏。

与欧阳修交往颇深的范仲淹着手呼吁改革，他把社会问题归咎于腐败，而欧阳修看得更深刻，认为冗官冗员才是根本问题。最终，范仲淹的改革冒犯了既得利益者，受到了打击，被贬饶州（治所在今江西省鄱阳县）。欧阳修作为范仲淹一派也受牵连，被贬为夷陵（今湖北省宜昌市）县令。

曾布（1036—1107，字子宣，江西南丰人，曾巩异母弟，曾任北宋右相）出生。曾布，太常博士曾易占之子，是王安石变法的重要支持者。在王安石变法期间曾同时担任集贤校理、判司农寺、检正中书五房、修

起居注、知制诰、翰林学士、三司使等职,为变法发挥了重要作用

　　是年腊月十九日卯时(1037 年 1 月 8 日),苏轼(1037—1101,字子瞻,又字和仲,号铁冠道人、东坡居士,世称苏东坡、苏仙,著名文学家、书法家、画家)出生于四川眉州纱縠行(今四川省眉山市三苏祠)。苏轼与弟苏辙同登宋嘉祐二年(1057 年)丁酉科章衡榜进士,后宦海沉浮,于建中靖国元年七月二十八日(1101 年 8 月 24 日)卒于常州,年六十五。宋高宗时追赠太师;宋孝宗时追谥"文忠"。苏轼是北宋中期文坛领袖,在诗、词、散文、书、画等方面取得很高成就。文章纵横恣肆;诗歌题材广阔,清新豪健,善用夸张比喻,独具风格,与黄庭坚并称"苏黄";词作开豪放一派,与辛弃疾并称"苏辛";散文著述宏富,豪放自如,与欧阳修并称"欧苏",为"唐宋八大家"之一;在书法方面与黄庭坚、米芾、蔡襄并称"宋四家";擅长文人画,尤擅墨竹、怪石、枯木等。李志敏(北京大学教授、法学家、书法家)评价:"苏轼是全才式的艺术巨匠。"作品有《东坡七集》《东坡易传》《东坡乐府》《潇湘竹石图》《枯木怪石图》等。

◎宋仁宗景祐四年丁丑(1037 年)

39 岁

谱主活动

是年,曾公亮迁太常博士。

三月,曾公亮连襟崇政殿说书、司封员外郎、直集贤院贾昌朝兼天章阁侍讲,预内殿起居,比直龙图阁,而班直馆本官之上。天章阁侍讲自此始。

时事选摘

泉州滨海的水利工程"天水淮"渠水淤塞。泉州知州曹修睦[987—1046,字公臣,曹修古弟,建安即今南平市建瓯市人,宋景祐间(1034—1037)知泉州,终于家,年六十。卒后,蔡襄为其撰写的《尚书司封员外郎曹公墓志铭》,被收录于《端明集·卷三十八》]主持疏通,首次创设闸门、根据潮水涨退规律而开启关闭的闸管水技术,农田又获灌溉,流民纷纷返回从事农业建设。

蔡确(1037—1093,字持正,泉州郡城人,其府第在今泉州鲤城区东街菜巷,古因蔡确所居,称为蔡巷,后讹传为菜巷)出生。蔡确是王安石变法的中坚人物,特别是王安石罢相后,"凡常平、免役法皆成其手"。因此,其被列入《宋史·奸臣一》,历史地位和为人历来颇有争议。后曾公亮长子曾孝宗第四子曾讷娶蔡确之女。

《宋史》载"(蔡)确在安陆,尝游车盖亭,赋诗十章,知汉阳军吴处厚上之，以为皆涉讥讪，其用郝处俊上元间谏唐高宗欲传位天后事，以斥东朝，语尤切害。于是左谏议大夫张焘、右谏议大夫范祖禹、左司谏吴安诗、右司谏王岩叟、右正言刘安世，连上章乞正（蔡）确罪。诏确具析，确自辩甚悉。安世等又言确罪状著明，何待具析，此乃大臣委曲为之地耳。遂贬光禄卿、分司南京，再责英州别驾、新州安置。宰相范纯仁、左丞王存坐廉前出语救确，御史李常、盛陶、翟恩、赵挺之、王彭年坐不举劾，中书舍人彭汝砺坐封还词命，皆罢去。确后卒于贬所。"

又载"（宋）绍圣元年，冯京卒，哲宗临奠。确子渭，京婿也，于丧次中阘诉。明日，诏复正议大夫。二年，赠太师，谥曰'忠怀'，遣中使护其葬，又赐第京师。崇宁初，配飨哲宗庙庭。蔡京请徽宗书'元丰受遗定策殊勋宰相蔡确之墓'赐其家。京与太宰郑居中不相能，居中以忧去，京惧其复用，而居中，王珪婿也。时渭更名懋，京使之重理前事，以沮居中，遂追封确清源郡王，御制其文，立石墓前。擢懋同知枢密院事，次子庄为从官，弟硕，赠待制，诸女超进封爵，诸婿皆得官，贵震当世。"南宋祝穆（1190—1256，字伯和，福建崇安即今武夷山市人，其父祝康国是朱熹表弟）在《方舆胜览》中赞颂泉州人文之盛，"四六句"一目有句云："欧阳（欧阳詹）之后，六人亚魁虎榜；曾公（曾公亮）以来，四相辅治龙池。"曾公亮和蔡确即为祝穆所写的"四相"之一。

是年，曾巩随父赴京。同期，王安石也随父入京，曾、王二人以文结识成为好友，曾巩向欧阳修推荐王安石的文章，大获赞赏。

丁谓（966—1037）卒，年七十二。丁谓，宋淳化三年（992年）壬辰科孙何榜进士及第，任大理评事、饶州（治所在今江西省鄱阳县）通判，后任直史馆，以太子中允衔任福建路采访使。回朝后，任转运使，升三司户部判官。后任峡州路转运使，多次升官至尚书工部员外郎，又改任夔州路转运使，五年后入朝为权三司盐铁副使。没多久，被提拔为知制诰，判吏部流内铨，后又被召任为右谏议大夫、权三司使。大中祥符（1008—1016）初，诏令任计度泰山路粮草使。天禧三年（1019年），以吏部尚书官复任参知政事。乾兴元年（1022年），封丁谓为晋国公。丁谓前后在相位七年，是北宋初期著名政治家，由于北宋党争不断，王曾曾经将丁谓与王钦若、林特（951—1023，字士奇，生于福建顺昌，长期掌管天下财赋,逝后追封尚书左仆射,孙女为宋神宗的妃子)、陈彭年(961—1017,字永年,今江西省抚州市南城县人,深得宋真宗器重,监修《册府元龟》等,获赠右仆射,谥"文僖")、刘承规(949—1012,宋初宦官,历事三朝,掌管内藏三十年,对度量衡很有研究)合称为"五鬼"。宋淳化四年(993年),丁谓以太子中允衔任福建路采访使,有《咏泉州刺桐》一诗:"闻得乡人说刺桐,叶先花发始年丰。我今到此忧民切,只爱青青不爱红。"

包拯赴京听选,获授天长知县。

十二月,并(古地名,今内蒙古、山西、河北交界区域)、代(今山西省代县)、忻州(一般指今山西省忻州市)地震,吏民压死者三万二千三百六人,伤五千六百人。

◎宋仁宗宝元元年戊寅（1038 年）
40 岁

谱主活动

是年，曾公亮 40 岁。此时，西夏李元昊"筑坛受册，即皇帝位"。宋廷震动，张皇失措，在如何处置李元昊称帝一事上主战、主和两派争论不休。

张方平"从公（指曾公亮）游四十载"（见《鲁国公墓志铭》），则张方平应于此年与曾公亮交好。

时事选摘

三月，范镇（1007—1088，四川成都人）举进士第一。后知谏院，以直言敢谏闻名，后为翰林学士，与欧阳修、宋祁共修《新唐书》。在政治上，范镇支持司马光论新法，直言变法是残民之术。宋哲宗即位，起为端明殿学士，坚决辞谢。累封蜀郡公。宋哲宗元祐二年十二月（1088年 1 月）卒，年八十一，谥"忠文"，赠右金紫光禄大夫。范镇还曾参加纂修《宋仁宗实录》《起居注》《类编》等书。范氏是成都华阳（治所在今天府新区华阳街道）全国有名的学术家族，成都"三范修史"传为史坛千古佳话。仅史学方面就涌现出了范镇、范祖禹（纂修《宋神宗实录》《唐鉴》，并担任司马光的主要助手参与修撰《资治通鉴》）、范冲（主持重修宋神宗、宋哲宗两朝实录）、范仲熊、范荪和范子长共五代 6 位史家，撰史著 23 部。

右司谏韩琦,上《丞弼之任未得其人奏》。当时灾异频繁发生,流民大批出现,而当朝宰相王随(约 975—1039,字子正)、陈尧佐及参知政事韩亿、石中立(972—1049,字表臣,北宋名相石熙载之子)却束手无策,"罕所建明"。韩琦连疏四人庸碌无能,痛陈宋朝八十年太平基业,绝不能"坐付庸臣恣其毁坏"。结果四人同日罢职,即所谓"片纸落去四宰执",韩琦一时名闻京师。

王曾(978—1038)卒,年六十一。宋咸平年间(998—1003),王曾连中三元(发解试、省试、殿试皆第一),以将作监丞通判济州(治所在今山东省聊城市茌平区西南),累官至吏部侍郎,两拜参知政事。曾规谏宋真宗造天书、修宫殿之事。宋仁宗即位后,拜中书侍郎、同中书门下平章事,景祐元年(1034 年),召入为枢密使,次年再次拜相,封沂国公,获赠侍中,谥"文正",有《王文正公笔录》。有考证王曾祖籍为宋代晋江二十九都旌贤乡(今晋江市池店镇清蒙村),认为"旌贤"即为旌表先贤王曾的意思,后来"旌贤"音讹为"清蒙"(泉州话里,旌贤与清濛读音相近),又是村名之由来。清濛古称旌贤境,有建于南唐开运元年(944年)的千年古刹——青龙寺(即清濛宫,旧名旌贤宫),祀奉北宋三元及第的状元宰相王曾以及唐代名臣张巡和许远;还有建于淳化年间(990—994)千年古石桥——清濛桥,又名旌贤桥,亦为纪念状元宰相王曾而建。

十一月,西夏李元昊反宋。

◎宋仁宗宝元二年己卯（1039 年）

41 岁

谱主活动

是年年初，曾公亮上书"自以任博士，得以古谊迪上，且夷狄反复桀骜，宜以德怀柔，不率，然后加兵著《征怀书》一篇奏之，其后元昊请臣中国，卒不出兵"。论边事，近臣（多认为是天章阁侍讲贾昌朝）荐其学行，授国子监直讲，"徙诸王府侍讲，兼睦亲宅、北宅讲书，潞王宫教授"。

时事选摘

正月，李元昊上表奏请称帝。

二月，苏辙（1039—1112，字子由，一字同叔，晚号颍滨遗老，四川眉山人，文学家、诗人，"唐宋八大家"之一，官至宰相，追谥"文定"）出生。

曾巩入太学，上书欧阳修并献《时务策》。

四川旱灾严重，饥民大增，韩琦被任命为益、利两路体量安抚使（宋时因州郡发生水旱灾情而临时派遣调查赈恤的官员）。他到四川后，首先减免赋税，"逐贪残不职吏，汰冗役七百六十人"，然后将当地官府常平仓（宋淳化三年即 992 年，置常平仓于京畿。景德三年即 1006 年后，除延边州郡外，全国先后普遍设置。主要用于平抑物价，赈济灾民等。中国自古即形成"常平仓"经济制度）中的粮食全部发放给贫困百姓，又在各地添设稠粥，史称其"济饥人一百九十余万"。蜀民无不感激地说："使者之来，更生我也。"

◎宋仁宗康定元年庚辰（1040年）

42岁

是年，曾公亮迁屯田员外郎。

宋仁宗为防止武备松懈，将帅"鲜古今之学"，不知古今战史及兵法，于是年令曾公亮与丁度等开始编纂军事著作《武经总要》。曾公亮为主撰。

有关《武经总要》开始撰写与成书时间，历来说法不一。本年为诸家考证中提及的最早年限，故且系于此年。

清代学者钱大昕（1728—1804，清代史学家、文学家、教育家，乾嘉学派代表人物，被誉为"中国十八世纪最为渊博和专精的学术大师"）认为《武经总要》成书应在宋庆历六年（1046年）之后。《辞源》认为《武经总要》成书于"仁宗庆历四年（1044年）"。《中国大百科全书》认为："宋仁宗康定元年（1040年），曾公亮（999—1078）、丁度（990—1053）等奉敕编集，以供将领学习参考。五年书成，共四十卷。"张其凡《〈武经总要〉修纂时间考》认为《武经总要》始编于宋庆历三年（1043年）十月，纂成于庆历七年（1047年）四至六月之间。姜勇《〈武经总要〉纂修考》通过对《武经总要》修纂的历史背景的考察，也认为编纂该书较为准确的年代应始于庆历三年（1043年）十月，讫于庆历七年（1047年）四月至六月间。毛元佑《〈武经总要〉作者署名及成书时间考辨》认为丁度与曾公亮两人同为《武经总要》的主要著作者，曾公亮把握全局，提纲挈领，丁度具体负责，组织编写，该书成书时间应在庆历六年（1046年）八月至庆历八年（1048 年）四月之间。李裕民《四库提要订误》一书中，对《武经总要》的成书时间及作者做了考证，也认为《武经总要》始编于庆历三年（1043 年）十月，纂成于庆历七年（1047 年）四至六月之间。《武经总要》成书时间至今尚无确论，故尽予摘录，以资后证。

曾公亮弟曾公望（曾会第五子，字武仲）任鄞县（今浙江省宁波市鄞州区）主簿，主持疏浚广德湖［今宁波市海曙区历史上的湖泊，后废湖为田，具体位置为横街、集士港到高桥镇的南北走向之狭长水带。时任明州（今浙江省宁波市）知州的曾巩在《广德湖记》中说"盖湖之大五十里"］，后官兵部郎中，特金紫光禄大夫（宋王庭秀《水利记》）。

曾孝广（1040—1100，字仲锡，曾会第三子曾公立之三子，曾公亮从子）出生，《宋史》及府县志、家谱均有传。

时事选摘

正月，李元昊大举围攻延州（今陕西省延安市），守将刘平（973—？，字子衡，开封祥符人，北宋名将）、石元孙（992—1063，字善良，始名庆孙，避章献太后祖讳，改名元孙，宋初大将石守信之孙，北宋将领）在三川口（今延安市安塞区东）兵败被俘，镇守延州的范雍（981—1046，字伯纯，卒谥"忠献"，五代十国后蜀宰相范仁恕之后裔，宋真宗咸平初进士，北宋名臣）降职他调，韩琦大胆推荐被诬为"荐引朋党"而被贬越州（今浙江省绍兴市）的范仲淹。他在上宋仁宗的奏章中说："若涉朋比，误国家事，当族。"

五月，韩琦与范仲淹一同被任命为陕西经略安抚副使，充当安抚使夏竦的副手。韩琦主持泾原路，范仲淹主持鄜延路。在对西夏用兵的策略上，三人意见分歧。韩琦立场强硬，力主与西夏军决战，否则拖延时日，财政日绌，难以支撑，况且"元昊虽倾国入寇，众不过四五万人，吾逐路重兵自为守，势分力弱，遇敌辄不支。若并出一道，鼓行而前，乘贼骄惰，破之必矣"。而范仲淹则反对贸然进攻，主张持久防御，在加强军备的前提下，乘便击讨。后宋仁宗决定采用韩琦的进攻策略。

欧阳修被召回京，复任馆阁校勘，编修《崇文总目》，后知谏院。

◎宋仁宗庆历元年辛巳（1041 年）

43 岁

谱主活动

是年五月十四日，孙沔（996—1066，字元规，浙江绍兴人，北宋大臣，曾协助狄青平定侬智高叛乱）举荐曾公亮与田况（1005—1063，字元均，祖籍京兆，信都人，官至太子少傅，谥"宣简"）、欧阳修、张方平、蔡襄等任谏官。

按照旧例，曾公亮原本应当考试馆职。曾公亮进献自己撰写的文章，得到肯定，遂于八月初七日得以免试担任集贤校理。集贤校理为馆职，宋初，昭文馆、史馆、集贤院合称三馆，宋太平兴国三年（978 年）新建三馆廨舍，通称"崇文院"。三馆馆职很多，集贤校理是其中次于大学士、学士修撰，而高于检计的官，所以这也反映了曾公亮的文学水平。曾公亮从此逐渐走向了政治生涯的"正途"，一步步走向宋朝政权的核心地带。

是年，曾公亮继续主持编纂《武经总要》。

八月十一日，朝廷任命屯田员外郎、集贤校理曾公亮与右正方、直史馆、同修起居注梁适（1000—1070，字仲贤，山东东平人）为考试锁厅（犹如"锁院"，即封锁院门以试士）举人。举人有试官亲戚的，一并互送别差官试。锁厅举人自此始。《宋史》云："凡命士应举，谓之锁厅试。"

庆历年间（1041—1048），河北道士贾众善于相面术，认为曾公亮"脊骨如龙"，王安石眼如龙睛，这都是位极人臣的特征（语出南宋陆游《老学庵笔记》）。

时事选摘

　　二月，李元昊率十万大军进攻渭州（今甘肃省平凉市），直逼怀远城（今宁夏固原西）。韩琦闻讯，急派大将任福（981—1041，字祐之，其先祖为河东人，后徙居开封，北宋将领）领兵一万八千人，以桑怿（？—1041，开封雍丘即今河南省杞县人，欧阳修写于宋皇祐二年即1050 年的《桑怿传》的主人公）为先锋，前往抵御，进行阻击。行前，韩琦向任福面授机宜，命令他们绕到西夏军背后，可战则战，不可战则据险设伏，截其归路，并再三叮嘱："苟违节度，虽有功，亦斩。"后宋军由于小胜而贪功冒进，在好水川（今宁夏隆德西）被西夏军大败，阵亡六千余人。宋廷追究败军之责，撤去了夏竦的职务，韩琦降为右司谏、知秦州（今甘肃省天水市），范仲淹降为户部员外郎、知耀州（今陕西省铜川市耀州区）。

　　包拯调任端州（今属广东省肇庆市）知府。

　　"三范"之一范祖禹（1041—1098，字淳甫，一作醇甫或纯甫，又字梦得，范镇侄孙，著名史学家）出生。范祖禹于元符元年（1098 年）卒，年五十八。范祖禹著《唐鉴》十二卷，《帝学》八卷，《仁宗政典》六卷；而《唐鉴》深刻论述唐代三百年治乱往事，学者尊之，目为"唐鉴公"。《宋史本传》又著文集五十五卷，《宋史·艺文志》亦录。诗文集《范太史集》，共五十五卷。卷一至卷三是诗歌；卷四至卷六是表状、札子；卷七至卷十二是表；卷十三至卷二十六是奏议；卷二十七是进故事；卷二十八至卷三十三为翰林辞章；卷三十四是启状；卷三十五是赋、论、策问；卷三十六是记、序、铭、书、传；卷三十七是青词、祭告文、谏文、哀词等；卷三十八至卷五十五为墓志铭、神道碑、皇族墓志铭、石记、皇族石记等。

　　宋绶（991—1041）卒，年五十。宋绶，字公垂，赵州平棘（今河北省赵县）人，北宋名臣、学者及藏书家。因平棘为汉代常山郡治所，故称常山宋氏，后人称"宋常山公"。大中祥符元年（1008 年）戊申科姚晔（958—？，河南商水人）榜进士，官至参知政事等，追赠司徒兼侍中，谥

"宣献"。宋绶藏书甚丰,手自校理,博通经史百家。其笔札精妙,倾朝学之,号称"朝体";书法森严,实传钟(钟繇)、张(张芝)古学,有《天圣卤簿记》等。

◎宋仁宗庆历二年壬午（1042 年）

44 岁

谱主活动

是年，宋仁宗赐《答曾公亮诏》：

皇帝诏曰：眚灾变异，以戒人君，推之股肱，朕所不敢，元勋旧德，实赖交修，谴告之来，必缘象类，明谕朕志，使当天心。庶几君臣，并受遐福。不务出此，而果于辞权，是惟保身，岂曰谋国。

庆历二年三月十三日下　知制诰　王安石行

因曾公亮与参知政事贾昌朝同为陈尧咨的女婿，所以以亲嫌为请，避政继续编纂《武经总要》。

三月，曾公亮六弟曾公定（字季生，一字孚生，曾会第六子）登壬午科杨寘（1014—1044，字审贤，安徽合肥人，官至通判一职，"连中三元"却英年早逝；其兄杨察官至充三司使，为晏殊女婿）榜进士，名列第五名，与王珪（1019—1085，字禹玉，成都华阳人，官至宰相，封郇国公、岐国公，谥"文恭"）、韩绛（1012—1088，字子华，河北灵寿人，参知政事韩亿第三子、太子太保韩缜之兄，谥"献肃"）、王安石等同榜。曾公定后官至秘书丞、集贤校理，特金紫光禄大夫，赠少保。

时事选摘

是年，泉州府同安人（也有作南安人）苏颂中壬午科杨寘榜进士，为宿州观察推官，后官至刑部尚书、右仆射兼中书门下侍郎。他博通经史典章、律吕星算、山经本草，创制水运仪象台，著有《本草图经》《新仪象法要》等。南宋叶梦得（1077—1148，字少蕴，江苏苏州人，刑部侍郎叶逵五世孙，北宋词人）《石林燕语》记载："韩康公得解、过省、殿试，皆第三人；后为相四迁，皆在熙宁中。苏子容（即苏颂）挽之云：'三登庆历三人第，四入熙宁四辅中。'"有人认为苏颂所撰的句子是历史上第一副挽联，其实这是七言律诗中的两句，全诗原为："文物衣冠萃一门，如公终始见舆言。三登庆历三人第，四入熙宁四辅尊。继世拜封前及后，并时当政弟连昆。汉袁杨与唐萧杜，更有清风在裔孙。"

晏殊官拜宰相，以枢密使加平章事。

富弼出任知制诰，纠察在京师的刑事案件；四月，出使契丹，契丹集兵幽州（古地名，治所在今北京市区），声言来侵，七月富弼再使契丹。

四月，韩琦受任秦州（今甘肃省天水市）观察使。

闰九月，宋军再次大败于定川寨（今宁夏固原西北）。十一月，朝廷采纳了范仲淹的建议，命韩琦、范仲淹、庞籍（988—1063，字醇之，山东单州成武人，与韩琦、范仲淹交好，对司马光、狄青多有提携，官至宰相，封颍国公，谥"庄敏"）分领都部署兼招讨等使，韩、范二人屯驻泾州（今甘肃省泾川县），共守西陲。由于好水川之败，韩琦开始信服范仲淹的防守建议，两人同心协力，互相声援。由于两人守边疆时间最长，又名重一时，人心归服，朝廷倚为长城，故天下人称为"韩范"。边塞上传诵这样的歌谣："军中有一韩，西贼闻之心胆寒。""军中有一范，西贼闻之惊破胆。"

吕夏卿再次赴试，与其兄吕乔卿同举进士。

王安石登是年壬午科杨寘榜进士第四名，授淮南节度判官。此榜榜眼为王珪，探花为韩绛，共取士432人。

◎宋仁宗庆历三年癸未（1043 年）

45 岁

谱主活动

是年三月，贾昌朝为参加政事；八月，贾昌朝与晏殊提举删修编敕。

曾公亮与同为革新派的范仲淹、韩琦、富弼等上台。

曾公亮主持编纂《武经总要》进入最紧张的阶段。

九月二十日，皇帝下诏《赐宰臣曾公亮免恩命不允批答》：

夫天文中阶之象，色正则二气钧，国柄三事之司，体公则万化缉。朕何尝不痌瘝邦杰，弥纶政机，以惇美风俗之原，以甄序官师之品，所系甚大，维材之难。卿行足以厉朝，谋足以经国，代言二禁，而号令鼓虡，群动赋政中畿，而神明照于宿奸，顷陪议于宰臣，旋冠谟于宥省，邦之维度，靡不举兵之纪律，靡不张属上台之进贤，宜右弼之膺，宠忽起舜庭之让，未施酂国之规，郡情郁然，予心劳止，矧夫付安危之几，则望岂云浅当，名器之分，则处之勿疑，所期广猷，虑以同寅，会精神而辅力，当抑谦风之固，往调大化之元，岂朕之独致太平，亦卿之与有令闻。

庆历三年九月二十日下　右正言　王珪行

十月二十二日，曾公亮以天章阁待制兼侍讲、知制诰兼史馆检讨。翌日，曾公亮参与删修编敕，后还参与《太常新礼》《庆历祀仪》等官方文献的修撰，也积极参与到范仲淹等人的变法活动中。

按之前旧例，授予待制这样的官职是不改变官服的。是年，宋仁宗却当面赐给曾公亮金紫衣，说："朕自讲席赐卿，所以尊宠儒臣也。"

曾公亮二叔曾愈(960—1043,字于义)去世,年八十四。

四月,宋仁宗遣保安军(治所在今陕西省志丹县)判官邵良佐出使李元昊,许封册为夏国主,岁赐绢十万匹、茶三万斤。宋夏开始转入旷日持久的"庆历议和"阶段。在边界形势稍趋缓和的情况下,韩琦、范仲淹奉调回京,同任枢密副使。

范仲淹、富弼、韩琦、杜衍(978—1057,字世昌,浙江绍兴人,北宋名臣,唐朝名相杜佑之后)同时执政,欧阳修、王素(1007—1073,字仲仪,王旦之子,与欧阳修、蔡襄、余靖同为庆历四谏官,号称"庆历四谏")、余靖(1000—1064,本名希古,字安道,号武溪,广东韶州曲江人,北宋官员)同为谏官,蔡襄作诗称贺。受欧阳修等三人一起举荐,蔡襄被宋仁宗任命为知谏院,他遇事从不回避,奏疏忠诚恳切,大都关系天下利弊、一时缓急。蔡襄认为国家安危取决于人事,君主要知人善任、辨别邪正。由于有蔡襄这样的人直言敢谏,那些权贵心怀畏惧,多有收敛。

七月,谏官欧阳修、余靖、蔡襄向朝廷上奏说参知政事王举正(字伯仲,王化基之子,河北正定人,其妻为陈尧佐之女)胆小不敢进谏,不能胜任其职,请求宋仁宗让枢密副使范仲淹任职参知政事。王举正被免,朝廷随即委任枢密副使范仲淹为参知政事,资政殿学士富弼为枢密副使。但范仲淹坚决辞谢,说:"执政可由谏官而得乎?"并愿意与韩琦轮流去边疆管理军政事务,范仲淹仍授职枢密副使,后改授资政殿学士兼侍读学士,同时兼任陕西宣抚使。朝廷又委任枢密副使任中师(宋代进士,山东菏泽人,官至户部侍郎、太子少师,谥"安惠")为河东宣抚使。但两人均未上任就职,而是留在京师。八月,韩琦据此向宋仁宗说:"夏国请和,没生事端,让范仲淹与任中师只担任宣抚使职名不亲往任职就行了。李元昊没有达到目的,肯定会恼羞成怒而侵犯边境,那时再速派范仲淹亲往任职、对抗夏国人;我还年轻健康,可以任河东宣抚使,去管理河东路的军政事务。任中师是老前辈、老臣子,身体吃不消,就不用劳累前往河东路去处理边防事宜了。"朝廷就诏令韩琦代替范仲淹任陕西宣抚使,而任中师也就没有去河东路任职了。

九月,欧阳修任右正言、知制诰。范仲淹、韩琦、富弼等人推行"庆历新政",欧阳修参与革新,成为革新派干将,提出改革吏治、军事、贡举法等主张,积极推行各项新政措施。

晏殊以检校太尉刑部尚书同平章事,晋中书门下平章事、集贤殿学士兼枢密使。

包拯入京任殿中丞;后经御史中丞王拱辰举荐,于十一月被任命为监察御史里行,改任监察御史。

◎宋仁宗庆历四年甲申(1044 年)

46 岁

谱主活动

正月二十八日,因参与修《太常新礼》《庆历祀仪》成,曾公亮受赐器币若干。迁同知太常礼院。

二月初九日,朝廷依从曾公亮意见,谥驸马都尉柴宗庆为"荣密"。(《续资治通鉴长编》卷一四六)

二月二十三日,宋仁宗召辅臣观前代帝王美恶之画,为规戒者,因命天章阁侍讲曾公亮讲《毛诗》(战国末年时鲁国毛亨和赵国毛苌所辑及注释的古文《诗经》,即今通行于世的《诗经》)。自西夏李元昊反,罢进讲;至是,复讲读经史。

二月二十四日,曾公亮奉诏删定审官、三班院、流内铨条贯。

三月十二日,曾公亮联名翰林学士宋祁、御史中丞王拱辰、知制诰张方平和欧阳修、殿中侍御史梅挚(994—1059,字公仪,成都新繁人)、天章阁侍讲王洙(997—1057,字原叔,一作源叔,河南商丘人,北宋大臣、目录学家)、右正言孙甫(991—1057,字之翰,河南禹州人)、监察御史刘湜(字子正,江苏彭城人)等上书宋仁宗,响应范仲淹上疏,对范仲淹改革学校事宜发表意见。

三月十六日,曾公亮请求为御书作注释,得到宋仁宗同意。

十月二十三日,曾公亮向宋仁宗提出修改"辍朝礼"。针对"群臣丧遇假日,辍朝在闻讣数日外"的问题,曾公亮提出:其一,"凡闻哀之明日,不以假休,并计辍朝日数";其二,"如值大朝会,或有大政须御前殿,自可略轻为重，不辍朝"。朝廷讨论后，认为"看详公亮所奏，诚于辍朝之间，适宜顺变……"遂同意曾公亮的提议，修改辍朝礼。

是年，曾公亮等编纂的中国第一部官修兵书《武经总要》历时 5 年成书，分军事理论和军事技术两大部分，全书共 40 卷，分前后两集。前集 20 卷，论述历代军事典章制度、步骑兵教练、行军、营阵、战略战术、武器制造和使用、边防地理等，其中营阵、武器附有大量的插图；后集 20 卷，辑录历代用兵故事，记述阴阳占候，保存了丰富而珍贵的军事资料和历史资料，对后世产生了深远的影响。宋仁宗亲自核定后，又为此书写了序言。

《四库全书总目提要》认为它"前集备一朝之制度，后集具历代之得失"。被誉为"当代利玛窦的英国科学史家"李约瑟在巨著《中国科技史》中对《武经总要》做了高度评价，认为它关于火药配方的记录比欧洲至少早三百年。《武经总要》关于"九乳螺洲"（即西沙群岛）的记载，又充分地说明了西沙群岛至迟在宋代就是我国的神圣领土。北宋王朝疆域狭小，对外屈辱，败多胜少，就此点而言，《武经总要》的编纂而成又具有很强的现实意义。1952 年夏，李约瑟到沈阳故宫博物院摘抄《武经总要》中关于火药的史料。他工作之暇来到北京，在旧书铺发现了标识为明正统四年（1439 年）雕版印刷的《武经总要》，欣喜之下，自己掏钱购下此书慨赠中国科学院图书馆。三年后，正在撰写《中国科技史》的李约瑟致函中国科学院院长郭沫若。郭沫若根据信中要求，寄给李约瑟关于《武经总要》中的相关复印件，并附赠一部文渊阁《四库全书》珍本的影印本《武经总要》。这也算是《武经总要》出版九百多年之后的一段中外奇缘了。

时事选摘

蔡襄调知福州。

春，韩琦宣抚陕西回到汴京（今河南省开封市）。五月，上陈《西北边防攻守四策》，以为"今当以和好为权宜，战守为实务。请缮甲厉兵，营修都城，密定讨伐之计"。

三月，天下州县立学，更定科举法，语在《选举志》。四月，又以锡庆院为太学。

六月，范仲淹宣抚陕西、河东；八月，领刑法事；十月，又提举三馆秘阁缮校书籍。

八月，富弼宣抚河北。

因撰修李宸妃墓志等事，晏殊遭孙甫、蔡襄弹劾，贬为工部尚书知颍州（今安徽省阜阳市），后又以礼部、刑部尚书知陈州（今河南省周口市淮阳区）、许州（今河南省许昌市）。

陈尧佐（963—1044）卒，年八十二。宋端拱元年（988 年），陈尧佐戊子科程宿（971—1000，字莘十，浙江衢州开化人，谥"文熙"）榜进士，授魏县（今属河北省邯郸市）、中牟县（今属河南省郑州市）尉，咸平（998—1003）初年，任潮州通判，历官翰林学士、枢密副使、参知政事，景祐四年（1037 年）拜同中书门下平章事，康定元年（1040 年）以太子太师致仕，去世后追赠司空兼侍中，谥"文惠"。

◎宋仁宗庆历五年乙酉(1045 年)

47 岁

谱主活动

是年,二月十一日,宋仁宗命讲《诗经》,讲官不欲讲《新台》,宋仁宗谓曾公亮:"朕思为君之道,善恶皆欲得闻,况诗三百,皆圣人所删定,义存劝戒,岂当有避也。"乃命其讲《诗经》不应回避部分篇章。

四月,朝廷修改辍朝礼,曾公亮为度支员外郎、集贤校理兼天章阁侍讲、史馆检讨、知太常礼院。(《宋史》卷一二四《礼》)

闰五月十五日,宋仁宗接受贾昌朝的建议,任命曾公亮为提举编修,参与《新唐书》编修工作,欧阳修修撰"纪""志""表",宋祁修撰"列传",范镇、王畴(1007—1065,字景彝,山东菏泽人)、宋敏求、吕夏卿、刘羲叟(1018—1060,字仲庚,山西晋城人,北宋天文学家)、梅尧臣等协助编修,历十七年而成。此前,因宋仁宗认为《旧唐书》只是简单地堆砌史料,未能很好地归纳总结唐朝兴衰成败的历史经验,曾下令让王尧臣、张方平等重修一部《唐书》,但一直未能修成。

曾公亮在《进新唐书表》里面总结了《新唐书》的编纂原则:"其事则增于前,其文则损于旧。至于名篇著目,有革有因,立传纪实,或增或损,义类凡例,皆有依据。"《新唐书》的编纂正是完全依循这些原则而进行的。

《新唐书》计 225 卷,有本纪 10 卷,志 50 卷,表 15 卷,列传 150 卷,在体例和编纂方面都有所创新和发展,甚至成为后世修史的典范。《新唐书》创立了"仪卫志""兵志""藩镇传""公主传""奸臣传";在"列传"部分的分类上比《旧唐书》多了 6 类,削除《旧唐书》的 61 项"列传",却新增了 338 项,《新唐书》与《旧唐书》列传卷数虽然都是 150 卷,但在内容上比《旧唐书》更为充实;在"本纪"方面则是大量削减,由《旧唐书》的 30 万字减为《新唐书》的 9 万字,其中削减最多的是《哀帝本纪》,由 1.3 万余字减为 1000 余字,但在删节的同时对"本纪"部分也进行了一些史事方面的补充;恢复了从《汉书》以后被中断的"表",开创了"宰相表""方镇表""宗室世系表""宰相世系表"。

《新唐书》的"表"和"志",撰写较好,条目清楚,条分缕析,便于检索,为后来的学者所称许,确立了以后正史的编纂体例,后世编纂的《新五代史》《宋史》《辽史》《金史》《元史》《明史》《新元史》《清史稿》,皆设置年表世系,可以说都是受到了《新唐书》的影响。当然,由于欧阳修、宋祁等人过分注重"春秋笔法",造成"本纪"部分文字过于简洁,导致史事不明;加上他们提倡"古文",删去了一些由"骈文"写成的诏、诰、表、书等,在史料的原始性和完整性方面出现了不足。

十一月十七日,度支郎中、集贤校理曾公亮指出贬降官敕牒文件转接存在颇多问题,提出"请自今上件官合该敕闻奏者,如在别州军居住,无敕许者,并于所住州军接状施行"的建议,朝廷从之。

冬天,与欧阳修有文字往来,欧阳修回复《与曾宣靖公明仲》:"某启:山郡僻寂,习闲成懒,凡于人事几度废绝。前者送起居院文字人回,特沐手诲。违别兹久,伏承德履,甚休可胜慰浣。某居此,虽僻陋,然奉亲尸禄,优幸至多。愚拙之心,本贪报国,招仇取祸,势自当然。然裨补未有一分,而缘某之故。事起多端,有损无益,可为愧叹。今而冒宠名饱食自便,何以为颜也。未期良会,冬冷保重。"(《欧阳文忠公文集·书简》卷一,文章标题当为后来结集时重拟,否则不会有"宣靖公"之称,因如以谥号相称,则表明曾公亮已去世了。)从字里行间,可以读出欧阳修与曾公亮交谊之深。

时事选摘

泉州清溪县青阳(今安溪县尚卿乡青洋村)等场铁冶大发,福建路转运使高易简（据宋代泉州人梁克家所撰《三山志》记载，高易简还曾任永春知县事、福建路转运使按察使、浙江衢州知州等）置铁务于泉州。

正月，执行新政的杜衍、范仲淹、富弼全都被贬职出朝。韩琦为人爽直，对于军政大事，向来是"必尽言"，他虽为枢密副使，主管军事，但事关中书的事，他也要"指陈其实"，有的同僚不高兴，宋仁宗却了解他，说"韩琦性直"。对于范仲淹、富弼的贬谪，韩琦挺身而出，据理分辩，但没有结果。三月，韩琦也因陈述十三条理由，支持尹洙反对修建水洛城（今甘肃省庄浪县）而被贬出朝，罢枢密副使，以资政殿学士出知扬州。至此，主持庆历新政的主要人物全被逐出朝廷，短暂的新政以失败告终。

欧阳修和宋祁（998—1061，字子京，小字选郎，河南杞县人，与兄长宋庠并称"二宋"；因名句"红杏枝头春意闹"而世称"红杏尚书"，北宋著名文学家、史学家、词人）奉诏编修《新唐书》，联名推荐吕夏卿参加。欧阳修这样写道："去年束书来上国，欲以文字惊众人。驽骀群马敛足避，天衢让路先骐麟。"

范仲淹、韩琦、富弼等相继被贬，欧阳修上书分辩，因之被贬为滁州（今安徽省滁州市）知州，在此写下了不朽名篇《醉翁亭记》。

黄庭坚（1045—1105，字鲁直，号山谷，又号涪翁，江西修水人，北宋诗人、书法家）出生。黄庭坚自幼好学，博览经史百家，宋英宗治平四年（1067 年）丁未科许安世（1041—1084，河南睢县人，字少张，官至尚书都官员外郎，于湖北黄州去世时，苏轼解衣助葬）榜进士，为"苏门四学士"之首。

◎宋仁宗庆历六年丙戌（1046 年）

48 岁

谱主活动

是年，曾公亮 48 岁，由史馆检讨而为史馆修撰。胡宿（995—1067，字武平，江苏常州人，与曾公亮为同榜进士，官至枢密副使，以宽厚待人、正直立朝著称）撰写制文。

曾公亮可充史馆修撰制

敕：夫西台书诏，东观约史，三长所寄，二职并华选，诸橐从之贤，得于纶省之老。某奕世学史名家，通经体行安于粹和，器用本乎冲厚，博我道术，执经侍于便朝，代予语言，秉笔赞于书命，讲闻正论，丕变深辞，属史氏之缺员，思世官之服采，惟乃踵向歆之美，可以嗣南董之职。噫！立言不朽，书法无隐，传言后世，勉济前人，岂不美欤？尚思勉此。

曾公亮继续参与编修《新唐书》。

时事选摘

六月左右，包拯出京，任京东路转运使。

秋，蔡襄任福建路转运使。

九月，登州（今山东省烟台市蓬莱区）言有巨木三千余浮海而出。

苏颂父苏绅（999—1046）卒，年四十八。苏绅于宋天禧三年（1019年）己未科王整榜进士及第，历宜（今广西河池市宜州区）、安（今广西钦州市）、复（今湖北省天门市）三州推官，后改任大理寺丞，再调任太常博士，升任祠部员外郎，通判洪州（今江西省南昌市）、扬州，进直史馆，为开封府推官、三司盐铁判官。时诏求直言，苏绅上疏极言时事，朝廷施用其安边之策。苏绅又陈便宜八事：重爵赏，慎选择，明荐举，异章服，适才宜，择将帅，辨忠邪，修预备。皇上嘉许采纳之，调任史馆修撰，升任知制诰，入翰林为学士，再调任尚书礼部郎中。苏绅博学多智，喜言事，锐于进取，故亦善中伤人，以所举非其人，出知扬州，复入为史馆修撰，判尚书省，又改任集贤修撰，知河阳（今河南省孟州市西），徙河中（今山西省永济市蒲州镇），未上任去世，葬于丹阳。著有《文集》《奏疏》。

　　吴待问（974—1046）卒，年七十三。吴待问，北宋大臣吴育、吴充之父，字子礼，建安（今南平市建瓯市）人，后迁至浦城，深受同乡杨亿的礼遇，为宋真宗咸平二年（999 年）己亥科孙暨（河南汝州人，曾任光禄寺丞，为吕蒙正女婿）榜进士，历官大理寺丞、奉朝请、光禄卿，以礼部侍郎致仕，后因子吴育显贵追赠太师、崇国公。

◎宋仁宗庆历七年丁亥（1047年）

49岁

正月二十四日，因修《庆历编敕》成，详定官曾公亮与张方平、宋祁加勋及受赐器币有差。

三月二十五日，赐天章阁待制兼侍讲曾公亮衣三品服，任国子监直讲，后改诸王府侍讲，以集贤校理参与修《起居注》。曾公亮因修《起居注》，当迁知制诰，由于贾昌朝为其"友婿"，为避亲嫌，故使待制天章阁。春旱，用汉代灾异策免三公故事，罢宰相贾昌朝，辅臣皆削一官。贾昌朝罢既半岁，乃命知制诰。

曾巩异母弟曾肇是年出生。曾肇后来撰写《曾太师公亮行状》，详细叙述了曾公亮生平、生卒年月、籍贯、世系、宦迹等。该文见附录。

时事选摘

四月，包拯改任尚书工部员外郎、直集贤院、陕西转运使。

五月，韩琦为京西路安抚使，自资政殿学士、知扬州徙知郓州（今属山东省菏泽市）。十二月，韩琦徙知成德军（治所在今河北省正定县）。

曾巩异母弟、曾布胞弟曾肇（1047—1107，字子开，号曲阜先生，北宋政治家、诗人）出生。曾肇自幼聪慧好学，师承其兄曾巩，博览经传，为文温润有章法，容貌端庄，为人忠厚仁义。他为官40年，历英、神、哲、徽四朝，在朝任过礼、吏、户、刑四部侍郎和中书舍人，对朝中事敢直

抒胸臆；在 14 个州、府任地方官时，多有政绩，为人称颂；有《曲阜集》40
卷、《西掖集》12 卷、《内制》50 卷、《外制》30 卷、《宸章》25 卷、《奏议》10
卷，但多散佚。

曾巩之父曾易占（989—1047）去世，年五十九。曾易占与妻周氏生
子曾晔后，周氏早逝；继娶吴氏（即王安石妻柘冈吴氏之祖父吴敏之
妹），生曾巩、曾牟、曾宰，生一女于十一年后病逝；再娶朱氏，生曾布、曾
肇与八女，所以南丰曾氏兄弟间年龄差距较大。朱氏茹苦含辛，抚育诸
子，严督功课，长子曾晔进士落选后病逝归途，其余五子先后高中进士，
皆任高官显宦；女婿也都为进士，第三个女儿嫁王安石之弟王安国。曾
巩辍学归乡，侍奉继母，友爱兄弟，抚育四个弟弟、九个妹妹。

苏舜钦（1008—1048）因病去世，年四十一。苏舜钦为宋景祐元年
（1034 年）甲戌科张唐卿（1010—1037，字希元，山东青州人，其父病故，
因此吐血而亡，韩琦为之挥泪撰写墓志铭）榜进士，出任蒙城县（今属安
徽省亳州市）令，历任大理评事、集贤校理、监进奏院等，支持范仲淹推
行的"庆历革新"，遭到御史中丞王拱辰劾奏，罢职闲居苏州，修建沧浪
亭；提倡古文运动，善于诗词，与宋诗"开山祖师"梅尧臣合称"苏梅"，有
《苏学士文集》和《苏舜钦集》16 卷，今存《苏舜钦集》。

十一月，加上宋真宗谥。

释普足，宋庆历七年（1047 年）正月初六日生于泉州市永春县小岵
乡，俗姓陈，坐化后民间尊为"清水祖师"。他幼年出家，年长时听闻大
靖山明禅师道行，进山参拜为师，多年聆受佛教大、小乘妙谛。辞归时，
明禅师授以法衣，嘱他今后行事须以利物济民为志。普足多次募款修
造桥梁数十处，广施医药，辄著奇效，每遇亢旱，便为民设坛祈雨，众口
争传其效应，由是名声大著。元丰六年（1083 年），清溪（今泉州市安溪
县）大旱，崇善里（今安溪县蓬莱镇）人刘光锐素仰普足道行高深，率众
迎请莅乡祈雨。普足翌日设坛，果沛甘霖，乡人大悦，恳请长期驻锡。
普足欣然应允，于是乡人集资在张岩构屋数椽，供其居住，普足为之改
名"清水岩"。刘光锐感服普足道行，遂将原张岩之山林田地悉数拨充
寺业，后被立为檀樾主。普足当年便募款建造通泉桥、谷口桥，十年后
又建成汰口桥。他医道高明，募建"洋中亭"义诊施药，远游汀州、漳州

所属各县，为人治病驱疫，甚著效验。宋建中靖国元年（1101年）五月十三日，普足在清水岩坐化。远近闻知，云集瞻礼。他生前曾以后事嘱刘光锐，谓："形骸外物，漆身无益。"乡人葬其于岩后，运石甃塔，名曰"真空塔"，并以沉香木刻像供奉于岩殿中。政和三年（1113年），知县陈浩然为他立传。隆兴二年（1164年）至嘉定三年（1210年）间，曾四获封号，每次敕赐二字，计得"昭应、广惠、慈济、普利"八字，并加"大师"称号。九百年多来，清水祖师及其事迹在安溪等地广为流传，享誉极高。中国台湾地区及东南亚一带安溪乡亲聚居处，大都建有清水祖师庙宇，有的建筑模式完全仿效原寺，祀典极为隆重。

蔡京（1047—1126）出生。蔡京，字元长，书法家，今莆田市仙游县枫亭镇东宅村人，宋神宗熙宁三年（1070年）庚戌科叶祖洽（1046—1117，福建泰宁城关叶家窠人，认为蔡确是维护新法的核心人物，常平、免役诸法都出自其手，应该抚恤蔡确及其家属）榜进士，先后四任宰相。

◎宋仁宗庆历八年戊子（1048 年）

50 岁

谱主活动

是年三月，知制诰曾公亮母病，即"谒告家居"。宋仁宗下诏广求言论探讨国是，亦遣内侍赐诏曾公亮，令上对。三月二十五日，曾公亮结合自己的多种见闻和深度思索，从国家层面、体制缺陷、官场现实、民间疾苦、社会积弊等方面，"亟以手诏就问公条六事以献"（《上仁宗答诏条画时务》），提出"完堡栅，畜兵马，损冗兵，汰冗官，省徭役，专任农"等切中时弊、富国强兵的改革建议和措施。奏疏中强调"牧守之职，以惠绥吾民"，提醒宋仁宗应知"财散则民聚，财聚则民散"的道理。在选贤任能上，"祖宗所置本无数年磨勘之制，多因功绩乃与迁转……不为升迁资序，有才用名实之人，或从下位，便见超擢。无才用名实之人，有守一官至十余年不改转者……帮当时人皆自勉。非有劳效，知不得进。故所在职任，率多修举，以上用人无令格，惟才是用"。"唯其善，故能举其类。"在寇患方面，认为"朝廷北有契丹，西有拓跋，二边讲备，为日久矣。今北房之势，累年屡弱，向欲报仇夏台，犹不能举，矧肯舍岁入之厚利而轻犯中国也。虽豺豕之性难以保信，料势利束之，当不能动也。况今大河之北，重兵列戍，已有藩篱之固矣。……臣以谓朝廷方今虑不在二房，而在山东、河北之地刀锯之惨，人心尚危……"

此事震动朝野，褒贬不一，好在宋仁宗对曾公亮极富创建的改革建言予以肯定，曾公亮因此被皇帝更加看重，认为堪当大任。

四月二十八日，曾公亮参与编修的《删定编敕》《敕书德音》等成书。

九月,赠曾公亮加恩诏:

皇帝制曰:朕观前世之载,考宗祀之文,周汉旧章,残缺无次,王郑异说,杂互莫同,大抵奉亲以严,率民以孝,交神明于合,莫厚风俗之本原。具官曾公亮,执礼蹈方,刺经援古,燮均大化,固已治平制定多仪,又皆节适四时之气,其和见于豆笾,九州之力,其精在于玉帛,使朕得昭升烈考,哀对上灵,诚意所通,顾飨如答,惟时显相,宜有褒嘉,峻阶级所以明等威,崇表号所以懋功赏,陪敦多赋,流衍真封,于戏! 大典越熙,至恩胥暨,惟裁成辅相,以遂万物之宜,惟同寅协恭,以收庶工之效,庸昭况施,永乂基图。

庆历八年九月下　知制诰　范镇行

据《楚公神道碑铭》可知,是年,曾公亮母黄氏去世,曾公亮丁母忧。曾公亮葬母于泉州清源山北麓,立"国田院"守坟。详见附录陈芳盈、陈金土《宋代名相曾公亮家族墓葬群初探》。

时事选摘

闰正月,宋仁宗准备在十五日晚再次陈设彩灯过灯节,因为刚过完一次元宵,便被曹皇后以节俭为由劝止了。三天后,宫中几个卫士作乱,乘夜穿房越舍,直趋皇帝寝室。宋仁宗打算出门,曹皇后关闭殿门,拦住皇帝,急忙呼唤、命令都知王守忠带兵入宫平乱。乱兵杀伤宫中嫔妃侍女,喊声震天。太监回报是奶妈打骂年幼宫女,曹皇后即申叱道:"乱兵就在附近杀人!"她估计乱兵必会纵火,暗地派人带水紧跟。乱兵果然点火烧着帘幕,派去的人随即用水将火泼灭。是夜,凡是派出去的太监侍从,曹皇后都亲手剪掉他们的头发说:"明天论功行赏,就以头发为证。"宫人争先出力,叛乱很快平息。曹皇后身边有个宫女涉及卫卒之乱,曹皇后判其死罪。宫女通过宋仁宗宠妃请求免死,宋仁宗答应赦免。曹皇后得知后,穿戴整齐地觐见皇帝,请求依法处理宫女:"不如此,无法肃清掖庭。"宋仁宗让她坐下,曹皇后不坐,站着坚持自己的要求,直到宋仁宗下令按宫规处死宫女。

宋神宗赵顼（1048—1085，又名赵仲针，北宋第六代皇帝）出生。

蔡襄因父亲去世而离职。

四月，韩琦又移知定州，并兼安抚使，相继进位资政殿大学士、观文殿学士。大力整顿军队，采取恩威并行的办法，对那些品行恶劣的士兵毫不留情地诛杀，而对以死攻战的则予以重赏，后来他又研究唐朝名将李靖兵法，仿作"方圆锐三阵法"，命令将士日月操练，使定州军"精劲冠河朔"。

任命吕夏卿为编修唐书史官转秘书丞。

五月初二日，包拯调任河北路转运使。六月二十二日，入朝任三司户部副使。

蔡卞（1048—1117，字元度，与胞兄蔡京为同榜进士，官至枢密院事、观文殿学士、检校少保，为官廉洁，勤政爱民，谥"文正"）出生。

◎宋仁宗皇祐元年己丑（1049 年）

51 岁

是年，曾公亮 51 岁，丁母忧家居。

正月，太傅张士逊（964—1049）卒，年八十六。张士逊，宋淳化三年（992 年）壬辰科孙何榜进士，为均州郧乡县（今属湖北省十堰市）主簿，迁射洪县令，历江南、广东、河北转运使、礼部尚书、刑部尚书、同中书门下平章事、集贤殿大学士等，封邓国公，卒后赠太师兼中书令，谥"文懿"。张士逊曾经活跃于北宋政坛，宋仁宗朝曾三次拜相，与陈尧佐、范仲淹、苏辙等著名文人、政坛人物都有很深的交往。

九月，广源州（治所在今越南高平省广渊县）侬智高（1025—1055，北宋中期广西广源州的少数民族首领）寇邕州（今广西南宁市），诏江南（今江西省、安徽省长江以南区域）、福建等路发兵以备。

欧阳修回朝先后任翰林学士、史馆修撰等职。

十二月，包拯上书朝廷，陈述冗官之弊。宋真宗景德（1004—1007）、大中祥符（1008—1016）年间，朝廷文武官总数为 9785 名，至此已增至 17300 名，将近翻了一番。全国共有 320 个州郡、1250 个县，而州、县官员定额最多不过五六千人，当前吏员已超过实用人数的 3 倍。朝廷每 3 年举行一次科考，每次录取进士 1000 名，加上恩荫入官、买卖官爵等,其人数又相当于实际官员人数的 3 倍。有俸禄的官员激增,而耕田之民却越来越少,国家财政更加匮乏。包拯还列举了宋真宗时期国家财政收入与支出状况,指出军费开支过大,耗去政府绝大部分物质财富,因此建议宋仁宗斥退老弱残兵,淘汰冗杂官僚,中止不必要的土木工程,天下才会长治久安,百姓才能安康幸福。

枢密使庞籍与宰相文彦博执政后,因感国家军费开支过大,财政危机日益严重,朝廷费用日趋紧张,遂于十二月向宋仁宗建议裁军。朝野内外均认为不可行,尤其是边将们更是议论纷纷,认为士兵会骑马射箭、使用兵器等,一旦被裁便打破了饭碗,势必聚集为盗。文彦博、庞籍对此指出:政府财政赤字过大,完全是由于冗兵造成的,若不及时采取措施,问题还会更大;倘因沙汰(指淘汰)士兵引发盗贼公行,二人情愿被杀头谢罪。宋仁宗这才下定决心,开始沙汰河北、河东、陕西、京东、京西路老弱残兵八万余人,其中六万余放归田里,从事农业生产,二万余军俸减少一半。沙汰陕西地区保捷军是这次裁军的重要内容,其年龄在五十岁以上、身材矮小、不堪征战者一律回乡务农,无田可耕、无家可归者则减去一半军俸,总计沙汰三万五千余人。经过这次裁军,陕西路每年节省养兵费用二百四十五万贯,大大减轻了陕西人民的赋税和其他各类负担。

◎宋仁宗皇祐二年庚寅（1050 年）

52 岁

十一月初六日，曾公亮与李绚（1013—1052，字公素，四川邛崃人）受诏看详诸州军编配罪人元犯情理轻重。（《宋会要》刑法四之二二，《续资治通鉴长编》纪事在十二月）

时事选摘

三月，宋祁上《明堂通议》二篇。

包拯受任为天章阁待制、知谏院。

八月，知杭州、资政殿学士范仲淹奏进建昌军（治所在今江西省南城县）平民李觏（1009—1059，字泰伯，号盱江先生，江西抚州南城人，北宋哲学家、思想家、教育家、改革家）所撰《明堂图义》，诏送两制看详，称其学业优博，授试太学助教。李觏尝举茂材异等，不中，亲老，以教授自资，从学者尝数十百人。

八月，福州福清平民郑叔豹上《宗祀书》三卷，阐述明堂制度及配享冕服之义。

十二月，定三品以上家庙制。宰臣宋庠请令诸臣建立家庙，下两制与礼官详定审度。翰林学士承旨王尧臣等定议："官正一品、平章事以上，立四庙；枢密使、知枢密院事、参知政事、枢密副使、同知枢密院事、签书院事，见任、前任同。宣徽使、尚书、节度使、东宫少保以上，皆立三庙。余官祭于寝。凡得立庙者,许嫡子袭爵,世降一等。死即不得作主祔庙,别祭于寝;自当立庙者,即祔其主。其子孙承代,不计庙祭寝,祭并以世数亲疏迁祧。始得立庙者不祧,以比始封;有不祧者,通祭四庙、三庙。庙因众子立而嫡长子在,则祭以嫡长子主之;嫡长子死,即不传其子,而传立庙者之子。凡立庙,听于京师或所居州县;其在京师者,不得于里城及南郊御路之侧。既如奏,仍别议袭爵之制。""其后终以有庙者之子孙或官微不可以承祭,又朝廷难尽推袭爵之恩,遂不果行。"

◎宋仁宗皇祐三年辛卯（1051年）

53岁

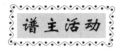

是年，三月，尚书礼部侍郎张方平举荐翰林学士、尚书刑部郎中曾公亮代替自己所任之职。（《乐全集》卷三〇《迁礼部侍郎知滑州举官自代状》）

四月二十七日，曾公亮于迩英阁（取"亲近英才"之意）讲对。宋仁宗谓讲读官曰："《易》旨精微，朕每以疑难问卿等，得无为烦乎？"曾公亮对曰："臣等幸承圣问，惧不能对，岂敢言烦。"

四月二十九日，刑部郎中、知制诰曾公亮升翰林学士、知开封府、勾当三班院，封庐陵郡开国侯，加食邑。曾公亮自担任集贤校理后，持续十多年为皇帝讲论经史。皇帝对他也很是看重，等升任翰林学士后，就让他兼管三班院。三班院属吏多而杂，如果不加以贿赂就辞谢不可，贵族子弟也要依靠势力请求拜见。曾公亮选取前后章程，依据情况严格办事，属吏不能插手，继任者纷纷以之为准则。

八月十七日，以翰林学士、刑部郎中、知制诰兼侍讲、史馆修撰曾公亮为契丹国母生辰使，西京左藏库使郭廷珍副之，出使契丹。

十月十三日，曾公亮提出处理诸道编管罪犯的意见："昨奉敕，以明堂赦后看详诸道编管配军人罪犯轻重，逐时具状贴黄奏讫。伏思自前南郊赦令，虽与今一体，及其奏到罪人犯状，久不蒙移放。不惟赦令失信，其间甚有州军妄行编配，遂至一二十年羁囚至死，伤害和气，众所共闻。欲乞特降恩旨，今后依此，永为著例。兼详益、梓、利、夔四路地里至远，凡取索干证文字，经年未得齐足。况此四路各有钤辖司，欲乞今后益、梓、利、夔四路编管配军人，如经大赦，只就本路转运、钤辖司同共看详，据犯状轻重量移释放。"（《宋会要》刑法四之二三）

十一月，闽南一带灾害严重。曾担任福建路转运使的庞籍之前上书建议废除福建路漳州、泉州、兴化军等地丁米，但有关部门执意不从。他现已升任宰相，就再度向宋仁宗提出建议，宋仁宗诏令曾公亮查明实情，即减去三地丁米。五代十国时期，刘氏割据福建路地区，按照丁口征收米粮，数量甚大，贫困农户根本无力缴纳沉重赋税。宋仁宗诏令规定：从今以后，泉州、兴化军二地民户，原来缴纳 7.5 斗丁米者减少 2.5 斗，客户减 4.5 斗；漳州地区原来缴纳 8.8 斗丁米者，主户减 3.8 斗，客户减 5.8 斗。福建路地区的丁米制度得以固定下来。曾公亮采取直接、实惠、有效的措施，从各方面关心农业生产和农民生活。

曾公亮叔曾介（967—1051）卒，年八十四。

时事选摘

正月，诏令江宁府（今江苏省南京市）、扬州、庐州（今安徽省合肥市）、洪州（今江西省南昌市）、福州并带提辖本路兵甲贼盗公事，益屯禁兵。

蔡襄回朝修《起居注》，参与政事。

王安石任舒州（今安徽省潜山市）通判，勤政爱民，治绩斐然。

九月，殿中侍御史唐介（1010—1069，字子方，湖北江陵人，以"直声动天下"，与包拯一样刚正不阿，官至参知政事，谥"质肃"；南宋爱国诗人陆游之母为其孙女）上书弹劾宰相文彦博，指责他姑息养奸，对张尧佐事件熟视无睹，并揭露文彦博任益州（今四川省成都市）知州期间专门制造"间金奇锦"，通过宦官送给后宫妃子，借助不法手段获得宰相职务。现在，文彦博又对张尧佐（987—1058，字希元，河南巩义人，"温成皇后"即张贵妃的伯父）百般袒护，显然是想与张尧佐、张贵妃勾结以巩固地位。唐介建议宋仁宗罢去文彦博宰相职务，由富弼继任。宋仁宗龙颜大怒，根本不看奏章，公开对执政大臣说要流放唐介，唐介却毫不畏惧。宋仁宗急忙将唐介的奏章交给执政大臣审阅。唐介当时也在场,当着宋仁宗的面指责文彦博,文彦博无言以对。宋仁宗对此更为恼怒,贬唐介为新州(今广东省新兴县)别驾;至第二天时有所醒悟,改贬唐介为英州(今广东省英德市)别驾。文彦博也在同年十月被罢相。从此,唐介在百官中威信大增,事迹传遍全国,被称为"真御史"。

十月,包拯除任龙图阁直学士、河北都转运使。

毕昇(约970—1051,湖北英山人)卒。毕昇初为印刷铺工人,专事手工印刷,在实践中深知雕版印刷的艰难和不足,就认真总结经验,在宋庆历年间(1041—1048)发明了活字印刷术。这一发明是印刷史上的伟大革命,是中国古代四大发明之一,从13世纪到19世纪,毕昇发明的活字印刷术传遍全世界,为中国文化经济和世界文明的发展做出了巨大贡献。其方法,沈括(1031—1095,字存中,号梦溪丈人,今浙江杭州人,北宋官员、科学家,代表作《梦溪笔谈》被称为"中国科学史上的里程碑")在《梦溪笔谈》中有具体记载。毕昇被全世界人民称为印刷史上的伟大革命家,沈括被称为中国整部科学史中最卓越的人物。

刘奕(999—1051)卒,年五十三。刘奕,字蒙伯,福建福州人,宋天圣八年(1030年)庚午科王拱辰榜进士,累官至漳州漳浦通判、润州(今属江苏省镇江市)通判等,为官清廉,死时"殓无新衣,囊无余资",润州百姓集钱为其收殓,葬福州西门马鞍山苏家村。嘉祐六年(1061年),福州太守蔡襄为其写《刘蒙伯墓碣文》。

夏竦(985—1051)病逝,年六十七。景德元年(1004年),夏竦因父亲夏承皓死忠之事,被录官丹阳主簿,大中祥符三年(1010年)选为国史编修官,与王旦等同修《起居注》,又参与编写《册府元龟》,任地方官时勒令巫觋一千九百余家还农,毁其淫祠。天圣五年(1027年)拜枢密副使,两年后升为参知政事;景祐年间(1034—1037)出知青州,支持守城卒子修建青州南阳桥,是一般认为的中国最早出现的虹桥;康定元年(1040年)兼陕西四路经略安抚招讨使、知永兴军(治所在今陕西省西安市),主持对西夏战事,升任同平章事;庆历七年(1047年)入朝拜相,旋即改授枢密使、封英国公;越年复拜同平章事;皇祐元年(1049年)进封郑国公。皇祐三年(1051年)病逝,获赠太师、中书令兼尚书令,谥"文庄",世称夏文庄公、夏英公、夏郑公。

◎宋仁宗皇祐四年壬辰（1052 年）

54 岁

谱主活动

　　是年，曾公亮 54 岁。四月，侬智高反，五月入藤州（今属广西藤县），后又入梧州、封州（今广东省肇庆市封开县）。九月，朝廷命狄青为宣徽南院使，荆湖北路宣抚使，提举广南东、西路经制贼盗事，征侬智高。十月，狄青出征，曾公亮时为翰林学士，曾与狄青讨论相关军事方略。

　　《宋文鉴》卷一二六曾巩《杂识二首》中载："翰林学士曾公亮问青所以为方略者，青初不肯言，公亮固问之，青乃曰：'比者军制不立，又自广川之败，赏罚不明。今当立军制，明赏罚而已。然恐闻青来，以谓所遣者官重势必不得见之。'公亮又问：'贼之标牌，殆不可当，如何？'青曰：'此易耳。标牌，步兵也。当骑兵则不能施矣。'"

　　宋刘斧（生卒年不详，人称刘斧秀才）《青琐高议》录有曾公亮诗作《吊曹觐》，后收录于《全宋诗》卷二二六，其诗曰：

> 款军樵门日再晡，空拳犹自把戈铁。
> 身垂虎口方安坐，命若鸿毛竟败呼。
> 柱下杲卿曾断骨，袴中杵臼得遗孤。
> 可怜三尺英雄气，不怕山西士大夫。

　　曹觐，字仲宾，福建建安即今建瓯市人，时任太子中舍，知封州，宋皇祐年间（1049—1054）为封州刺史。会侬智高压境，守节不降贼，竟为乱兵所杀,至死大骂不息。后赠公之诗者甚众,惟鲁公参政之诗杰出,诗曰云云。

这是一首挽诗。据惠州学院庄丽丽、张小平《北宋名相曾公亮诗文系年》考证,写作时间在五月十七日至九月十七日之间,但具体年份不详。因无更确切资料佐证,暂系此年之下。

时事选摘

蔡襄迁任起居舍人、知制诰兼判流内铨。

三月,以知谏院包拯为龙图阁学士、河北都转运使。居数月,徙为高阳关路(治所在今河北省河间市)安抚使。

五月,知颍州(今安徽省阜阳市)、资政殿学士、户部侍郎范仲淹(989—1052)行至徐州而卒,年六十四。赠兵部尚书,谥"文正",又遣使部问其家。既葬,帝亲书其碑曰"褒贤之碑"。范仲淹,宋大中祥符八年(1015年)乙卯科蔡齐榜进士,苦读及第,授广德军(治所在今安徽省广德市)司理参军,后历任兴化县令、秘阁校理等职,因秉公直言而屡遭贬斥。宋、夏战争爆发后,康定元年(1040年),与韩琦共任陕西经略安抚招讨副使,采取"屯田久守"的方针,巩固西北边防,对宋夏议和起到促进作用。西北边事稍宁后,宋仁宗召范仲淹回朝,授枢密副使。后拜参知政事,上《答手诏条陈十事》,发起"庆历新政",推行改革。不久后新政受挫,范仲淹自请出京。皇祐四年(1052年),知颍州,后累赠太师、中书令兼尚书令、魏国公,世称"范文正公"。至清代以后,相继从祀于孔庙及历代帝王庙。范仲淹在地方治政、守边上皆有成绩,文学成就突出。江南三大名楼之一——岳阳楼因为范仲淹的《岳阳楼记》而闻名古今,他在其中倡导的"先天下之忧而忧,后天下之乐而乐"的思想和仁人志士节操,对后世产生了影响深远。有《范文正公文集》传世。

◎宋仁宗皇祐五年癸巳（1053 年）
55 岁

谱主活动

是年正月十二日，以翰林学士王拱辰权知贡举，翰林学士曾公亮、翰林侍读学士胡宿、知制诰蔡襄、王珪并权同知贡举，特奏名进士徐无党（1024—1086，浙江永康人，庆历初师从欧阳修学古文，为欧阳修编纂的《新五代史》作过注释）以下六百八十三人。在廷试中，作为巡察官的曾公亮指点郑獬（1022—1072，字毅夫，号云谷，安州安陆人）："乙起著，乙起著。"（《曲洧旧闻》卷三）三月二十日，殿试唱名，郑獬为科状元。

十一月二十三日，曾公亮与御史中丞孙抃放天下欠负（指亏欠租税）。

曾公亮担任翰林学士后，虽然还不认识赵抃（1008—1084，字阅道，号知非子，浙江衢州人，官至参知政事，谥"清献"），却举荐他为殿中侍御史。赵抃于宋至和元年（1054 年）赴任。"翰林学士曾公亮未之（指赵抃）识，荐为殿中侍御史，弹劾不避权幸，声称凛然，京师目为'铁面御史'。其言务欲朝廷别白君子小人，以谓：'小人虽小过，当力遏而绝之；君子不幸讹误，当保全爱惜，以成就其德。'"（《宋史·卷三百一十六·列传第七十五》）

时事选摘

泉州郡城东郊有洛阳江（泉州市重要河流之一，发源于泉州市洛江区罗溪镇朴鼎山南麓），下游出海口江面宽 5 里，有渡口名万安渡。"每风潮交作，数日不可渡"，"沉舟被溺，而死者无算"。宋庆历年间

（1041—1048），泉州人李宠"甃石作浮桥"失利。宋皇祐五年（1053年），王实、卢锡倡议建造石桥，蔡襄主持这项工程，四月，泉州万安桥（洛阳桥）动工兴建，前后费时 6 年 8 个月，至嘉祐四年十二月（1060 年 1 月）完工，首创筏形基础等造桥技术，桥长 360 丈（折 1105.92 米），宽广 1 丈 5 尺（折 4.6 米），酾水（排水孔）47 道，名万安桥，又称洛阳桥。于是"渡实支海，去舟而徒，易危为安，民莫不利"。洛阳桥建成后，蔡襄亲自撰写《万安渡石桥记》，刻碑立在左岸，现石碑被移入洛阳桥南蔡襄祠内中殿，其中一方石碑为后来补镌。此碑文章简约，书法遒劲，镌刻传神，故被誉为"文、书、镌三绝"。明宣德六年（1431 年）晋江巨富李五（即李英，字俊育，明代晋江凤池人、大慈善家，因排行第五，遂名"李五"）独资重修洛阳桥，增高桥墩 3 尺（晋江《凤池李氏家谱》记载为"增高 6 尺"）。

正月，韩琦以武康军（治所在今陕西省洋县）节度使徙知并州（今山西省太原市）。

狄青在邕州（今广西南宁市）大败侬智高，五月三十日，为枢密使。

丁度于是年去世，其为《武经总要》编纂人之一。

著名词人柳永卒。柳永约出生于 984 年或 987 年，因排行第七，又称柳七，福建崇安即今武夷山市人，词坛"婉约派"代表人物。柳永是第一位对宋词进行全面革新的词人，也是两宋词坛上创用词调最多的词人。柳永大力创作慢词，将敷陈其事的赋法移植于词作，同时充分运用俚词俗语，以适俗贴切的意象、淋漓尽致的铺叙、平淡无华的白描等独特的艺术个性，对宋词的发展产生了深远影响。

杨时（1053—1135，字中立，号龟山，称"龟山先生"，今三明市将乐县人，与罗从彦、李侗并称"南剑三先生"，被尊为"闽学鼻祖"，将"二程学说"传播至东南大地。程颐认为杨时得其真传，望着杨时的背影说"吾道南矣"。后来，福建杨氏很多人即以"道南"作为家族徽号，甚至有命名为"道南小学"的）出生。

游酢（1053—1123，字定夫，号广平，称"广平先生"，今南平市建阳区麻沙镇人，与杨时、谢良佐、吕大临并称"程门四先生"）出生。

◎宋仁宗至和元年甲午(1054年)

56岁

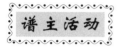

是年正月,京城有瘟疫流行。三月初七日,曾公亮与镇潼军(治所在今陕西省渭南市华州区)留后李端懿(1013—1060,字元伯,河南开封人,宋真宗妹妹的儿子,通医术,善吟咏,工书画)一同考试医官。

宋仁宗以为郑州近辅,异于他镇,非任重致远、才猷文武者不能以安此郡。九月二十九日,曾公亮以端明殿学士知郑州,总督军务,以遏北虏。赴任之前,宋仁宗还特意赋诗派人送到郑州御赐曾公亮。《新郑县志》卷一四《艺文志》保存该诗及诗序。

御赠曾公亮赴郑州诗

华光辍侍爱解于禁严,东里偃藩,式资于慈惠,载怀茂德,宜有宠行,今成五言四韵一首,赐端明殿学士曾公亮赴郑州云:

> 儒术明师法,才能举德辀。
>
> 词林咸惜别,郡绂是勤求。
>
> 罢直鳌翔夜,前驱隼健秋。
>
> 国门三舍近,无阙贡嘉猷。

至和元年九月二十九日　御署日中使驰诣郑州宣赐

至和二年正月十九日端明殿学士尚书刑部郎中兼集贤殿修撰知郑州军事臣公亮谨记

来到郑州之后,曾公亮一改以往之风气,"独询访间里,为之除害兴利"。对于名目繁多的赋役,能免则免,在社会秩序方面,他"为政惠和,而尤能钩考情伪,禁戢奸盗",使那些混迹郑州的盗匪、流寇闻风丧胆,"悉窜他境",郑州呈现出"路不拾遗,民外户不闭"的太平局面。因治理有方,曾公亮由此获得"曾开门"的美誉。

时事选摘

正月,京师大寒,张贵妃(石州军事推官张尧封之女,张尧佐侄女)薨。后追册贵妃张氏为皇后,赐谥"温成"。

七月,龙图阁直学士、吏部郎中欧阳修又遭受诬陷,被贬为同州(今陕西省渭南市大荔县)知州。命令刚刚下达,宋仁宗就后悔了。等欧阳修上朝辞行时,皇帝亲口挽留说:"别去同州了,留下来修《唐书》吧。"就这样,欧阳修做了翰林学士,开始修撰史书。与宋祁同修《新唐书》,又自修《五代史记》(即后来的《新五代史》)。

八月,以判吏部南曹吴充同知太常礼院,同判吏部南曹冯京同判登闻鼓院。二人皆以胡宗尧(胡宿之子,官至都官员外郎,赠金紫光禄大夫)故易任。吴充上疏为欧阳修辩解,不报。

九月,以殿中丞王安石为群牧判官。王安石力辞召试,有诏与在京差遣。及除群牧判官,王安石犹力辞,欧阳修谕之,乃就职。

苏轼与青神县乡贡进士王方之女王弗(时年16岁)完婚。

苏舜元(1006—1054)卒,年四十九。苏舜元是宋仁宗庆历年间(1041—1048)进士,知开封府咸平县(今河南省通许县),迁殿中丞、太常博士、祠部员外郎,官终三司度支判官。庆历六年(1046年)出为荆南路提点刑狱,未行,易福建路提刑,两年后擢尚书祠部员外郎,移京西提刑,又移河东提刑。早先任开封府扶沟县(今属河南省周口市)主簿时,即有赈灾之举,"其令畏缩,辄移病。君即出粟以活饥者";为民祈雨"此时忽霶霈,知有神物主。不然诸苍生,性命委草莽";面对地震"坐骇市声死,立怖人足踦",能反思己身"念此大灾患,必由政瑕疵"。在福建路提刑任上,除管辖一路司法、监察事务外,还能劝课农桑、兴修水利、赈救灾民、减免赋税。在福州,百姓生活用水不便,为使民就近取水,遂选人择地挖掘水井十二口,后人称为"苏公井"。题"高士峰"三字隶书,刻于泉州九日山(我国著名海外交通史迹之一,号称"山中无石不刻字",有珍贵的为宋元祈风石刻群)之高士峰。刘克庄认为"二苏"之字独步本朝。清末翰林、泉州石狮人陈棨仁(1836—1903,字铁香,又字戟门,自幼迁居泉州府城,有《闽中金石录》等著作)考证,"九日山"三字原为篆书,据传为朱熹所书,久已失佚;后由清代武状元、福建提督马负书所书。

◎宋仁宗至和二年乙未（1055年）

57岁

是年，曾公亮继续知郑州。六月初六日，宋仁宗有口谕给曾公亮，欧阳修撰文。"有敕：卿自辞职禁林，班条近辅，休有政绩，播于民声。既深简于予衷，俾召还其旧物。矧汝材望，著于缙绅。岂惟润色之文，方伫论思之益。"（《欧阳修全集》卷八四《内制集》）

六七月间，知永兴军（治所在今陕西省西安市）文彦博正获召入朝，途经郑州。正当曾公亮设宴款待文彦博之时，有人来报称文彦博的银杯被盗。曾公亮说："如果是郡人敢这么做，一定要在三天内将其抓获。如果是您的随从自己做的，那今天就可以抓到了。"文彦博不以为然。结果，当天盗贼就被捕获，的确是文彦博的随从。文彦博说："您刚听说就能将其抓获，这是什么道理？"曾公亮答道："席上有专门捕盗的人，随从不过只有一个人，阴谋一定容易败露。"文彦博听后大为叹服，将曾公亮视为神明。（关于"缉盗"事件，见于其他典籍，只是丢失物件的主人公有所不同，如《宋史》记载失主为"使客"，但断案捕贼的主官都是曾公亮）

正月二十八日，著名政治家、文学家、观文殿大学士、兵部尚书晏殊（991—1055）去世，年六十五。宋仁宗为此两天不视朝政。宋真宗景德元年(1004 年),十四岁的晏殊以神童入试,赐同进士出身,命为秘书省正字,官至同平章事兼枢密使、礼部刑部尚书、观文殿大学士知永兴军、兵部尚书等,封临淄公,谥"元献",世称晏元献,世人或有"富贵宰相"的说法。晏殊以词著称于文坛,尤擅小令,与其第七子晏几道为父子词人,被称为"大晏""小晏",又与欧阳修并称"晏欧";亦工诗善文,有《珠玉词》《晏元献遗文》《类要》残本存世。晏殊识富弼于寒微,以女妻之,且举贤不避亲,晏殊为宰相时,富弼为枢密副使,后亦官至宰相。在晏殊病得最严重的时候,宋仁宗准备亲自去看望他,但晏殊坚决拒绝,其后不久便去世了。宋仁宗为晏殊墓碑篆刻"旧学之碑"。晏殊少年成名,宋庆历年间(1041—1048)担任宰相,虽然地位颇高,但清正廉洁,知人善任,先后提拔了孔道辅(985—1039,字原鲁,初名延鲁,孔子四十五代孙)、范仲淹等一大批文人学士,富弼、杨察(1011—1056,字隐甫,安徽合肥人)等人是他的女婿。晏殊以文章驰名天下,诗词尤为婉丽。

欧阳修曾上书朝廷,建议开发河东荒地,招募无田之民耕种,充实边防地区。二月,知并州(今山西省太原市)武康军节度使韩琦纠正了明镐(989—1048,字化基,山东安丘人)的错误意见,上书朝廷认为代州(今山西省代县)、宁化军(治所在今山西省宁武县)等地应同岢岚军(治所在今山西省岢岚县)一样,将距离契丹、西夏十里之地划为禁地,其余荒地可以招募弓箭手开垦。其后,富弼担任并州知州后,继续开发河东边境地区,共招募四千余户人口,开垦荒地九千六百余顷,大大充实了边防。后韩琦以疾自请改知相州(今河南省安阳市)。

二月,以观文殿学士、户部侍郎、知河阳富弼为宣徽南院使、判并州。六月,以忠武军(治所在今河南省许昌市)度使、知永兴军文彦博为吏部尚书、平章事、昭文馆大学士,宣徽南院使、判并州富弼为户部侍郎、同中书门下平章事、集贤殿大学士。富弼由此初入相。

三月,翰林学士、群牧使杨伟(984—1058,字子奇,杨亿弟,福建浦城人)等,认为判官、殿中丞王安石文行颇高,乞除职名。中书检会王安石累召试不赴,诏特授集贤校理,王安石又固辞不拜。

三月,以权知开封府蔡襄为枢密直学士、知泉州,以母老自请也。蔡襄工笔札,帝尤爱之,御制《李用和碑文》,派人请蔡襄书写。后又让蔡襄书温成皇后之父清河郡王碑,蔡襄曰:"此待诏职也。"卒辞之。这是蔡襄第一次知泉州(自宋至和三年二月至嘉祐元年六月,为期五个月)。

六月,以翰林学士欧阳修为翰林侍读学士、知蔡州(今河南省汝南县),后又留下,未上任。

苏辙与眉山史氏(时年 15 岁)结婚。

十月,翰林学士、刊修《新唐书》欧阳修上奏说:"自(唐)武宗以下,并无《实录》,以传记、别说考正虚实,尚虑阙略。闻西京内中省寺、留司御史台及銮和诸库有唐朝至五代以来奏牍、案簿尚存,欲差编修官吕夏卿诣彼检讨。"宋仁宗听从了他的意见。

◎宋仁宗嘉祐元年丙申（1056 年）

58 岁

谱主活动

是年四月初五日，曾公亮以端明殿学士、左司郎中、集贤殿修撰、知郑州为翰林学士、兼侍读学士，仍知郑州。曾公亮治郡有能名，获得认可，"曾开门"的美称越传越广。

八月十六日，曾公亮为翰林学士、尚书左司郎中、知制诰、权知审刑院。

是月，曾公亮以翰林学士权知开封府，秉承断案果决的一贯作风，凭借其在郑州任上建立的声威，"公所为不劳而治"，使都城开封境内"强宗大姓，莫敢犯法"，"畿内之盗遁逃远去"，京城治安状况明显好转。

十二月初五日，刘沆（995—1060，字冲之，号庐山，吉州永新人，宰相刘素之子，以"长于吏事"著称）罢相，以翰林学士、兼侍读学士、中书舍人、集贤殿修撰、权知开封府曾公亮为给事中、参知政事。此为曾公亮首登相位。胡宿撰相关制文若干。

赐新除参知政事曾公亮诏

国朝之制，设陪贰之职，以辅翼台宰。名数之重，下丞相一等。朕之选任，必属贤髦。卿志度深沈，识裁详密，以道术侍朕，讲以典册，宣王命请治寰辅，擢尹京师，厥绩茂焉。其试效已是用升，厕公府参闻政道采，于议者固无间。然冲挹之怀，遽形囊奏，虽谦风可尚，而命绂已行，勉思大猷，勿为曲让。

时事选摘

正月,宋仁宗在早朝时突然手舞足蹈,口出涎水,语无伦次,宰相文彦博、富弼等人负责全权处理朝廷内外大事,并组织京城百官在一些大寺院、道观进行祈祷活动。宋仁宗患病以后,不能上朝听政,朝野上下一片恐慌。五月,范镇上书指出:皇帝不听朝政后,朝廷内外大臣不知所措。现在宗室子孙很多,完全可从中挑选贤明而又合适的人选赡养于宫中,并委托处理朝廷政务,以观后效,并且以便尽早安排后事。范镇还列举了宋真宗在宫中收养宋室子女的情况,认为只有早立太子,才能稳定局势。这是宋仁宗时期第一篇上书建议立太子的呈文,其后司马光等人也上书要求早立太子。

宋嘉祐年间(1056—1063),泉州知州蔡襄制定《龟湖塘规》,以利护塘。

苏洵、苏轼、苏辙父子三人首次出川,到成都拜访知府张方平。经剑门(今属四川省剑阁县),穿秦岭,五月到达首都汴梁(即京师、汴京,今河南省开封市),苏轼、苏辙参加七月礼部初试,考中开封举人。

蔡襄再知福州。在任上劝学兴善,传播医治蛊毒的药方,教育民众遵法为善,改变陋习,监督官吏深得民心。见百姓患病不就医而向巫觋求拜,多为蛊毒所害,撰《圣惠方后序》,刊刻于碑,劝病者就医治疗,并采取措施,取缔巫觋,"禁绝甚严,凡破数百家,自后稍息"。蔡襄还撰《福州五戒文》,以戒除陋俗。

七月,韩琦被召还为三司使。八月,以三司使、工部尚书韩琦为枢密使;端明殿学士、知益州(今四川省成都市)张方平为三司使。

十一月,王德用(979—1057,字元辅,建雄军节度使王超之子,治军有方,名闻四夷,因体貌雄毅,面黑,人称"黑王相公",谥"武恭")罢为山南东道(治所在今湖北省襄阳市)节度使兼侍中,以判大名府(今属河北省邯郸市)贾昌朝为枢密使。翰林学士欧阳修言:"昌朝禀性回邪,颇知经术,能缘饰奸言,善为阴谋以陷害良士,小人朋附者众,皆乐为其用。臣愿速罢昌朝,还其旧任,天下幸甚!"

十二月,龙图阁学士、知江宁府(今江苏省南京市)包拯为右司郎中,权知开封府。

是岁,西蕃磨毡角、占城、大食国来贡。融州(今属广西柳州市)、桂州(今广西桂林市)蛮杨克端等内附。

◎宋仁宗嘉祐二年丁酉（1057年）

59岁

谱主活动

二月初二日，唐询（1005—1064，字彦猷，浙江杭州人，书法家，博学好古，精诗文与古砚之学，曾任华亭知县，作《华亭十咏》，著有《砚录》）因避曾公亮亲党之嫌，出知苏州。

八月初三日，曾公亮以参知政事身份与富弼等同提点详定《编敕》。

时事选摘

蔡襄第二次[宋嘉祐二年（1057年）七月至嘉祐五年（1060年）秋]知泉州。在泉州任上，首先整顿吏治。据报，晋江县令章拱之（福建浦城人）贪赃枉法，蔡襄奏疏弹劾，将其革职为民。后朝廷发现是冤案，蔡襄因而被贬。他又修建沿海州县城池，加强军事防备，教习舟船熟记水势，防备海寇。在任时，泉州连年发生旱灾，他调动民力，加强水源管理，制定《龟湖塘规》，制止用水纠纷；并奏请减免漳、泉、兴三州身丁钱一半，大大减轻民众负担。任转运使期间，在泉州郡南小乌石山访得一泉，通知泉州地方官好好管理，供民众饮用和灌田。治平元年（1064年），晋江县令王克俊在江南（旧时称老泉州城区的南郊）乌石村后面的山坡上刻"蔡公泉"三字以为纪念。曾公济（曾愈之子，曾公亮从弟）为此写《蔡公泉记略》："蔡公昔自史馆来漕，按部之暇，独得斯泉。既去，以书来，言郡南峤之西山麓有泓泉，其味甘美。予与僧洞源寻访，久之始获。好事者闻之，因疏源迅流凿池潴之，架亭庇之，郡民朝夕提汲，酌饮不绝，因名曰'蔡公泉'。"《晋江县志·山川志》记载："小乌石山，在（晋江）三十三都，距郡城南十里。山顶有海岸庵，山半有玉泉庵、蔡公泉。"今泉州市鲤城区江南街道乌石社区内仍有"蔡公泉"遗迹。

二月，已届知天命之年的欧阳修做了礼部贡举的主考官，以翰林学士身份主持进士考试，提倡平实文风，坚持以古文、策论为主，诗赋为辅命题，苏轼试文《刑赏忠厚之至论》得到主考官欧阳修赞赏，因避嫌取为第二。该科状元章衡。是年共有 388 人进士及第，包括苏轼、苏辙、曾巩、程颐等人，对北宋文风转变有很大影响。

曾巩与其弟曾牟（？—1065，字子迪，曾任浙江衢州安仁县令）、曾布及堂弟曾阜一同登进士及第。曾巩任太平州（治所在今安徽省当涂县）司法参军，以明习律令、量刑适当而闻名。

章惇是年登丁酉科章衡榜进士，后曾入阁参与"熙宁变法"。宋元祐八年（1093 年），章惇拜相执政，严刑峻法，控制言论。在政治上，贬斥旧党，流放诸臣；在地方上，设置晋宁军（治所在今陕西省佳县）与陇右节度军（治所在鄯州即今青海省海东市乐都区）；在法令上，恢复熙宁旧法，加以完善；在文化上，废除诗赋，代以二经；在军事上，征服西夏，攻灭唃厮啰；在外交上，进行"元符和议"，招降吐蕃诸部；在水利上，治理黄河，沟通水系；在吏治上，改革官制，罢免非治科、进士、上舍生而仕宦之人。崇宁四年十一月二十五日（1106 年 1 月 2 日）去世，享年七十一岁，累赠观文殿大学士、太师、魏国公，葬于浙江长兴。

吕惠卿是年登丁酉科章衡榜进士，任真州（今江苏省仪征市）推官。

三月，狄青（1008—1057）因病于陈州（今河南省周口市淮阳区）去世，年六十。

四月，苏轼母程氏在老家四川眉山去世，终年四十八岁。苏轼丁母忧归里。

— 131 —

◎宋仁宗嘉祐三年戊戌（1058年）

60岁

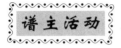

是年二月二十五日，曾公亮生日，有诏抚慰，欧阳修执笔。《欧阳修全集》卷八六《内制集》卷五《赐给事中参知政事曾公亮生日诏》："卿蔚有时望，参于柄臣。惟倚注之所深，在眷顾之尤异。属兹诞日，宜尔寿期。膺此宠颁，体予至意。"

六月初七日，曾公亮出任礼部侍郎。

九月初五日，讨论茶法。初，官既榷茶（中国古代的茶叶专卖制度，始于唐代，兴于宋代），民私蓄贩皆有禁，腊茶（茶的一种，茶汁为乳色，与溶蜡相似，所以也称蜡茶）之禁尤严，犯者其罚数倍，凡告捕私茶（违禁贩卖茶叶）皆有赏。然约束愈密而冒禁愈蕃，岁报刑辟，不可胜数。园户（种植、制作茶叶的百姓人家）困于征取，官司旁缘侵扰，因而陷于罪戾，以至破产、逃匿者，岁比有之。茶官所在陈积，县官获利无几，论者皆谓宜弛禁便。宋景祐（1034—1037）中，叶清臣（1000—1049，字道卿，江苏苏州人，天圣二年即1024年甲子科宋庠榜榜眼，北宋名臣）尝上疏乞弛禁，三司议皆以为不可，至是著作佐郎何鬲、三班奉职王嘉麟又皆上书，请罢给茶本钱，纵园户贸易，而官收税租钱，与所在征算归榷货物，以偿边籴之费，可以疏利源而宽民力。王嘉麟为《登平致颂书》十卷，《隆衍视成策》二卷，上之。淮南转运副使沈立（1007—1078，字立之，历阳即今安徽省和县人，北宋水利学家、藏书家），亦集《茶法利害》为十卷，陈通商之利。宰相富弼、韩琦、曾公亮等决意响之，力言于帝。

九月，命翰林学士韩绛、知谏院陈旭（即陈升之）及知杂御史吕景初（字冲之，河南开封酸枣即今延津县人）即三司置局议之。

时事选摘

四月，吴育（1004—1058）病逝，年五十五。吴育少奇颖博学，中进士，《宋史》载："自宋初以来，制策入三等，惟吴育与轼而已。"初任大理寺评事，升大理寺丞。历任临安（今浙江省杭州市）、诸暨、襄城（今河南省许昌市）知县，任职襄城时，执法严谨。举贤良方正，擢升著作佐郎、集贤院直学士、湖州通判。还京，知任太常礼院，改右正言，历三司盐铁、户部二判官。不久以本官供谏职。他足智多谋，直言善谏，能以政治道义、君臣行为为准则引导皇帝，对稳定政局、安定边防起到积极作用。去世后追赠吏部尚书，谥"正肃"，葬河南新郑。

富弼进礼部尚书、昭文馆大学士、监修国史。富弼为相，遵守礼仪，按过去的办法处理问题，顺从公议，没有任何偏心。史称其时"百官任职（尽职），天下无事"。

六月，富弼为昭文馆大学士。

是月，枢密使、工部尚书韩琦拜同中书门下平章事、集贤殿大学士，成为宰相。枢密使、山南东道节度使、同平章事贾昌朝罢为镇东军（治所在今浙江省绍兴市）节度使、右仆射兼侍中、景灵宫使。

同月，以权知开封府包拯为右谏议大夫、权御史中丞。欧阳修以翰林学士身份兼龙图阁学士权知开封府。欧阳修延续包拯的威严风格，一切循理，不事风采。或以为言，修曰："人各有短长，不能舍所长强所短也。"

七月，福州知州蔡襄举荐，以福州进士周希孟（约 1013—1054，字公辟，侯官人）为国子监四门助教、本州州学教授。以往闽人专用赋以应举，蔡襄得到周希孟专以经术的传授。蔡襄亲自至学舍，执经讲问，为诸生率；延见处士陈烈（1012—1087，字季慈，隐逸名儒，理学先驱，原籍福建长乐，迁居福州时住在现三坊七巷中的郎官巷），尊以师礼。州人陈襄（1017—1080，字述古，因居古灵，故号"古灵先生"，北宋理学家、

— 133 —

"海滨四先生"之首,与郑穆、陈烈、周希孟并称"古灵四先生"。在经筵时,受宋神宗信任,曾举荐司马光、韩维、吕公著、苏颂、范纯仁、苏轼、曾巩、程颢、张载、苏辙、郑侠等 33 人)、郑穆(1018—1092,字闳中,开宋代新儒学之先声),学行著称,蔡襄皆折节待之。闽俗治丧尚浮奢,务丰侈,往往破家,蔡襄下令禁止。至于巫觋主病、蛊毒杀人之类,皆痛断绝之。闽俗为之一变。

十月,王安石为度支判官,进京述职,作长达万言的《上仁宗皇帝言事书》,系统地提出了变法主张。他总结了多年的地方官经历,指出国家积弱积贫的现实:国家经济困窘、社会风气败坏、国防安全堪忧,认为症结的根源在于为政者不懂得法度,解决的根本途径在于效法古圣先贤之道、改革制度,进而提出自己的人才政策和变革方案,建议朝廷改革取士、重视人才。王安石主张对宋初以来的法度进行全盘改革,革除宋朝存在的积弊,扭转积贫积弱局势。并以晋武帝司马炎、唐玄宗李隆基等人只图"逸豫",不求改革,以致后来王朝覆灭的事实为例,要求立即进行法度变革。但宋仁宗并未采纳王安石的革新主张。

◎宋仁宗嘉祐四年己亥(1059年)

61岁

谱主活动

是年,五月初四日,曾公亮被任命为桥道顿递使。

八月十二日,曾公亮参与讨论郭皇后(宋仁宗废后)祔庙事。前此,孙抃、苏颂倡议入庙,曾公亮反对郭皇后祔庙。曾公亮问曰:"学士议郭皇后甚善。然郭后是上元妃,若祔庙,则事体重矣。"苏颂曰:"国朝祖宗三圣,贺、尹、潘皆元妃,事体正相类,今止祔后庙,则岂得有异同之言。"曾公亮曰:"议者以谓阴逼母后,是恐万岁后配祔之意。"苏颂曰:"若加一怀、愍、哀之谥,则不为逼矣。"曾公亮叹重久之。然事终不行。(《续资治通鉴长编》卷一九〇)

八月十九日,诏学士院:"比下议郭皇后祔庙事,其详考典礼折中之论亟上之。"其后学士院卒不曾上议,朝廷亦未遑施行。(《宋会要》礼一〇之八)

时事选摘

蔡襄在泉州写成《荔枝谱》一书,分3卷7篇,内容包括荔枝的产地、生态、功用、服食、加工、贮藏和运销,介绍荔枝品种32种。

蔡确登是年己亥科刘辉(1031—1065,原名刘几,字之道,江西陈坊沽溪人)榜进士,任邠州(今陕西省彬州市)司理参军。

刘挚亦登是年己亥科刘辉榜进士,五月任冀州南宫(今河北省邢台市南宫市)令。

曾巩,任太平州(治所在今安徽省当涂县)司法参军,以明习律令、量刑适当而闻名。

十月,因丁母忧期满,二十四岁的苏轼、苏辙与父亲苏洵三人奉召赴京。他们坐船从乐山顺水而来,东出三峡,走水路进京,见戎州(治所在今四川省宜宾市西南)山水迂回,树木蓊郁,苏轼兄弟写过同题的《过宜宾见夷中乱山》。

是年,时任三司使的张方平由于买土豪的财产,被包拯上章将其弹劾免官,由宋祁接任三司使,包拯又弹劾宋祁;宋祁被免后,就由包拯以枢密直学士之职暂任三司使。对此,欧阳修说:"包拯的做法是所谓牵牛踩踏了田而夺了人家的牛(即所谓'蹊田夺牛'),处罚已经很重了,可他又贪图肥缺来做那个职务,不也是过分了吗?"包拯因此待在家里,以躲避代理三司使的任命,宋仁宗不许。很久之后,包拯才出府任职。

宰相陈执中(990—1059)卒,年七十。陈执中,字昭誉,参知政事陈恕之子,江西南昌人。宋真宗时以父荫为秘书省正字,累迁卫尉寺丞,历知梧州、江宁府、扬州、永兴军(治所在今陕西省西安市)等,宋宝元元年(1038年)同知枢密院事。庆历元年(1041年)出知青州、改永兴军,四年召拜参知政事,五年同平章事兼枢密使。皇祐元年(1049年)知陈州(今河南省周口市淮阳区),五年再入相;至和二年(1055年)充镇海军节度使判亳州,逾年辞节,以司徒致仕,谥"恭"。

◎宋仁宗嘉祐五年庚子（1060 年）

62 岁

谱主活动

是年，二月十八日，曾公亮因病欲引退，朝廷下诏劝慰。《赐礼部侍郎、参知政事曾公亮乞罢不允诏》："卿以敏识精学，参赞万务。俊德茂行，表仪百僚。而思虑之劳，偶婴疾恙。药石之效，闻比康平。嘉谋话言，日以虚伫。封章屡上，引避甚坚。岂未体于眷怀，而每烦于开谕？宜专辅养，以副倚毗。所乞宜不允。"（《欧阳修全集》卷八九《内制集》卷八）

七月，《新唐书》修成，曾公亮"进新唐书表"。全文录下：

臣公亮言：窃惟唐有天下，几三百年，其君臣行事之始终，所以治乱兴衰之迹，与其典章制度之英，宜其粲然著在简册。而纪次无法，详略失中；文采不明，事实零落，盖又百有五十年，然后得以发挥幽昧。补缉阙亡，黜正伪缪，克备一家之史，以为万代之传，成之至难，理若有待。

伏惟尊号皇帝陛下，有虞舜之智而好问，躬大禹之圣而克勤，天下平和，民物安乐。而犹垂心积精，以求治要，日与鸿生旧学讲诵六经，考览前古，以谓商、周以来，为国长久，惟汉与唐，不幸接乎五代。衰世之士，气力卑弱，言浅意陋，不足以起其文，而使明君贤臣，俊功伟烈，与夫昏虐贼乱，祸根罪首，皆不足暴其善恶以动人耳目，诚不可以垂劝戒，示久远，甚可叹也！乃因迹臣之有言，适契上心之所闵，于是刊修官翰林学士臣欧阳修，端明殿学士臣宋祁，与编修官、知制诰臣范镇，臣王畴，集贤校理臣宋敏求，秘书丞臣吕夏卿，著作佐郎臣刘羲叟等，并膺儒学

— 137 —

之选,悉发秘府之藏,俾之讨论,共加删定,凡十有七年,成二百二十五卷。其事则增于前,其文则省于旧。至于名篇著目,有革有因,立传纪实,或增或损,义类凡例,皆有据依,纤悉纲条,具载别录。臣公亮典司事领,徒费日月,诚不足以成大典,称明昭,无任惭惧,战汗屏营之至。

嘉祐五年六月　　　曾公亮

曾公亮除枢密副使兼群牧制置使,"修纲纪,除弊事,数裁损冗兵,又更制图籍以周知四方兵数登耗,三路屯戍众寡,地理远近"。

十一月十六日,枢密使、兵部尚书、同平章事宋庠,罢为河阳三城节度使、同平章事、判郑州。以礼部侍郎、参知政事曾公亮依前官授检校太尉,充枢密使。

除曾公亮检校太尉充枢密使制

皇帝制曰:经远虑微,必慎制兵之术,折冲消难,亦资画策之臣,是宪枢躔,聿崇使号。盖政谟之攸寄,匪耆哲而莫居,适得其人,诞敷厥命。具官曾公亮,丰业硕茂,志虑深纯,学多贯于前言,性颇修于中道,有方重之德,可以扼躁而镇浮,有明达之材,可以造几而成务,当讲劝于左右,亦召置于禁严,博我训言,代予明命,间请临于寰辅,遄擢典于京师,咸有治功,遂闻政本,通明练于百物,参知穆于群言,贰公之司久陪于论道,内密之任宜正于笠枢,乃加传导之名,更益陪敦之数,崇阶驭贵,真食衍封,并示宠章,式旌殊礼。于戏,典机之任,莫慎乎微,击柝之言,盖取于豫,勿谓承平之久,益思备御之深。祗服斯言,往践乃位。

庆历五年十月十五日下　右正言　胡宿行

曾公亮四叔曾俅(970—1060)去世,年九十一。

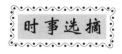

四月,命度支判官、祠部员外郎、直集贤院王安石同修起居注。王安石以自己入馆才数月,馆中先进甚多,不当超处其右,坚决请辞。五月,王安石召入为三司度支判官。十一月,以直秘阁、判度支勾院司马光和度支判官、直集贤院王安石同修起居注。司马光起先请辞,最终还是接受了,王安石始终推辞。皇帝派合门吏奉圣旨到三司传达任命,王安石干脆躲到厕所里,使者将旨意放在案桌上就走了,王安石遣人追还之,反复上奏八九次,才肯接受。

曾巩由欧阳修举荐到京师,担任馆阁校勘、集贤校理,整理校对出《战国策》《说苑》《新序》《梁书》《陈书》《唐令》《李太白集》《鲍溶诗集》《列女传》等大量古籍,对历代图书做了很多整理工作,并撰写了大量序文。七月,欧阳修奉上《新唐书》二百五十卷。

八月,设置江、湖、闽、广、四川十一路转运判官。

经韩琦推荐,苏洵被任命为秘书省校书郎,后为霸州文安县(今属河北省廊坊市)主簿,后与陈州项城(今河南省周口市项城市)县令姚辟(字子张,江苏金坛人)一同修撰礼书《太常因革礼》(欧阳修、苏洵参与编纂的宋代礼典,共一百卷,至宋治平三年即1066年三月修撰完成)。

梅尧臣(1002—1060)卒,年五十九。梅尧臣以恩荫补桐城主簿,历镇安军(治所在今河南省周口市淮阳区)节度判官。于皇祐三年(1051年)始得宋仁宗召试,赐同进士出身,为太常博士。以欧阳修荐,为国子监直讲,累迁尚书都官员外郎,故世称"梅直讲""梅都官"。梅尧臣少即能诗,与苏舜钦齐名,时号"苏梅",又与欧阳修并称"欧梅"。为诗主张写实,反对"西昆体",所作力求平淡、含蓄,被誉为宋诗"开山祖师"。曾参与编纂《新唐书》,并为《孙子兵法》作注。另有《宛陵集》及《毛诗小传》等。

十二月,欧阳修拜枢密副使。

蔡襄奉诏还京。

◎宋仁宗嘉祐六年辛丑(1061年)

63岁

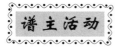

是年,三月二十五日,曾公亮、韩琦等陪宋仁宗游后苑,赏花赋诗。(邵博《邵氏闻见后录》卷一七)

闰八月二十日,曾公亮升任吏部侍郎、同中书门下平章事监修国史(宰相职)、集贤殿大学士、左仆射中太师右丞相,赐紫金鱼袋。韩琦继富弼(三月,富弼丁母忧而罢相)为首相,曾公亮接替韩琦为次相。同一天,欧阳修除参知政事,即副相,三人共同主持朝中政事。曾公亮为相后,朝廷将尚书省文书下达地方"勘会",改称"勘当",意在回避曾公亮之父"曾会"之讳,对曾公亮的宠幸可见一斑。

曾公亮明练文法,更践久,习知朝廷台阁典宪,首相韩琦每咨访焉。宋仁宗末年,韩琦请建储,与曾公亮等共定大议。(参见《泉州人名录·韩琦》)

密州(今山东省诸城市)民田产银,或盗取之,大理当以强。曾公亮曰:"此禁物也,取之虽强,与盗物民家有间矣。"固争之,遂下有司议,比劫禁物法,盗得不死。初,东州人多用此抵法,自是无死者。(《宋史·曾公亮传》)

契丹纵人渔界河,又数通盐舟,吏不敢禁,皆谓:"与之校,且生事。"曾公亮言:"萌芽不禁,后将奈何?雄州赵滋勇而有谋,可任也。"使谕以指意,边害讫息。(《宋史·曾公亮传》)

闰八月,曾公亮子曾孝纯、侄孙曾谌(曾公度之孙,曾孝章之子)加

官,曾孝纯将作监主簿,曾谌试秘校。(《宋史》卷二一一《宰辅表》、《临川文集》卷五二)

时事选摘

蔡襄被授为翰林学士、权理三司使,主管朝廷财政。

三月,富弼由于母亲去世而离职服丧,诏令为此免除春宴。按照过去惯例,宰相遇到丧事都官复原位。宋仁宗空着职位五次起用富弼,富弼认为"金革变礼"(指古代官员因遇国家重大战争而暂时放弃守孝)只有在特殊时期才可执行,现在是太平之世不能施行,终不接受任命。

三月,包拯升任给事中,正式担任三司使,数日后拜枢密副使,不久调任礼部侍郎,但他推辞不受。

六月,王安石知制诰。

八月,苏轼、苏辙参加制科考试及殿试,苏轼入第三等,为"百年第一"。做五十篇策论,撰写《留侯论》等。九月,苏轼被任命为大理评事签书凤翔府(治所在今陕西省宝鸡市凤翔区)判官,苏辙被任命为秘书省校书郎。十一月,苏轼辞别父亲去凤翔赴任。

闰八月,韩琦以原职进拜刑部尚书、昭文馆大学士、监修国史,封仪国公。

欧阳修任参知政事。

◎宋仁宗嘉祐七年壬寅（1062 年）

64 岁

是年，曾公亮与韩琦共定建储大议。

四月初九日，曾公亮与韩琦上《删定编敕》《赦书德音》《附令敕》《总例》《目录》二十卷，诏编敕所镂版颁行。

五月，侍讲学士杨安国（字尹倚，历任大理寺丞、翰林侍讲学士等，宋仁宗称赞他"行义淳厚"）家所居济州（治所在今山东省菏泽市）官舍候服阕，曾公亮为其陈情，许其再居三年。

八月，张方平以工部尚书身份统率秦州（今甘肃省天水市）。谍报人员报称西夏国欲来侵扰，张方平精选兵马，积极应对，声称要出关讨西夏。最后西夏人没有入侵，有人认为他轻举妄动，曾公亮说："我方军队没有越边，怎能说轻举妄动？强寇不来，是因为知我方已有提防。倘若处罚张方平，以后守边大臣谁还敢进行御敌入侵的准备呢？"虽有曾公亮为其辩护，张方平仍觉处境不好，请求调任为南京（今河南省商丘市睢阳区南）知府。

十二月二十七日，宋仁宗"幸宝文阁，召宰臣以下观太宗游艺，集瑞物十三种，仍赐御书，宴群玉殿"。

三月，命参知政事欧阳修提举三馆、秘阁写校书籍。

四月，宰臣韩琦等上所修《嘉祐编敕》，起宋庆历四年（1044 年），尽嘉祐三年（1058 年），凡十二卷。其元降敕但行约束而不立刑名者，又析为《续附令敕》，凡五卷。诏颁行。

四月，西夏国李谅祚（1047—1068，又名拓跋谅祚、嵬名谅祚，夏景宗李元昊之子）进马，求赐书；宋仁宗还马，诏赐《九经》。

五月，包拯（999—1062）在枢密院视事时突然得病，二十四日病逝，年六十四。宋仁宗亲临吊唁，为之辍朝一日。包拯登天圣五年（1027 年）丁卯科王尧臣榜进士第，累迁监察御史，历任三司户部判官及京东、陕西、河北路转运使，后入朝担任三司户部副使，知谏院，再授龙图阁直学士、河北都转运使，移知瀛（今河北省河间市）、扬诸州，历权知开封府、权御史中丞、三司使等职，嘉祐六年（1061 年）升任枢密副使。因曾任天章阁待制、龙图阁直学士，故世称"包待制""包龙图"。追赠礼部尚书，谥号"孝肃"，后世称其为"包孝肃"。宋仁宗称：包拯公而忘私，不邀阴幸也。有《包孝肃奏议》传世。包拯曾与文彦博上奏宋廷，使数百年间十九代聚族而居的江州义门（属今江西省九江市德安县）陈氏析后于十数省，析产二百九十一处。

宋仁宗任命赵宗实（即宋英宗赵曙）为泰州防御使、知宗正寺，尽管任命书屡次下达，但赵宗实一直拒绝上任。八月，宋仁宗派人召见赵宗实，但他借口生病，不入皇宫。韩琦与欧阳修私下商量：既然已任命赵宗实为知宗正寺，朝野内外已知道他成为宋仁宗的儿子了，干脆请求皇帝尽快名正言顺地立其为皇太子。韩琦将意见报告给皇帝，宋仁宗表示同意，王珪就草拟了册立诏书，大意是：赵宗实是皇兄濮安懿王之子，少年时曾收养入宫，十分贤明，敬告宗庙社稷，册立其为皇太子。

九月，内外官并以明堂赦书加恩，宰相韩琦封仪国公。

十二月，宋仁宗作《观书诗》，命韩琦等属和；遂宴群玉殿；传诏学士王珪撰诗序，刊石于阁。

◎宋仁宗嘉祐八年癸卯（1063 年）
65 岁

谱主活动

　　三月二十九日，宋仁宗于福宁殿（皇帝寝殿，属于正殿）去世，年五十四。四月初五日，命宰臣韩琦撰哀册文及陵名，曾公亮撰谥册文，参知政事欧阳修书哀册、谥宝，右司谏赵抃书谥册，翰林学士王珪议谥号。诏两省、御史台文班各撰挽歌词二首，付太常寺教习。十月二十七日，葬宋仁宗于永昭陵（位于河南省巩县即今巩义市境内，嵩山北麓与洛河间丘陵和平地上；1982 年，北宋皇陵被国务院确定为第二批全国重点文物保护单位；1995 年，经国家文物局批准，位于市区的永昭陵按原样恢复了地面建筑，这也是宋陵中唯一复原的皇陵。慈圣光献曹皇后祔葬在皇帝陵西北处），谥曰神文圣武明孝，庙号宋仁宗。

　　四月十三日，曾公亮加中书侍郎兼礼部尚书。同时，宰相韩琦加门下侍郎兼兵部尚书，进封卫国公，枢密使张昪（992—1077，字杲卿，陕西韩城人，官至参知政事，谥"康节"；季子张琬官至转运副使，娶范仲淹季女，持家有方）、参知政事欧阳修、赵概（原名赵禋，字叔平，河南虞城人，官至观文殿大学士，谥"康靖"；与状元王尧臣、榜眼韩琦、文彦博、包拯等为同榜进士，号称"宰执榜"，赵概为探花）并加户部侍郎，枢密副使胡宿、吴奎（1011—1068，字长文，山东潍坊人，官至参知政事，谥"文肃"）并加给事中。

　　是时，曾公亮特进加恩。

曾公亮特进兼礼部尚书加恩制

门下：自昔继体守文之君，承祧践祚之始，必赖辅弼，共宁邦家。况予冲人，惟德不类，仰惟托付之重。俯念奉称之难，方倚谋猷，以隆政道。推忠协谋同德佐理功臣、光禄大夫、行尚书吏部侍郎、同中书门下平章事、集贤殿大学士、上柱国、庐陵郡开国公、食邑五千一百户、食实封一千四百户曾公亮，履道冲素，秉德温恭，才适世务之周，器包王佐之略。而自辅佐先帝，干翼本朝，远图是经，大事能断，中外咸义，社稷以安，逮于凭几之辰。矧在受遗之列，共推眇质，获纂庆基，任莫重焉。礼无违者，稽旧章之顺变，孚大号以维新，报德褒功，于是乎在紫微右掖，贰卿居献替之崇。文昌中台，八座司出纳之命，衍加真食。增益户封，仍峻崇阶，并隆宠数。于戏！我国家四圣相继百年于兹，恩德结于民心，声教衍乎方表，粲典章而具在，愿持守以维艰，嘉与忠贤，奉若成宪，守而勿失，永孚于休。可。（《宋大诏令集》卷六一《宰相·进官加恩别使》三）

时事选摘

三月，赐进士闽人许将（1037—1111，字冲元，福建闽县人，宋嘉祐八年中癸卯科状元，是福州地区历史上第一个状元）等一百二十七人及第，六十七人同出身，诸科一百四十七人及第、同出身，又赐特奏名进士、诸科一百人及第、同出身、诸州文学、长史。

三月，宋英宗赵曙即位。五月，召富弼为枢密使、同中书门下平章事，再加户部尚书。

韩琦出任宋仁宗山陵使，并加门下侍郎兼兵部尚书、平章事，进封卫国公。十月，葬宋仁宗于永昭陵。

王安石母亲病逝，遂辞官回江宁（今江苏省南京市）守丧。

四月，翰林学士蔡襄被任命为三司使。蔡襄奏大行山陵一用永定制度。后蔡襄撰《国论要目》一文，阐述改革主张，提出择官、任才、去冗、辨邪佞、正刑、抑兼并、富国强兵的改革方案，但未被宋英宗采纳。这年蔡襄又写成《茶录》一书，分上下两篇，上篇论茶道，包括辨茶、煎茶、品茶等 10 个问题；下篇论茶器，包括制茶工具、饮茶器具等 9 件器物，生动详尽。史家说："蔡君谟善别茶，后人莫及。"六月，以蔡襄为修奉太庙使。蔡襄乃以八室图奏御，又请广庙室并夹室为十八间。

五月，富弼既除丧，授枢密使、礼部尚书、同平章事。

九月，以皇子赵仲针为忠武军（治所在今河南省周口市淮阳区）节度使、同平章事、淮阳郡王，改赐名赵顼。

庞籍（988—1063）卒，年七十六。庞籍，宋大中祥符八年（1015 年）乙卯科蔡齐榜进士，累迁至枢密副使、枢密使、太子太保等，封颍国公。庞籍不仅与韩琦、范仲淹等人交好，还提携了司马光、狄青等人，逝后追赠司空、侍中，谥"庄敏"。

◎宋英宗治平元年甲辰(1064 年)
66 岁

谱主活动

是年,正月二十三日,曾公亮上书,请罢生日器币、鞍马等。曾公亮及宋庠生日,帝命翰林学士贾黯草诏,贾黯言:"前日寿圣节(即宋英宗生日),契丹使上寿于紫宸殿罢,群臣升殿间饮,才令献一觞而退。将相大臣,同国休戚,宜权罢赐。"而曾公亮亦言:"朝廷向来止沿旧例,未经讨论。今黯所言,实于人情为顺,望赐允从。"诏以大臣有已经赐者,令赐之如例。

二月,曾公亮为中书侍郎兼吏部尚书、平章事。(《石刻史料新编·两浙金石志》卷五"宋常乐院敕牒碑")

五月,皇太后出手书付中书,还政。原先宋英宗生病有所好转,但每日御前后殿视朝听政,两府每退朝,入内东门小殿复奏太后如初。韩琦欲还政天子,而御宝在太后那里;因而借皇帝祈雨还,令御宝再不入太后阁。尝一日取十余事禀帝裁决,悉皆允当。韩琦退,与同列相贺,因谓曾公亮等曰:"昭陵复土,琦即合求退;顾上体未平,迁延至今。上听断不倦如此,诚天下大庆。琦当于帝前先白太后,请一乡郡,须公等赞成之。"曾公亮等没有异议,同意还政于宋英宗。

闰五月初三日,曾公亮迁户部尚书。

曾公亮进户部尚书制

在昔公旦之辅成王,子孟之立昭帝,皆承统绪之正,且无疾疢之忧。

而其史册之所传,有丹青之不泯,顾予贤弼,克迪贤良。推忠协谋同德佐理功臣、特进行中书侍郎、兼礼部尚书、同中书门下平章事、集贤殿大学士、上柱国、庐陵郡开国公、食邑六千一百户、食实封一千八百户曾公亮,才猷靖深,性资端雅,能任经术,以断国论。天意与子,预定大谋,上心察臣,令受遗诏。重惟嗣位之始,加以积哀之伤,中外事为,罔或不济。惟德之报,此焉其期。是用仍西省之秘严,兼地官之长率。陪敦多邑,增衍爰田。于戏! 社稷之功,与古无愧,廊庙之器,惟时所瞻。勉祗宠休,以副朕意。可特受依前行中书侍郎、兼户部尚书、门下平章事、集贤殿大学士、上柱国、加食邑一千户、食实封四百户。(《宋大诏令集》卷六一《宰相·进官加恩别使三》)

闰五月二十二日,翰林学士范镇因撰曾公亮加官制文之失误,而罢为翰林侍读学士。"初,迁宰相各一官,而镇草制,已迁曾公亮一官,误以兼门下侍郎。后帝觉其误,而公亮亦辞,遂帖制而绌镇焉。"(《宋会要》职官六五之二三)

六月二十四日,司马光及吕诲奏文,反映曾公亮在宋英宗继位过程中的贡献。

九月,欧阳修除尚书左丞。韩琦、曾公亮尝欲迁欧阳修为枢密使,将进拟,不以告修。修觉其意,谓两人曰:"今天子谅阴,母后垂帘,而二三大臣自相位置,何以示天下?"两人服其言,遽止。(《宋宰辅编年录校补》)

十月十九日,文彦博至,曾公亮上奏请序班己上。曾公亮言:先朝枢密使兼侍中有在平章事集贤殿大学士之上者,今文彦博至,乞序班如故事。阁门奏:天圣中,枢密使兼侍中曹利用领景灵宫使,宰臣王曾领会灵观使。故利用在曾上,其后,枢密使兼侍中不领宫观,则宰臣在其上,从之。(《宋会要》仪制三之三〇)

时事选摘

二月,韩琦提举修撰《宋仁宗实录》。

五月,宋英宗病愈,经韩琦劝说催促,皇太后撤帘,降手书还政。闰五月,辅臣晋爵一等。韩琦进右仆射,封魏国公。

韩琦身为宰相,却始终以边事为念,他曾多次就边防问题向宋英宗陈说方略,建议在河北、河东、陕西等路"籍民为兵",以为"义勇",三丁选一,于手背刺字,农闲练兵,战时防御,既可增强军事力量,也能减少冗兵军费。

六月,进封皇子淮阳郡王赵顼为颖王,仍令所司择日备礼册命。

十二月二十三日,张方平反对除杨绘为同修起居注。

◎宋英宗治平二年乙巳（1065 年）

67 岁

　　是年二月，因传言当初立储时，三司使、给事中蔡襄有所议论，但不知真假。宋英宗怀疑这件事，于是就拜蔡襄为端明殿学士、礼部侍郎、出知杭州。三司使空缺，等到西夏李谅祚攻扰泾原（今甘肃、宁夏六盘山以东），宋英宗就督促中书，以边事将兴，军需未备，三司应当早择人。

　　至是因蔡襄请罢，韩琦就问宋英宗，宋英宗回答道："内中不见文字，然在庆宁即已闻之。"韩琦说："事出暧昧，若虚实未明，乞更审察。苟令襄以飞语获罪，则今后小人可以倾陷，善人难立矣。"曾公亮说："京师从来喜造谤议，一人造虚，众人传之，便以为实。前世以疑似之言陷害忠良者，非惟臣下被祸，兼与国家为患。"欧阳修也说："陛下以为此事果有否？"宋英宗说："虽不见其文字，亦安能保其必无？"欧阳修说："疑似之谤，不唯无迹可寻；就令迹状分明，犹须更辨真伪。先朝夏竦欲害富弼，令其婢学石介字体，久之学成，乃伪作介为弼撰废立诏草，赖仁宗圣明，弼得保全。臣至和初免丧至阙下，小人有嫉忌臣者，伪撰臣乞沙汰内官奏稿，传布中外，内臣无不切齿……亦赖仁宗保全……以此而言，就令有文字，犹须更辨真伪，况无迹状！"韩琦和曾公亮又各进说。宋英宗就说："造谤者因何不及他人。"遂命蔡襄出守。以龙图阁学士、工部侍郎吕公弼（1007—1073，字宝臣，寿州即今安徽省寿县人，官至枢密使，宋仁宗时名相吕夷简次子，谥"惠穆"）权三司使。

　　五月二十五日，曾公亮与韩琦一同权兼枢密院公事。

宋仁宗无嗣，死后以濮安懿王赵允让（995—1059，字益之，宋太宗赵炅之孙，商王赵元份第三子，宋英宗赵曙生父，官至平江军节度使兼侍中，追封濮王，谥"安懿"）之子赵曙（即宋英宗）继位。宋英宗即位后第二年，宰相韩琦提出应对宋英宗之父濮安懿王、生母谯国夫人王氏、祖母襄国太夫人韩氏等人的称呼问题做出符合礼仪的决定。次年四月，宋英宗命令朝廷礼仪官员讨论这一问题。天章阁待制司马光首先发表意见，认为濮安懿王虽然是宋英宗生父，但宋英宗之所以能当皇帝，主要还是宋仁宗的功劳和恩德，因而建议崇奉濮安懿王应按直系亲属对待，可以追封濮安懿王为大国国王，这样就算十分荣耀了。吕大防（1027—1097，字微仲，京兆府蓝田即今陕西省蓝田县人，曾任宰相职务，追谥"正愍"）、范纯仁（1027—1101，字尧夫，范仲淹次子，曾任宰相职务，谥"忠宣"，宋徽宗御书碑额"世济忠直之碑"）、王珪等人则认为天无二日，民无二主，不可尊奉濮安懿王为"皇考"，建议称之为"皇伯"比较恰当，御史中丞贾黯（1022—1065，字直孺，以直言敢谏闻名，宋仁宗庆历六年即 1046 年丙戌科状元，累官至御史中丞等）等二十一人也竭力支持王珪的意见。但执政大臣认为古今未有"皇伯"之称，不符合礼仪。支持王珪意见的人当中以吕诲最为激烈。吕诲前后十一次上书，坚决支持王珪等人的意见，并要求宋英宗尽快确定濮安懿王的尊号。贾黯也亲自到执政大臣办公的地方与他们争论不已，最后被迫出知陈州（今河南省周口市淮阳区）。执政大臣韩琦、曾公亮、欧阳修等则主张称濮王为皇考，尤以欧阳修反对王珪的意见最为激烈。吕诲等人猛烈攻击欧阳修，欧阳修等人也上书宋英宗，认为用"皇伯"来称呼皇帝生父从未有过先例，纯属无稽。双方意见相持不下，执政大臣搬出皇太后，想让皇太后直接下旨追尊濮安懿王为皇、其夫人为后。欧阳修亲手草拟诏书，便将尊号确定下来。但吕诲等人依然上书不已，竭力反对这一决定。宋英宗也无可奈何，询问执政大臣如何善后。欧阳修说：若执政大臣正确，那么御史台官员就是错误的，反之亦然。于是宋英宗下诏立濮王陵园，贬侍御史知杂事吕诲为蕲州（今安徽省蕲春县）知州，侍御史范纯仁为安州（今湖北省安陆市）通判，吕大防为休宁县知县。其后虽然还有不少人为吕诲等人鸣不平，但为时已晚。旧史称之为"濮议之争"。

六月,韩琦就曾公亮之约,为泉州曾氏撰写《龙山曾氏族谱序》,全文如下:

曾氏之先出于鄫,鄫则禹之始封也,春秋并于莒,子孙散析在鲁者,自别为曾氏。皙、参、元、西,始于洙泗。厥后,历汉、唐千有余载,晦而无闻者。唐僖宗光启间,王潮自光州固始趋闽,中原士民避难者皆自徙以从,曾氏亦随迁于漳、泉、福之间,子孙因家焉。泉则团练公之裔,鲁公之所自出也。历五代三世,仕闽入我朝,混一区宇。端拱间,以文章魁天下,实自楚公始,而鲁公兄弟后先继登巍乎,族绪寝广,宦游日蕃,毋乃先世积德余庆,至此而益显者乎!予与鲁公,同政府有年,予每事咨访于公,而公亦爱予之意甚笃。一日,出曾氏谱图示予,嘱为叙引。偶阅诸谱端,已有仁宗皇帝为之敕题矣!予不文何能为颂,然亦弗敢诿也!窃观司马迁《史记》,班孟坚称其文直事核。后世咸信其史家之宗,以迁之编年纪传实录无遗故也。然国史家乘,名虽不同,而其体则一。鲁公去团练公已九世矣!因溯其本源,考其枝流,鳞次相承,与史之编年无异,而烈祖之懿德勋名,历为传记,班班有条,与史之纪传如出一辙。班孟坚以文直事核,称迁之善于史,予亦以是而拟曾氏之善于谱也!虽然犹未也今日之谱,予之所及见者如是。至于后日继是谱而为予所不及见者,犹绳绳未已也!昔唐李栖筠著正直于建中、贞元之间,子孙若吉甫、德裕相继为唐名相,人皆以栖筠善德之报。今观楚公高才雄文,啧啧有声,历宦四十余年,虽志不大伸,初不诡随于人,视栖筠殆为过之。而鲁公之事君忠,事亲孝,爱民利物以仁,乃予之素所备见。孙若孝宽、孝纯辈,俱登朊仕,悉谦卑恪慎无间,寒士素风。子孙之多贤若是,父迴出于吉甫、德裕之俦,以是而卜曾氏之族绪宦游宁有穷耶!后乎纂修是谱者,幸有无穷之奕叶,则亲亲之意,当历万世而一日也,是书叙。

治平二年六月谷旦　魏国公　韩琦书

六月二十一日,任曾公亮外甥、亳州卫真县(今河南省周口市鹿邑县)主簿王回为忠武军(治所在今河南省许昌市)节度使推官,辞不就。

七月二十八日,王回(1023—1065)卒,年四十三。王回,字深父,其先祖自光州固始迁福州侯官,历三世;娶曾氏,生子一,生女二,与王安石为好友。王安石为其作《王深父墓志铭》。

九月,曾公亮、韩琦、欧阳修讨论增补僧官事宜。欧阳修奏曰:"补一僧官,当与不当,至为小事,何系利害?但中书事已施行,而用内降冲改先朝著令,则是内臣干扰朝政,此事何可启其渐?"又启曰:"宫女近习,自前世常患难于防制,今不事若蒙听许,后有大事,陛下必以害政不从,是初欲姑息而反成怨望,不若绝之于渐。此一小事,陛下不以为意而从之,彼必自张于外,以为上亲信,朝政可回。在陛下目前似一闲事,外边威势不小矣。"上遽可中书所奏,令只依条例选试。修又奏曰:"事既不行,彼必有言云,万事只由中书,官家岂得自由行一事?陛下试思,从私请与从公议,孰为得失。"而琦及公亮亦所陈甚多,上皆嘉纳。(《续资治通鉴长编》卷二〇六)

九月十八日,诏命参知政事赵抃撰册文并书。十二月十六日,郊祀礼毕,曾公亮与陈升之等持节册命皇后。百官自文德殿(宋朝皇帝的主要政务活动场所)移班阁门(宋代负责官员朝参、宴饮、礼仪等事宜的机关)拜表称贺,又上表笺贺皇太后、皇后于内东门。

十月十七日,曾公亮提请朝廷同意文彦博序班位置在己之上,朝廷同意。曾公亮奏:"先朝枢密使兼侍中,在平章事、集贤殿大学士之上,今文彦博至,乞班序如故事。"阁门奏:"天圣中,两府领宫观,枢密使兼侍中曹利用领景灵宫使,宰臣王曾领会灵宫使,改利用在曾上,其后枢密使兼侍中,不领宫观,则宰臣在其上。"从之。(《续资治通鉴长编》卷二〇六)

时事选摘

二月,以三司使、给事中蔡襄为端明殿学士、礼部侍郎、知杭州。

富弼因足疾请求解职,宋英宗极力挽留,但富弼接连上陈二十余道请辞奏疏。七月,宋英宗授他为镇海军(治所初在江苏镇江,后迁浙江杭州)节度使、同中书门下平章事、判河阳军(治所在今河南省孟州市西)(《宋史》作判扬州),封祁国公。

欧阳修上表请求外任,不准。

六月,宋遣官与契丹定疆界。

七月,观文殿大学士、尚书左丞贾昌朝(997—1065)卒,年六十九,宋英宗亲自到其宅奠之。贾昌朝为宋真宗天禧元年(1017年)同进士出身,任为国子监说书,后历任天章阁侍讲、参知政事、枢密使、同平章事等职,累官至左仆射、观文殿大学士,封魏国公,获赠司空、侍中,谥"文元",宋英宗亲题其墓碑为"大儒元老之碑"。他一生博学善论,有文集三十卷,已佚。今存《群经音辨》《通纪时令》等书。其中《群经音辨》为中国古代第一部多音多义字手册。贾昌朝曾荐举曾公亮参与编修《新唐书》。贾昌朝与曾公亮为连襟。

十月,命司马光为龙图阁直学士兼侍读;王安石因丁母忧期满,复为工部郎中、知制诰。

◎宋英宗治平三年丙午(1066 年)

68 岁

谱主活动

　　是年,正月十八日,曾公亮、韩琦等"濮议"(濮王崇奉之仪)中的执政派受到御史弹劾。

　　正月二十一日,曾公亮五弟曾公望(1003—1066)卒,年六十四。[强至撰《祠部集》卷三五《朝奉郎守尚书虞部郎中上轻车都尉赐绯鱼袋曾府君墓志铭》。强至(1022—1076),字几圣,钱塘即今浙江杭州人,宋治平四年(1067 年),韩琦聘为主管机宜文字,后在韩幕府六年,还曾任祠部郎中,曾巩为其遗文《祠部集》四十卷作序,已佚]

　　正月二十三日,吕诲等继续上奏,批评曾公亮等人。吕诲等又奏:"臣窃思前敕三省集议,因皇太后手书切责大臣,遂罢集议。今有此命,始末相戾,群情震骇,重以疑惑。就如皇太后意,欲濮邸称皇、后,陛下当审其可否,以臣僚所议典礼,规正其事,岂可宣扬于外,而后形于谦让。非独彰诏书反汗之失,亦损陛下爱亲之德矣。闻向者御史范纯仁到中书,曾公亮、欧阳修、赵概皆言禁中商量,必使历久可行。睹今日命下,诚知大臣之谋有素矣。盖首议者欲变兹事,自外制中,苟道深责,使天下怨谤归于人主,今复贻于母后,得谓之忠乎?况濮王封大国,典礼终阙,前有权罢之旨,后有且欲之言,传于四夷,人谁敢信?即国立庙,皆非所宜,嗣子袭封,于体为允。臣等伏乞圣念俯顺人情,更赐讲求,以明至当。若不归罪首议之人,天下疑惑,莫之能解,陛下至公之心,无以明辨。臣等杜门待罪,畏恐旁皇,唯冀宸慈早赐明断。"

正月二十六日,在曾公亮的坚持下,张方平被擢为翰林学士承旨。

四月,苏洵卒于京师,曾公亮为挽苏洵而作《挽老苏先生》(《嘉祐集·附录》卷)。其诗曰:

> 立言高往古,抱道郁当时。
> 铅椠方终业,风灯忽邁悲。
> 名垂文苑传,行纪太丘碑。
> 后嗣皆鸾鹭,吾知庆有诒。

《宋诗拾遗》和《全宋诗》均收录了此诗,但无"后嗣皆鸾鹭,吾知庆有诒"之句,《嘉祐集》附录卷下《老苏先生会葬致语并口号》中收有此诗完整版。写作时间大约在宋英宗治平三年(1066 年)四月至治平四年(1067 年)八月间。因无更多资料佐证,暂系于此年之下。

曾公亮向宋英宗举荐人才。十月十三日,宋英宗诏宰臣、参知政事举才行士可试馆职各五人,曾公亮、韩琦等举蔡延庆(约 1028—1090,字仲远,莱州胶水即今山东省平度市人,蔡齐之侄,官至吏部侍郎)以下凡二十人,皆令召试,宰臣以人多难立。帝曰:"既委公等举之,苟贤,岂患多也? 先召试蔡延庆等十人,余须后时。"(《宋会要》选举二八之四,《续资治通鉴长篇》卷二〇八作"余须后试")

正月,契丹改国号为"辽"。

四月二十五日,苏洵(1009—1066)卒,年五十八。苏洵与其子苏轼、苏辙以文学著称于世,史称"三苏",同被列入"唐宋八大家",被传为文学佳话。苏洵擅长于散文,尤其善于写作,擅长政论,议论明畅,纵横捭阖,笔势雄健,有《嘉祐集》二十卷、《谥法》三卷,均与《宋史本传》并传于世。苏轼、苏辙丁父忧。

六月,泉州大雨,城市水涨,坏民庐舍数千百家。此为泉州首次有记载之水灾。

　　十月，以福建仙游县君任氏［宋英宗生母濮王妃。任氏父名周，母姓张；有两兄，名守固（《宋会要》仪制十二作守政）、守沂；一弟，名守泽，《宋史》卷二百二十三《外戚传中》有传］坟域为园。

　　十月，蔡襄因其母卢氏去世，护丧南归。

　　刘挚，任江陵（今湖北省荆州市）观察推官。

　　十一月，宋英宗病重，建嗣问题再度表面化。韩琦进言说："陛下久不视朝，愿早建储，以安社稷。"宋英宗点头同意。十二月二十二日，立皇子颖王赵顼（即宋神宗）为皇太子。

　　张读（1066—1145，字圣行，理学家）出生。张读，宋治平三年（1066年）生于泉州晋江张林，后移居清溪县永安里（现安溪县城厢镇员宅村），童年入泮、后进太学，绍圣四年（1097年）以太学上舍生登进士第，为安溪建县后第一个进士，任福州教授、河南颍昌府（今属河南省许昌市）法曹参军，不久选调入朝编修《国朝会典》，调诸王府任直讲，以亲养之故，改知兴化军（治所在今莆田市），理学造诣深，与陈瓘（1057—1124，字莹中，福建沙县人，官至左司谏等，追谥"忠肃"）友善，入仕后和李之仪（1048—1117，字端叔，山东无棣人，"我住长江头，君住长江尾"之作者）、李廌（1059—1109，字方叔，陕西华州人）同为苏辙门客。苏轼去世，苏辙作东坡墓铭，独请张读一阅，他读完说："这篇文章，妙尽东坡一生，但恐仇人复借此歪曲诬蔑，不如刮磨掉。难道没有这篇铭，万世之后，人们便不知有个苏东坡吗？"后退隐定居晋江，南宋绍兴十五年（1145年）辞世，追赠尚书，入祀乡贤祠；张氏祖宇有匾"忠臣""孝子""理学名臣""理学名儒"。

　　宋庠（996—1066）卒，年七十一。宋庠，初名郊，字伯庠，入仕后改名庠，更字公序，开封雍丘即今河南省杞县人，北宋大臣、文学家，天圣二年（1024年）状元，是"连中三元"之人，任大理评事、同判襄州（今湖北省襄阳市），因刘太后赏识被越级擢升为太子中允、直史馆，宋仁宗亲政后累迁为右谏议大夫、参知政事，因与同僚吕夷简不和，又反对"庆历新政"，被罢知扬州；新政失败后，重新入朝，升为枢密使，至皇祐元年（1049年），以兵部侍郎充任同中书门下平章事，正式拜相，累封郑国公，在地方以慎静著称。宋英宗即位后，宋庠坚请辞官，得以司空致仕，逝后获赠太尉兼侍中，谥"元献"（一作"元宪"），宋英宗亲题其碑首为"忠规德范之碑"。宋庠俭约不好声色，读书至老不倦，善于纠正谬讹，与其弟宋祁并有文名，时称"二宋"；著述多已散佚，今有《宋元宪集》传世。

◎宋英宗治平四年丁未(1067 年)

69 岁

谱主活动

是年,正月初一日,宋英宗身体不适,辽国使者到来不能接见,让曾公亮在馆中设宴,使者不愿赴宴。曾公亮斥责质问契丹使者不礼:"赐宴不赴,是不虔君命也。人主不豫,必待亲临,非体国也。"契丹使者听了曾公亮言正词严、入情入理的话,无言以答,于是赴宴。

正月初八日,宋英宗去世,曾公亮等在宫内奉旨立太子赵顼即位,是为宋神宗。

正月十九日,曾公亮加封门下侍郎兼吏部尚书左仆射,晋封英国公。

除曾公亮门下侍郎、兼吏部尚书、依前同中书门下平章事、
进封英国公、加食邑、实封、功臣制

大火基宋,实开五圣之符;六龙乘乾,遂继中天之运;乃眷近弼,荐更三朝元勋;冠于百僚,利泽施于万世。载蠲谷旦,敷告治廷。具官曾公亮,学通天地之微,谋合圣贤之举,包刚柔于九德,固夷险之一心,蚤膺皇祖之求,爰履公台之位,有皋夔之论,能变尧民于时雍,有丙魏之声,不改汉家之故事。肆我文考,遗予冲人,咨顾命之老臣,辅初政于天下,重宣至策,终仰丕成。进首中台之班,往颛东省之务。既疏荣于公社,益蹑数于爱田。功之所加,宠不敢后。于戏,恐德弗类,念高宗之未言,俾民不迷,系尹氏之素力,共祗天监,永协邦休。(《宋文鉴》卷三五)

闰三月十一日，因御史指责不赴文德殿押班，曾公亮上表待罪。

闰三月二十二日，因"上诏安石赴阙"而"安石累引疾乞分司"，引起宋神宗不满。宋神宗向辅臣抱怨："安石历先帝朝，召不起，或以为不恭，今召又不起，果病耶？有要耶？"曾公亮闻此状，即向宋神宗说："安石文学器业，时之全德，宜膺大用，累召不起，必以疾病，不敢欺罔。"又进一步称赞"安石，真辅相之才"，极力主张启用王安石主持变法大局。

四月十四日，曾公亮、韩琦因不赴文德殿押班这件事受到御史陶遂的弹劾。四月十七日，曾公亮、韩琦上表待罪。宋神宗把王陶（1020—1080，字乐道，京兆万年即今陕西省西安市人）的奏章给韩琦看，韩琦奏曰："臣非跋扈者，陛下遣一小黄门至，则可缚臣以去矣。"十八日，王陶入对，持续指责韩琦、曾公亮不赴文德殿押班事。二十一日，吴奎奏言："昔唐德宗疑大臣，信群小，斥陆贽而以裴延龄等为腹心，天下称为暗主。今陶挟持旧恩，排抑端良。如韩琦、曾公亮不押班事，盖以向来相承，非由二臣始废……"宋神宗告诉张方平曰："奎罢，当以卿代。"张方平辞。司马光言："奎名望素重，今为陶罢奎，恐大臣皆不自安，纷纷引去，于四方观听非宜。"曾公亮入对，亦请留奎，宋神宗许之。召奎对延和殿，慰劳，合得位，曰："成王岂不疑周公邪！"

七月十九日，曾公亮又以王安石之请，举荐了变法派的骨干人物三司检法官吕惠卿任馆职，进一步壮大了变法派的力量。

八月，京师地震。宋神宗问辅臣曰："地震何祥也？"曾公亮对曰："天裂，阳不足；地震，阴有余。"帝曰："谁为阴？"曾公亮曰："臣者君之阴，子者父之阴，小人者君子之阴，皆宜戒之。"

九月二十七日，曾公亮被授予尚书左仆射、兼门下侍郎，改封衮国公。从是月起，曾公亮独相。（《宋史》卷二一一《宰辅表》）

时事选摘

正月初八日，宋英宗崩于福宁殿，寿三十六，谥曰宪文肃武宣孝，庙号宋英宗。（谥议翰林学士承旨张方平撰，册文宰臣曾公亮撰，哀册文宰臣韩琦撰）正月初十日，赵顼即位，是为宋神宗，未改元。命宰相韩琦为山陵使,拜司空兼侍中。

正月,欧阳修加尚书左丞,仍参知政事;三月,罢知亳州。

宋神宗即位,因久慕王安石之名,闰三月起用为江宁(今江苏省南京市)知府,九月,诏为翰林学士兼侍讲,从此王安石深得宋神宗器重。

八月,蔡襄(1012—1067)在福建仙游家中逝世,年五十六。朝廷追赠吏部侍郎,后加赠少师。葬于仙游枫亭铺头村蔡岭,欧阳修撰《端明殿学士蔡公墓志铭》,还撰联"四谏经邦,昔日芳型垂史册;万安济众,今朝古道肃观瞻"来高度概括蔡襄的一生。宋乾道年间(1165—1173),赠谥"忠惠"。庆元年间(1195—1200),在洛阳桥南街尾建蔡襄祠。宋仁宗天圣八年(1030年),蔡襄登庚午科王拱辰榜进士第,先后任馆阁校勘、知谏院、直史馆、知制诰、龙图阁直学士、枢密院直学士、翰林学士等职,在朝为谏官时,以直言著称。后历知泉州、福州、开封府事。宋英宗即位后正授三司使,再以端明殿学士出知杭州。蔡襄为官正直,所到之处皆有政绩。在福州时,去民间蛊害;在泉州时,与卢锡共同主持并完成洛阳桥的建造工作;在建州(今南平市建瓯市)时,倡植福州至漳州七百里驿道松(此处"松"实际是榕树,闽南称榕树为"松"),主持制作北苑贡茶"小龙团"。所著《茶录》总结了古代制茶、品茶的经验;《荔枝谱》则被称赞为"世界上第一部果树分类学著作"。蔡襄是宋代四大书法家之一,书法精妙,恪守法度,有晋唐风度,前代意韵,变化无穷,真、行、草、隶四体都达到妙胜之境。欧阳修称"蔡君谟(书法)独步当世",苏轼评"君谟行书第一,小楷第二,草书第三,就其所长求其所短,大字为少疏也"。现存泉州《万安渡石桥记》是他的大字冠冕;小楷中,《集古录序》横逸飘发,《荔枝谱》严正方重,《茶录》劲实端严,书体虽有差异,却各得精髓。蔡襄著作编成《蔡忠惠公集》,乾道年间王十朋(1112—1171,字龟龄,号梅溪,浙江温州乐清人。著有《梅溪集》,南宋著名政治家、诗人,爱国名臣)知泉州,通过知兴化军傅自得求得善本,刻印行世。傅自得(1116—1183),字安道,泉州人;伯曾祖父傅尧俞,元祐年间(1086—1093)任中书侍郎;父傅察,官任吏部员外郎,宣和七年(1125年)奉命接伴金国使者,至陕西韩城遭遇入寇金兵,金将斡离不(即完颜宗望)威迫傅察下拜,用斧击傅察胸,傅察不屈,吐血而亡;傅自得之母为宰相赵挺之之女,封清源郡君、赠秦国夫人,宋靖康(1126—1127)初携带儿子傅自强、傅自得、傅自修回泉州,定居在城西的涂山。

胡宿于是年以太子少师致仕,病逝家中,谥"文恭"。

富弼改任武宁军(治所在今江苏省徐州市)节度使,进封郑国公。富弼请求罢去节度使职位,宋神宗于九月改授他为尚书左仆射、观文殿大学士、集禧观使,并召其入朝。富弼再次以足疾为由推辞,于十月第二次出判河阳军(治所在今河南省孟州市西)。

九月,韩琦罢为司徒、镇安武胜军节度使,判相州(今河南省安阳市)。

十月,福建漳、泉诸州地震。

十月,宋神宗初御迩英阁,召侍臣讲读经史,制《资治通鉴序》赐司马光。

"三范"之一范冲(1067—1141,字元长,范祖禹之子,史学家)出生。范冲,绍圣元年(1094年)甲戌科毕渐(生卒年不详,字之进,湖北潜江人,状元,以文学致身,刚介自立,为时所称)榜进士,历任两淮转运副使、宗正少卿兼直史馆、龙图阁直学士,在参与编修《宋神宗实录》时又写了《考异》,将原有保留的用黑墨写,新修的用红色,删除的用黄色,以示增删,被世人称为"朱墨史";修《宋哲宗实录》时则写了《辩诬录》一书。范冲后又任皇太子赵眘(即宋孝宗,1127—1194,宋太祖赵匡胤七世孙、宋高宗赵构养子,1162—1189年在位)的老师,绍兴十一年(1141年)十二月去世,年七十五,葬于常山(今属浙江省衢州市)永年寺(万寿寺,号称"灵隐寺祖宗寺")附近。

◎宋神宗熙宁元年戊申(1068年)

70岁

谱主活动

　　是年,正月十四日,曾公亮参加正常朝会,宋神宗命宰臣曾公亮等极言阙失,并诏其修《宋英宗实录》。十七日,曾公亮上表言事:"臣二上表及再进札子,以阴阳不调,雨雪愆亢,乞从免黜。面蒙敦谕,未赐允从。伏望体臣至诚,许从罢黜。"手诏答曰:"亢渗逾时,物蒙其害,此上帝之警予,奚烦辅臣累牍请避书经百上,朕亦不听也。"

　　宋神宗初立,曾公亮为了避嫌,主动奏请"以其子(修起居注曾孝宽)判登闻鼓院,用所厚曾巩为史官"。

　　三月十六日,曾公亮等上表,请建太皇太后宫殿,并建议命名为"庆寿宫"。(李攸《宋朝事实》卷一)

　　四月十九日,朝廷讨论关于侍讲赐座礼仪,众议不同。上问曾公亮,曾公亮称"臣侍仁宗书筵亦立"。后朝臣因讲赐留,亦无人敢坐。

　　五月二十七日,曾公亮开始编修《宋英宗实录》,宋神宗令曾公亮等陈所闻先帝德行。至实录书成时,苏轼尝语刘壮舆云:"此书词简而事备,文古而意明,为国朝诸史之冠。"

　　七月初九日,曾公亮等上表,请加尊号曰"奉元宪道文武仁孝",表三上,宋神宗不允。(《王临川集》记载《批答文武百僚曾公亮以下上尊号第一表不允诏》及《批答文武百僚曾公亮以下上尊号第二表不允诏》,司马光《传家集》载《赐文武曾公亮以下上第三表乞上尊号不允断来请批答》)

七月十八日,以亲郊命宰臣曾公亮为郊祀大礼使,翰林学士承旨王珪为礼仪使,翰林学士司马光为卤簿使,权御史中丞滕甫(1020—1090,字达道,浙江东阳人,曾经两中探花,三任开封府尹,谥"章敏";与范仲淹为表兄弟)为仪仗使,翰林学士、权知开封府吕公著为桥道顿递使。(《宋会要》礼二八之八二)

八月,曾公亮等言:"河朔(泛指黄河以北地区)灾伤,国用不足,乞今岁亲郊,两府不赐金帛。"送学士院取旨。司马光言:"救灾节用,宜自贵近始,可听两府辞赐。"王安石言:"常衮(729—783,字夷甫,河内郡温县人,唐天宝十四年状元,唐德宗时期宰相,曾被贬为福建观察使。注重文化教育,增设乡校,亲自讲授,闽地文风为之一振,与泉州首位进士、福建首位榜眼欧阳詹有交往)辞赐馔,时议以为衮自知不能,当辞位,不当辞禄。且国用不足,非当今之急务也。"司马光曰:"衮辞禄,犹贤于持禄固位者。国用不足真急务,安石言非是。"王安石曰:"不足者,以未得善理财者故也。"多人争论不已。宋神宗曰:"朕意与光同,然姑以不允答之。"

八月初九日,曾公亮上书宋神宗请罢南郊(古代天子在京都南面的郊外筑圜丘以祭天的地方;也特指帝王祭天的大礼)礼毕赏赐,司马光上《乞听宰臣等辞免郊赐札子》(司马光《传家集》卷四二)提出了反对意见,请罢南郊礼毕赏赐引起争论,宋神宗不从。

据传,晋江马坪人林知(字子默,终身未仕)曾于宋神宗熙宁年间(1068—1077)入京,向皇帝上书言事,未果,黯然还乡。林知与曾公亮一样都曾流连灵源山。林知带孙子林外(1106—1170,字岂尘,号肇殿)诵读于灵源山望江书室,林外有传诵千古的诗歌《题临安邸》。林知、林外去世后,均葬于灵源山。之前,林知因反对王安石变法中不合理的地方,故几次科考均不如意。林知进京上书,其与曾公亮为同乡,且曾公亮位居宰辅,无论从乡谊还是岗位来看,二人必有交集。故系于此年。

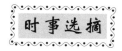

　　是年福建转运使罗拯（1016—1080，字道济，河南开封人）秉承朝廷旨意，遣泉州商人黄谨（字子真，活跃于北宋中后期的福建海商）向高丽王致意。翌年，高丽国遣使随其前来中国通好，使中断42年的两国关系重修于好。

　　宋熙宁（1068—1077）初，在晋江县永宁石湖设置四县同巡检寨，专管晋江、南安、惠安、同安陆路地方事务。

　　熙宁年间（1068—1077），晋江知县危雍重修涯浦埭（烟浦埭），以捍海潮，蓄灌溉。又筑清洋陂（在今晋江市北），自南安九溪至高溪，凡三十六水合流而下，灌田一千八百顷。

　　三月，西夏国主李谅祚卒。

　　四月，宋神宗为摆脱宋王朝所面临的政治、经济危机以及辽、西夏不断侵扰的困境，召见翰林学士王安石。王安石提出治国之道首先要确定革新方法，勉励宋神宗效法尧舜，简明法制。宋神宗认同王安石的相关主张，要求其尽心辅佐，共同完成这一任务。王安石随后上《本朝百年无事札子》，阐释宋初百余年间太平无事的情况与原因，指出背后危机四伏的实质，期望宋神宗在政治上有所建树，认为"大有为之时，正在今日"。

　　七月，韩琦复判相州（今河南省安阳市）。在任上还未满三个月，河北地震，黄河决口，大批灾民流离失所，宋神宗赐手诏给韩琦，让他改任重灾区大名府（今河北省大名县），并准许便宜从事。

　　吕夏卿（1015—1068）调任兵部员外郎、知制诰，同修实录，以"积劳致疾"请求安排闲职，因而出任颍州（今安徽省阜阳市颍州区）知州；在任上去世，年五十四。庆历二年（1042年），吕夏卿与其兄吕乔卿同登壬午科杨寘榜进士，他被任命为广南东路高要县（今广东省肇庆市高要区）主簿。当时，宋祁、欧阳修正在编写《新唐书》，就推荐吕夏卿参加。吕夏卿对唐朝历史研究颇深，在编修工作中广泛搜集各种传记杂说数百家，折中整比，取其精华。同时，搜集全国碑刻和历代姓氏族谱，分别编纂《唐文献考》和《古今世系表》二书,《新唐书》中的"宗室表""宰相表"两个世系表即为其首创。《新唐书》工程浩繁,前后更换编纂者10多人,只有吕夏卿和范镇二人自始至终坚持17年。吕夏卿为此撰写《新书纪志传义例》,摘引《新唐书》中的"繁文缺误"条目,还撰写《唐书直笔新例》《唐兵志》《唐文献信考》等书。《宋史》称赞吕夏卿"于《新唐书》最有功"。吕夏卿身经宋仁宗、英宗、神宗三朝,历官江宁(今江苏省南京市)县尉、直秘阁、同知礼院、史馆检讨、值起居注、知制诰、兵部员外知制诰等职,但主要都在从事史学工作;病逝后,葬泉州惠安县城西白岩山麓(今属惠安县黄塘镇),故居在泉州城西睦宗院(今泉州市区西街旧馆驿),人们曾建"紫薇坊"来纪念他,后废圮。

曾巩任《宋英宗实录》检讨,不久被外放越州(今浙江省绍兴市)通判。

十二月,富弼调判汝州。诏令入朝觐见,允许患病的富弼坐轿到殿门。宋神宗前往内东门的小殿,让富弼的儿子富绍隆从宫门进入,而且命他们不要跪拜,坐下谈话。宋神宗从容地向富弼询问治国之道,富弼知道宋神宗果敢有作为,对答道:"人主的喜好和厌恶,不能让人窥测到;能窥测到,那样奸人就会逢迎。应当像天监视人一样,善恶都自取,然后进行惩罚奖赏,这样功劳和罪恶都各得其实情。"又询问边疆之事,富弼说:"陛下即位不久,应当广布恩德施行恩惠,希望二十年不提用兵之事。"宋神宗沉默不语,富弼到日影西移才告退。宋神宗打算让富弼以集禧观使之衔留在京师,但他极力推辞,仍回到汝州。

晋江安平人高惠连(972—1068)卒,年九十七。高惠连于宋咸平二年(999年)登己亥科孙暨榜进士第,初授宣教郎,后历官泉州知州、御史大夫至兵部尚书,从政60多年,政绩斐然,时誉为"耆旧之英,皓儒之伯"。

◎宋神宗熙宁二年己酉(1069年)

71岁

是年,正月二十三日,曾公亮奉诏处理王广渊条奏置义仓事。

宋神宗初立,言者弹劾王广渊(字才叔,河北成安人,师从宋绶,追赠谏议大夫)漏泄禁中语(与宋英宗聊天),应出知齐州(今山东省济南市),改京东转运使,得于内省传达章奏。曾公亮、王安石认为不可,乃止。王广渊以方春农事兴而民苦乏,兼并之家得以乘急要利,乞留本道钱帛五十万,贷之贫民,岁可获息二十五万,从之。其事与青苗钱法合,王安石始以为可用,召至京师。御史中丞吕公著摭其旧恶,还故官。程颢、李常(1027—1090,字公择,南康建昌即今江西省永修县人,为宋皇祐元年即1049年进士,与王安石友善,推荐提拔苏轼受阻,是黄庭坚的舅父,后曾奏请设立泉州市舶司等;后暴病卒,秦观为其作行状,苏颂作墓志铭,苏轼作跋)又论其抑配掊克,迎朝廷旨意以困百姓。会河北转运使刘庠(1023—1086,字希道,受宋英宗器重,娶蔡齐之女)不散青苗钱奏适至,王安石曰:"广渊力主新法而遭劾,刘庠故坏新法而不问,举事如此,安得人无向背?"故程颢与李常言不行。王广渊徙使河东(今山西省西南部一带),擢宝文阁待制、知庆州(约在今甘肃省庆阳市和宁夏南部一带)。

二月初二日,富弼为首相,曾公亮为次相。三日,在曾公亮的推荐下,翰林学士、工部侍郎兼侍讲王安石出任右谏议大夫、参知政事。

三月二十五日,宋神宗查问宗室改革进展及相关事宜,富弼曰:"此事诚当出于陛下,外人谋之,则为疏间亲。"曾公亮曰:"此亦当自外裁定。"上问裁定亲疏之宜,曾公亮以为当从上身为亲疏。宋神宗曰:"当以祖宗为限断。"王安石曰:"以陛下身即是以祖宗为限断也。"(《宋会要》帝系四之三二)

四月初一日,宰臣曾公亮等拜表上尊号曰"奉元宪道文武仁孝",诏答:"尊号于朕无益加损,纵有百字亦何益,然受否于人情孰安?"不允,曾公亮曰:"人情固愿陛下受之。"富弼曰:"陆贽劝(唐)德宗不受尊号,顾其时与今异。"上曰:"其时在播迁之中。"王安石曰:"陛下受尊号,人固以为宜,即缘变异多,谦屈而不受,亦自为美,然受与不受,于理皆可也。陛下能察受与不受,无加损之理,则此事在陛下裁度。"上曰:"三尺童子亦知无加有损也。"遂降此诏。

四月初二日,曾公亮与富弼、王安石讨论滕甫、李肃之(1000—1081,字公仪,幽州即今北京市人)、孙长卿(1004—1069,字次公,江苏扬州人)任职去向。

四月初八日同天节(即宋神宗生日),曾公亮与富弼、王安石等讨论中书置属人员问题。是日,太常礼院请如宋治平四年(1067 年)群臣诣阁门贺。宋神宗曰:"治平四年乃先帝灵驾在殡之日,今两宫太后万寿,不可令礼官引用居丧之例。盖朕于人子之情不忍闻也,可止令云同天节日,宰臣文武百僚并当赴东上阁门拜表。"王安石因言:"此诚中书失于省阅。中书事猥并,若不早置属,以众事归之有司,则无可为之理。"宋神宗谓富弼曰:"今欲治当自中书省。中书置属,宜精选小官。"曾公亮曰:"丞相府宜用敦朴人,故本朝不用进士,但用学究。"王安石曰:"当选在下豪杰之士,令编修条例,点检文字。"

四月十二日到十五日,宰臣富弼、曾公亮因天旱联名上表待罪,诏不允,并称赞二人的爱国之意。

论诞日罢燕雨泽之应

臣今日与曾公亮以下,议于十五日拜表。陛下御正殿听乐复膳,此实臣子之至意也。臣等不可不请,陛下不可不从。然窃观陛下近日戒惧谦损,深自刻责,虽古之圣帝明王无以过此。陛下答上天不可谓不至,上天报应陛下不可谓不速。夫避殿、减膳、撤乐,此三大事,诚合典礼,然陛下浚发之至,惟于诞日特罢称觞,最为至切者,盖此事谄佞易为进说,上下易为取惑,而陛下聪哲英悟,断然不疑,促降诏书,即日宣布。独此一事,所以遽能感动天地。当日得雨,幽灵降格,如在目前,圣意天心,合如影响,人情欣悦,和气顿生,矧令戎使目睹中国异事,尤为陛下非常之庆也。然臣之极为喜者,又甚于此,何哉?缘累年灾变实为至多,地震朔方,益可惊骇。时览奏报,至今未已。天有常道,必不虚发。臣大为朝廷忧之。今陛下一发至诚,行所难行之事,上天立有报答,明白卓越,昭示天下,乃知天意谆谆,未厌宋德,更俟陛下恐惧修省。常若不及,远离奸佞,亲近忠良,恭畏上天,始终不改,即灾异可弭,而太平可致也。此臣所以为极喜又甚者也。伏愿陛下未以今日雨泽为喜,当以累年灾变为惧,兢兢业业,日谨一日,凡百举动,常为义理之所存,对接上天,近若咫尺,祗畏惕厉,夙夜无忽,如诞日甘泽之应者,自此必常有焉。苟异于斯,渐生逸豫,则天意人事实未可知。盖修德致雨,其速如此,万一于德有损,其灾应岂有缓耶?惟陛下念之不忘,乃天下之幸也。今上表所请,或令再三而允,所贵始末相应也。(钦定四库全书《宋名臣奏议》卷九二)

四月十七日,命曾公亮为西京(今河南省洛阳市)奉安宋仁宗、宋英宗御容礼仪使。

四月二十六日,奉诏为太皇太后上尊号。

四月,时王安石锐意变更,而宋神宗信任益专,唐介既死,同列无一人敢与之抗者。曾公亮屡请老,富弼称疾不视事。

五月,吕诲上疏劾王安石十罪。对此,宋神宗谓曾公亮曰:"若出(吕)诲,恐安石不自安。"王安石曰:"臣以身许国,陛下处之有义,臣何敢以形迹自嫌,苟为去就!"乃出吕诲知邓州(今河南省邓州市)。苏颂当制,曾公亮谓苏颂曰:"(章)辟光治平四年上书时,安石在金陵,惠卿监杭州酒税,安得而教之?"故制词云:"党小人交谮之言,肆罔上无根之语。"制出,宋神宗以咎苏颂,苏颂以曾公亮之言告,乃知章辟光治平时自言他事,非此也。二十九日,王安石上表认为富弼、曾公亮不支持变法,宋神宗表示了同样的担忧。

六月初四日,曾公亮从西京(今河南省洛阳市)返回,参加垂拱殿(在福宁殿南)宴会;八日,朝廷欲添差弓手,富弼、曾公亮不同意。

七月,诏御史中丞举荐可为御史者,不限官位高卑;赵抃争之弗得。于是侍御史知杂事刘述(字孝叔,浙江湖州人)言:"旧制举御史,官须中行员外郎至太常博士,资任须实历通判,又必翰林诸学士与本台丞、杂互举……夫变更法度,其事不轻。而止是参知政事二人同书札子,且宰相富弼暂谒告,曾公亮已入朝,台官今不阙人,何至急疾如此! 愿收还前旨,俟弼出,与公亮同议,然后行之。"弗听。

七月初一日,曾公亮上表进《宋英宗实录》三十卷,又事目三卷;后与韩琦上奏,请求提举修完《两朝实录》不推恩;二十五日,韩琦上《宋仁宗实录》,曾公亮上《宋英宗实录》。《宋英宗实录》于宋熙宁元年(1068年)正月开始修撰,至是年完成,由曾公亮提举,吕公著、韩维、王安石、吴充修撰,孙觉、曾巩检讨。

八月初九日,侍御史刘琦(字公玉,安徽宣城人)、御史知杂刘述因批评王安石、曾公亮而遭贬;十二日,同修起居注范纯仁也因指责王安石、曾公亮,罢为同知谏院。

八月十八日,曾公亮举荐亲侄、右班殿直曾孝广(时年29岁,曾公立第三子)为官。

十月初三日,富弼罢相,曾公亮乃迁首相,陈升之为次相。同日,曾公亮为同中书门下平章事。

十月初五日,宋神宗与曾公亮、陈升之、王安石等商议减兵事宜。上问节财如何,王安石对以减兵最急。曾公亮曰:"为之当有渐。"

十月,曾公亮升授昭文馆大学士,监修国史兼译经润文使,累封爵位为鲁国公。

十一月十一日,在宋神宗主导下,曾公亮等确定宗室改革的具体方案。在此次宗室改革方案中,涉及众多方面,如同意宗室成员参加科考,还有宗室赠官、置产等都做了规定,如"宗室不出官者,祖宗元系磨勘,至正观察使止,祖免亲至遥郡防御使止,非祖免亲至遥郡刺史止……"(《宋会要》帝系四)

是年,在曾公亮的鼎力支持下,王安石任参知政事,但在许多政见方面，二人有很大分歧。如：曾公亮欲知州皆选于中书。上曰："中书数人所总事已多矣，知州材否何暇尽详，且中书三公，职事在于论道经邦。"曾公亮曰："今中书乃六卿冢宰之职，非三公也。"上曰："冢宰固有冢宰之职。唐陆贽言宰相当择百官之长，知审官是也。今不择知审官人，而但堂选知州，所选人不精，徒令中书事更烦冗，非国体也。"王安石对曰："诚如陛下所谕。"（《宋会要》职官一、《文献通考》卷三八）

曾公亮有《上宋神宗乞不宜取瑞木》奏文：

臣准降到建州崇安县草泽杨纬进状，称今年三月所居之西空中，有黄龙蜿蜒于晦冥之间，于其下获一瑞木，厥状犹龙。至七月风雨晦冥如初，复有飞龙腾骧，见木龙之尾翼连足在焉。画到图一面，乞宣取奉圣旨，可指挥福建转运使，令指挥建州于杨纬本家取索上件所陈木龙看验，若实非伪造，如所图样即差赍擎赴阙进呈，并图样降下。臣等窃详，南方山木偶类鸟兽状者颇多，不足以异。伏睹真宗至道三年诏书节文，以刑清俗阜为嘉祥，以岁稔时和为上瑞，至于毛羽表异，草木效灵，岂凉德之所堪，亦前圣之不取。诸州今后不得以珍禽奇兽及诸瑞物等来献。又睹仁宗庆历四年诏曰：诸珍禽奇兽及诸瑞物等不得进献。臣等欲望践行，累诏更不宣取。（钦定四库全书《宋名臣奏议》卷三六）

时事选摘

二月，富弼被升授为司空兼侍中，并获赐甲第（上等府第），富弼尽皆全部辞谢，改拜左仆射、门下侍郎、同平章事。王安石出任参知政事。王安石向来与富弼不和，富弼考虑不能和他争执，多次声称有病告退，数十次上章。宋神宗将允许他告退，问他说："你告退，谁能够代替你？"富弼推荐文彦博，宋神宗沉默不语，很久了才说："王安石怎么样？"富弼也沉默不语。八月，出授武宁军（治所在今江苏省徐州市）节度使、同中书门下平章事、判河南府（今河南省洛阳市）。经富弼请求，改判亳州。

二月，宋神宗任命王安石为参知政事。王安石提出当务之急在于改变风俗、确立法度，提议变法，设置"制置三司条例司"，以指导新法的施行,吸收了大批有志改革之士,并以王安石和陈升之总领其事。此时吕惠卿正任集贤殿校勘,编校集贤殿的书籍。王安石因和吕惠卿友好,因此向宋神宗进言推荐吕惠卿。吕惠卿因而被任命为检详文字,凡事不分大小,王安石必定和他商议,凡是王安石所上涉及变法的奏章都出自吕惠卿手笔。吕惠卿因此成为新党核心,开始进行变法。九月,吕惠卿被提拔为太子中允、崇政殿说书、集贤校理、判司农寺。颁行"青苗法",欧阳修对青苗法有所批评,且未执行。

曾巩任《宋英宗实录》检讨。曾巩因在王安石与司马光关于变法的争执中把两边都得罪了,遂向宋神宗请求外调,出任越州(今浙江省绍兴市)通判。

◎宋神宗熙宁三年庚戌（1070 年）
72 岁

谱主活动

是年，因青苗法实施中出现问题，朝廷力图解决。正月二十三日，曾公亮与陈升之欲除新法未果。"上谕执政罢青苗法，曾公亮、陈升之欲即奉诏，赵抃独欲俟安石出，令自罢之，连日不决……公亮等不敢抗。"（《续资治通鉴长编纪事本末》卷六八《青苗法上》）

二月初二日，曾公亮与王安石辩论坊郭（城郭市街）俵钱事。河北安抚使韩琦也上疏请罢青苗法，宋神宗看了韩琦的疏章，亦有所悟，出御便殿，召辅臣入议。曾公亮先到，宋神宗把韩琦疏章递给他说："琦真忠臣，虽在外不忘王室。朕始谓（青苗等法）可以利民，不意乃害民如此，出令不可不审。且坊部安得青苗而使者亦强与之乎？"王安石勃然说道："苟从其所欲，虽坊郭何害？"宋神宗命曾公亮把韩琦原疏让王安石看，王安石看后勃然大怒道："陛下修常平法以助民至于收息，亦周公遗法也。如桑弘羊笼天下货财以奉人主私用，乃可谓兴利之臣。今抑兼并，振贫弱，置官理财，非所以传私欲，安可谓兴利之臣乎？"宋神宗听了王安石的辩说，终于以韩琦之说为疑，并请曾公亮仔细查访。

又右正言李常上言，引发曾公亮与王安石关于青苗法的激烈争论。李常说："其尤甚者，至使善良备给纳之费，虚认贯陌以输二分之息。"宋神宗说："常平皆经中书行遣，今人言纷纷如此，乃因执政议论不一故也。"曾公亮说："臣本以为不可。"陈升之说："臣本不欲如此，今已书奏，更不敢言。"宋神宗说："若以为不可，当极论之，何以书奏？既书奏，何以至今乃议论不一?"曾公亮、陈升之皆曰:"谏官许风闻言事,岂可分析?"曾公亮曰:"王安石但欲己议论胜耳。"宋神宗正色言曰:"岂有此耶!"曾公亮曰:"此言若诬,天实临之。"王安石曰:"始与升之议此法,升之以为难,臣即不强;升之既而以吕惠卿、程颢亦责,升之畏流俗,遂肯同签书。当时若升之不同,臣亦岂敢强?升之为此奏天下可行之事,至众但议论未合,即无强行之理。及至朝廷已推行,则非复是臣私议,乃朝廷诏令也。大臣为朝廷奉诏令,自当以身徇之,臣非好臣议论胜,乃欲朝廷法令尊,为人所信,不为浮议妄改而已。"

三月初一日,曾公亮与陈升之都因与王安石争青苗钱不合的原因,称疾告假。曾公亮遣孙觉(1028—1090,字莘老,江苏高邮人,黄庭坚岳父,王安石、苏轼、苏颂、曾巩的好友,曾任七个州的知州)前往畿县,行视散常平钱有追呼抑配之扰。五日,张戬(1030—1076,字天祺,张载胞弟;时人尊其兄弟曰"两张先生")、程颢、李常上奏要求停止变法,李常更批评曾公亮、陈升之等"皆位冠百僚,身辅大政,首鼠厥议,曾无执守"。

三月二十一日,曾公亮、王安石论苏轼。宋神宗多次要重用苏轼,王安石都阻止。苏轼又作拟《进士对御试策》,宋神宗把它拿给王安石看。王安石说:"轼材亦高,但所学不正,今又以不得逞之故,其言遂跌荡至此,请黜之。"曾公亮说:"轼但异论耳,无可罪者。"

三月二十九日,宋神宗欲罢司马光,曾公亮反对。翰林学士司马光言:"近尝上疏,乞罢制置三司条例司,及追还诸路常平仓使者……庶使是非不至混淆,微臣进退有地。"当初,宋神宗有意用司马光,王安石说:"如光者,异论之人倚以为重,今擢在高位,则异端之人气势日倍。光虽不能合党,然朝夕所以切磋琢磨者,乃刘攽(1023—1089,字贡夫,江西省樟树市人,官至中书舍人,协助司马光编纂《资治通鉴》)、刘恕(1032—1078,字道原,江西高安人,北宋史学家、藏书家)、苏轼、苏辙之徒而已。观近臣以其所主者如此,则其人可知也。"宋神宗听后,遂欲罢司马光。曾公亮持之不奉诏,说:"青苗事,臣等亦数论奏。"宋神宗说:"此事何预于枢密副使?光不当以此辞。"曾公亮乃已。

四月初八日,吕公著罢,曾公亮竭力改正其罢官制文,因宋神宗反对而未成功。吕公著因为上言被罢,宋神宗欲明言其罪状,令曾公亮等以旨谕当制舍人。曾公亮谕宋敏求草制，但言引义未安而已。但王安石提出异议，宋敏求按照曾公亮的建议草制。第二天，再取旨，曾公亮、陈升之等皆争以为不可。宋神宗说："公著有远近虚名，不明言罪状，则人安知其所以黜，必复纷纷矣。"曾公亮等以为，如此则四方传闻大臣有欲举甲者，非便；且于韩琦不安。宋神宗说："既黜公著，明其言妄，则韩琦无不安之理；虽传闻于四方，亦何所不便？"曾公亮等犹力争，但宋神宗不答应，当面令陈升之改定制辞。

四月十九日，曾公亮反对任用秀州（今浙江省嘉兴市与上海市各一部分）军事判官李定（1028—1087，字资深，江苏扬州人，曾受学于王安石，陷苏轼于罪，是以公论恶之）为谏官。监察御史陈荐（字彦升，河北沙河人）言："（李）定顷为泾县主簿，闻庶母仇氏死，匿不服。"诏下东、淮、浙转运使问状，奏云："定尝以父年老，求归侍养，不云持所生母服。"李定自辩，言实不知为仇氏所生，故疑不敢服，而以侍养解官。曾公亮谓李定当追行服。王安石力主之，罢陈荐御史，而改李定为崇政殿说书。

四月二十二日，因草吕公著制文事，宋敏求罢知制诰。王安石说："敏求草吕公著制，臣谕圣旨，令明著罪状，反用曾公亮语……此是自违圣旨，已幸朝廷不问，乃更辞职。"宋神宗乃令从宋敏求请罢职。曾公亮以为无罪可著。说："舍人是中书属官，止合听宰相处分。"又说："若失守，即是臣致其如此。"曾公亮因请罪。宋神宗说："不须尔。"曾公亮曰："不敢更上章。"拜谢于上前而退。

五月十四日，因反对李定事，李大临（1010—1086，字才元，成都华阳人，官至天章阁待制）、苏颂罢知制诰。曾公亮曰："特旨固不当以条限，但不知定何如人，恐非常人，乃当不用常法尔。"

六月初七日，与宋神宗、王安石讨论边防事。王韶（1030—1081，字子纯，江西德安人，官至枢密副使，以"奇计、奇捷、奇赏"著称，戏称之"三奇副使"，谥"襄敏"）议开边，并提举蕃部兼营田、市易，但李师中（1013—1078，字诚之，山东曹县人，范仲淹等人认为他有"王佐之才"）反对。王安石因请罢李师中，宋神宗欲用郭逵代之。曾公亮言："延州不可阙人。"宋神宗又欲用蔡挺（1014—1079，字子政，河南商丘人，宋仁宗景祐元年即 1034 年甲戌科张唐卿榜进士，赠工部尚书，谥"敏肃"），众谓不可。王安石言："若用挺，不如用逵（指郭逵）。"又言："臣固不知陕西事，然今秦州蕃部旅拒，夏国又时小犯边城，或遂相连结，则秦州事岂不甚重？且陕西诸路皆与夏国对境，苟一处有隙，夏国来窥，则来窥处即是紧切要人处。逵若不可移，盍使窦舜卿摄领？"韩绛亦谓窦舜卿（字希元，河南安阳人）可使，宋神宗从之。

六月十八日，曾公亮与王安石在判案方面发生分歧。诏议"坐失入秦州民曹政死罪未决"案，曾公亮引银砂案失入例会赦，王安石言："银砂已是失引，定例宜有特旨。"

六月二十七日，秘书丞、集贤校理、知谏院胡宗愈（1029—1094，字完夫，江苏常州人，胡宿从子）因被指沮败朝廷政事，又论不当置西审官分枢密院权等贬为通判真州（今江苏省仪征市）。曾公亮言："宗愈止是书戆，不晓朝廷事耳。""数逐台谏非是。"胡宗愈初欲与知县，曾公亮不可，始除通判。

六月二十八日，宋神宗与曾公亮等曰："用向宝（北宋将领，宋神宗称其勇）要战，用王韶要和，用师中（指李师中）要节制此两人。朝廷于向宝何所亏损，而师中言乃如此？"曾公亮又为李师中解释，宋神宗曰："姑候体量到别议之。"

七月初四日，举荐司马光为枢密使人选。枢密使、刑部侍郎吕公弼罢为吏部侍郎、观文殿学士、知太原府，上议所以代之者。曾公亮、韩绛极称司马光。宋神宗迟疑不决，曾公亮言："不当以此废光。"因请用之，宋神宗没有应允。第二天，宋神宗又欲用司马光，曾公亮以为当，但王安石以为不可，后曾公亮论说司马光可用，安石据言反对。宋神宗遂不用司马光。

七月初九日，参与宗室改革的讨论，先是大宗正司奏："缌麻婿有官者，京朝官与转一官，职官与循资。祖免婿止云与奉职，乃无有官循资指挥。"王安石议可并依缌麻法行之，曾公亮曰："转官宜有降杀。"王安石曰："与循资不可杀，则转官亦不可杀。且白身得一官，有官者转一官不为过。此所以劝有官者肯与宗室为婚，而亦省入官之一道也。"宋神宗肯定王安石所议。是日，在讨论李定的任免问题。王安石为了聚集力量推动变法，请求宋神宗破格提拔李定为御史，宋神宗答应了，然后指令时任中书舍人的苏颂起草破格提拔任命书。但指令四次均被苏颂封退，宋神宗要宰相曾公亮去劝说，曾公亮也以为李定不除御史，照旧被苏颂退了回来。宋神宗可能是忍无可忍了，就将苏颂、李大临、宋敏求"中书舍人"的职务给撤销了，苏颂重新回到工部任郎中。这就是北宋历史上著名的"三舍人事件"。

七月二十五日，曾公亮参与范育（生卒年不详，字巽之，陕西三水人）任命的讨论。前陕县令范育为光禄寺丞、崇文院校书，宋神宗认为："（范）育所看详转对文字甚有识见，今馆职少，乃令除校书。"曾公亮欲令学士院试策论，王安石以为："有或不能为此而能言世务有实用之材者，今正要变此尚虚文旧俗，若陛下疑其假授或采问得之，即召给笔札，令内臣监试，更以数卷转对令看详，甚易见也。"宋神宗曰："此必非假授。若能问，即是能择义理是非，亦自是有识见可取也。"后数日，又除太子中允、权监察御史里行。

八月初一日，曾公亮在郭逵加官及任用傅尧俞事上与王安石发生分歧。是日，宋神宗与执政议，宣徽南院使、静难军（治所在今陕西省彬州市）留后、判延州（今陕西省延安市）郭逵加检校太尉、雄武军留后，令再任。王安石曰："但当移镇。"曾公亮曰："移镇必不乐，不如且已。"又，三司副使阙，帝拟用尧俞，"诸路转运使太急，州县不得自如，宜稍令宽。"曾公亮曰："比多举此人作言事官者。"曾公亮谓傅尧俞当正除，但王安石知道傅尧俞不附自己，故专以资序抑之。

八月十六日，王安石支持其姻家、三司使吴充增加边费，曾公亮以为不然，"二百万石恐太多，不如止百万石可也"。

八月二十一日，又与王安石在川、广等路官员的差除问题上发生分歧。宋神宗要求执政指挥川、广等路远官就差文字，曾公亮欲且令提点刑狱、转运使同举，王安石曰："如此，则得再任者少矣。"及具草，王安石欲云除堂除、堂选知州外，尽许就差。曾公亮、韩绛以为知州当自朝廷除之。至是，宋神宗改如王安石所草。

八月二十六日，再次与王安石在三司选人问题上发生分歧。宋神宗认为三司副使不才，王安石以为才难须务考绩，曾公亮言："令吴充奏更用人可也。"已而遂罢张岂(1015—1080,字圣民,山东鄄城人)等,皆令补外。除了选用方案有分歧外,曾公亮与王安石在选用标准的某些方面也存在很大差异。曾公亮强调人选的道德,而宋神宗、王安石则持否定观点。

曾公亮虽已七十二高龄,却精力不衰,所以台谏并没有非议,但龙图阁直学士李复圭(字审言,李淑子,徐州丰县人)却上疏谏劝曾公亮辞职,并作诗讥曰:"老凤池边蹲不去,饥乌台上噤无声。"古人称中书舍人为"小凤",翰林学士为"大凤",丞相为"老凤"。曾公亮遂向宋神宗提出辞呈。九月十三日,左仆射、兼门下侍郎、平章事曾公亮为司空、检校太师兼侍中、河阳三城节度使、集禧观使,五日一奉朝请。第二日,曾公亮以告病连乞致仕,于是乃听公亮罢相。十八日,依韩琦例推恩曾公亮诸子,以比部员外郎曾孝宽为秘阁校理,殿中丞曾孝宗、右赞善大夫曾孝纯并迁官。

十一月,曾公亮乞罢其恩赐公使钱。"恩赐公使钱一分,本职别无支费,乞寝罢。"从之。

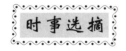

是年,在泉州府安溪崇信里(今安溪县尚卿乡福林村)置龙崇银场,至宋元丰元年(1078年)封闭。

二月,韩琦上疏反对青苗法,认为青苗法不论贫富,一律按户等配借青苗钱,上三等户及坊郭大户本是兼并之家,也可贷给青苗钱,这种做法根本不能"抑兼并、济困乏"。宋神宗看了韩琦奏疏,一度动摇变法决心。王安石将韩琦奏疏拿到"制置三司条例司",逐条批驳,公布于天下。后来韩琦又上疏,申辩愈切。此后,韩琦还对免役法、市易法等提出了反对意见。后韩琦罢河北安抚使为大名府路安抚使。

四月,刘挚由韩琦推荐为馆阁校勘。

八月,宋神宗诏川陕、福建、广南七路官令转运司立格就注,具为令。

九月,吕惠卿因父亲离世而去职。

欧阳修除检校太保、宣徽南院使等职,坚持不受,改知蔡州(今河南省汝南县)。此年他改号为"六一居士"(即藏书一万卷,集录三代以来金石遗文一千卷,琴一张,棋一局,酒一壶,吾一翁)。

十一月,苏轼任杭州通判。

十一月,王安石任同中书门下平章事,位同宰相,在全国范围内推行新法,开始大规模的改革运动。司马光三次写信给王安石(《与王介甫书》),列举实施新法弊端,要求王安石废弃新法,恢复旧制。王安石回信(《答司马谏议书》),对司马光的指责逐一反驳,并批评士大夫阶层的因循守旧,表明坚持变法的决心。

◎宋神宗熙宁四年辛亥（1071年）

73岁

谱主活动

广惠仓（宋嘉祐二年即1057年置）是宋朝仓制中专为济贫而设立的仓种。王安石秉政后，改"贷粮法"而为借助，移常平、广惠仓钱斛而为青苗，后又诏卖天下广惠仓。曾公亮说广惠仓是"廪食穷独"，于正月向宋神宗提出反对变卖广惠仓田。

四月二十六日，曾公亮被朝廷起复，出判永兴军（治所在今陕西省西安市）。先是，庆（庆州，约在今甘肃省庆阳市和宁夏南部一带）卒叛，既伏诛，而余党越侠，自陕以西皆警备。阅义勇，益边兵，移内地租赋，人情骚然。曾公亮一镇以静，次第奏罢之，专务裁抑冗费。长安豪喜造飞语，声言营卒怨减削，谋以上元夜结外兵为乱，邦人大恐。或劝毋出游，曾公亮不为所动，张灯纵观，与宾佐竟夕乃归。宋神宗闻之，谓王安石曰："大臣肯奉法如公亮，极不可得也！"

五月初一日，曾公亮在永兴军，并负责三将训练。"仍诏曾公亮专提举三将训练，遇有边事须增兵策应，即审度事势，遣兵将往，事定抽回。"

十月，命同修起居注曾孝宽较度其利害（指牧马）。曾孝宽请罢诸班直、诸军马出牧，以田募民出租。诏自来年如所请，仍令三司备当牧五月刍粟。

二月,以曾布检正中书五房公事。曾布每事白王安石,即行之。

曾巩调任齐州(今山东省济南市)知州。

四月,权开封府推官苏轼出通判杭州。初,轼直史馆,王安石襄赞宋神宗以独断专任。苏轼因试进士,发策以"晋武平吴,独断而克,苻坚伐晋,独断而亡;齐桓专任管仲而霸,燕哙专任子之而败;事同功异"为问。王安石见之大怒,使侍御史谢景温(1021—1097,字师直,浙江富阳人,历任六部尚书,支持王安石变法)论奏其过,穷治无所得,轼遂请外。

是年,宋神宗、王安石君臣携手,立志革除弊政,变法图强。刘挚得到王安石赏识,二月任检正中书礼房公事,四月任监察御史里行。

五月,宋神宗诏准富弼在西京(今河南省洛阳市)养疾,六月坐格"青苗法",以左仆射判汝州。

六月,欧阳修以太子少师的身份辞职,居颍州(今安徽省阜阳市)。

六月,刘挚上书宋神宗,陈述免役法有十大弊端:

第一,宋朝户籍按资产高低分为五等,但全国各地徭役轻重不一,户口数也颇为悬殊,而国家统一制定役法政策,很显然是行不通的。

第二,新的免役法要求重新登记各户财产,从而确定役钱多寡,用于纠偏各地户数失实的现状,但重新登记也有可能出现虚报现象,这样会造成上等户少纳役钱而下等户多纳役钱的弊病。

第三,本朝户口中上等户少、下等户多,按照原来规定,上等户徭役负担重,下等户徭役轻,新法规定一律纳助役钱,上等户很容易缴纳,但下等户大多十分贫困,对于下等户是极为不利的。

第四,新的免役法为了多征收雇役钱,但上等户毕竟只是少数,这样就不得不将一些下等户抬高成上等户,这对下等户来说就是深重的灾难。

第五,农民每年收获的丰歉完全靠天,但服徭役的人数固定不变,助役钱因此是不能缺少的,而且在歉收年景,助役钱既不能拖延也不能豁免,这对广大劳动者是很有害的。

第六，农民收入大多是农产品或丝帛，助役钱却规定用现钱缴纳，农民必须卖掉农产品才能缴纳现钱，且助役钱期限较急，农产品必须大幅度降低价格，方能尽快出售，这些都让农民收入大打折扣，损害了农民的实际利益。

第七，宋朝两税及科买等名目繁多的苛捐杂税已压得农民喘不过气来，就是正常收获的年景，老百姓缴纳租赋后已所剩无几，免役法推行后还得缴纳役钱，这势必造成农民逃亡或转入其他行业如商人、客户等，甚至铤而走险，聚而为盗。

第八，奸诈之人趁机将徭役负担转嫁到他人身上。

第九，百姓为服徭役往往由各州县差派，上等户差役负担虽沉重，但最快也得十年才轮差一次，下等户甚至二十年才服役一次。免役法让这些人一律出钱，官府负责招募雇用役人服役，出钱少了是不行的，若役钱征收太少，免役法就推行不下去，若征收过多，百姓又承受不了。

第十，原来服徭役的农民往往都有家产，可以尽心尽力地服役。现在改为雇募役人，必是奸巧之辈应募，不可能一心一意为国效力，还会盗窃国家财产，愚弄官僚，给国家造成极为惨重的损失。

宋廷颁布改革科举制度法令，废除诗赋词章取士的旧制，恢复以《春秋》三传明经取士。同年秋，实行太学三舍法制度，即把太学分为外舍、内舍、上舍三等，在一定的年限及条件下，外舍生得升入内舍，内舍生升入上舍；"上等以官，中等免礼部试，下等免解"。官员子弟可以免考试即时入学，而平民子弟须经考试合格入学。这一改革措施，事实上将太学变成了科举的一个层次，使学校彻底变成了选官制度的一个组成部分。

◎宋神宗熙宁五年壬子(1072年)
74岁

谱主活动

是年,二月十六日,曾公亮姻亲(曾公亮从子曾孝序即曾公定第三子,娶蔡挺之女)、知渭州(治所在今甘肃陇西东南)、龙图阁直学士、右谏议大夫蔡挺任枢密副使。

三月二十八日,曾公亮乞还,朝廷同意。

五月十三日,曾公亮被任命为集禧观使。

六月初四日,守司空兼侍中、河阳三城节度使、判永兴军(治所在今陕西省西安市)曾公亮迁守太傅致仕。

其制词云:

顷求解于钧衡,旋出临于藩屏。玺书趣召,方载渴于仪刑,奏牍引年遽深,祈于静退,观此则似召而未对,已遂休致之请。(《文忠集》卷一九二《札子》)

六月十八日,特许入谢,故致仕官不入谢,以曾公亮为旧相,迨事三朝,既加优礼,仍给见任支赐。

其子曾孝宽任天章阁待制,察访(黄)河北,七月迁史馆修撰兼枢密院承旨。都承旨旧用武臣,承旨用文臣自曾孝宽始。

曾孝宽作《史院席上奉和首相吴公元韵》:

御府颁醇酿,君恩锡馂余。

赐筵遵故事,绀史重新书。

燕饮难偕此,风流不伟钦。

素餐非所职,愧附相君车。

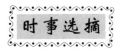

三月,判汝州富弼以司空致仕,进封韩国公。

五月,行"保马法"。王安石始建此议,文彦博、吴充以为不便,王安石持论益坚。乃诏开封府界诸县保甲,愿牧马者听,仍令以陕西所市马选给之。于是曾布等上其条约,凡陕西五路义勇、保甲、愿养马者户一匹,物力高愿养马二匹者听,皆以监牧见马给之,或官与其直,令自市。先行于开封府及陕西五路,府界无过三千匹,五路无过五千匹。袭逐盗贼外,乘越三百里者有禁。岁一阅其肥瘠,死病者补偿。在府界者,免体量草二百五十束,加给以钱布;在五路者,岁免折变缘纳钱。三等以上,十户为一保;四等以下,十户为一社,以待病毙补偿者。保户马死,保户独偿;社户马死,社户半偿之。其后遂遍行于诸路。

七月,监察御史里行刘挚因对新法持不同意见(刘挚主张渐变,反对"暴变",认为新法推行太快,民众不能迅速适应)罢监衡州(今湖南省衡阳市)盐仓,遭贬后回郓州(今属山东省菏泽市)迁移祖坟。

闰七月二十三日,观文殿学士、太子少师欧阳修(1007—1072)在家中逝世,年六十六。八月,获赠太子太师。诏求所撰《五代史记》,后与官修《五代史》并行。

八月,"方田均税法"颁布,其内容包括方田和均税两个部分。方田是对田亩的清查丈量,将东西南北千步见方的地段(约四十一顷六十六亩左右)作为丈量田地的单位,谓之一方。每年九月农闲以后,县令及其他官僚用一方为单位清丈土地,并在方田的土地册上注明田地的形状和土地的色质,丈量完毕后,根据土质而定其肥瘠,区分为五等,由此均定税额高低,至第二年三月完成后通告老百姓,并以一季为期,允许当地农民提出对清丈土地和税额的意见。然后由县衙门发给各户户帖(宋朝政府发给民户的纳税通知书),作为地符(宋朝为征收田赋而颁发的土地凭证)。土地清丈完毕后对田税进行重新摊派,各县以原来的租税为定额，凡是超越定额的租税都严加限制。至于丝帛、绸绢之类的征收，只按田亩多少而不按桑柘有无来确定，政府将这些有关条文预先告诉老百姓，使老百姓不受谣言影响而砍伐桑柘。同时，荒地归于耕作之家，不必追究冒佃的原因。瘠卤不毛之地可以自由佃种，允许老百姓到山林中樵采，樵采所得不充作家业钱，农民经营山林川泽及陂塘、河堰之类不许收税，而投靠豪强的"诡名挟佃"的子户都必须更正过来。此外，在方田的四角，堆有土堆，种上树木，作为清丈田地的标记，如果农户分家另居、买卖田地都必须以方田为依据。方田均税法从京东路开始后，逐渐推广到河北、陕西、河东等路，但亦仅仅局限于华北平原、关中盆地等地区，并未推广到全国，方田均税法便因丈量技术条件落后而流产。

　　十二月，陈升之起复为检校太傅、行礼部尚书、同平章事、枢密使。

◎宋神宗熙宁六年癸丑（1073年）

75岁

谱主活动

是年，曾公亮致仕在家。日与宾客、族人置酒、弈棋为乐，或使诸孙诵读文章，间乘篮舆（类似后世的轿子），惟兴所适，尽享天伦之乐。

曾公亮从子曾孝章（曾公度之子，字元恕）与苏轼两人同游浙江杭州石屋洞诸胜，并留下"陈襄、苏颂、孙奕、黄灏、曾孝宗、苏轼同游。熙宁六年二月二十一日"石刻，这也是目前为止发现的苏轼留在杭州的最早摩崖石刻。苏轼有诗《同曾元恕游龙山，吕穆仲不至》曰：

> 青春不觉老朱颜，强半销磨簿领间。
>
> 愁容倦吟花以酒，佳人休唱日衔山。
>
> 共知寒食明朝过，且赴僧窗半日闲。
>
> 命驾吕安邀不至，浴沂曾点暮方还。

时事选摘

二月，宰相王安石跟随宋神宗去观灯，骑马直接进入宣德门，宫廷卫士大声叱骂王安石，并打伤了王安石坐骑。王安石怒不可遏，建议宋神宗将这些卫士送往开封府治罪，罢免宦官一人，宋神宗答应了他的要求。但王安石意犹未尽，且怀疑卫士幕后有人撑腰壮胆。于是王安石在宋神宗面前再提旧事，认为从前曾与宰相曾公亮一道陪伴宋神宗，都是在宣德门里面才下马，此事会不会与自己平常遇事总要实事求是有关。宋神宗自己也承认在做亲王时，地位比宰相低得多，自己都可以从宣德门里面下马。而枢密使文彦博则说自己一直是从宣德门外下马。御史章惇则上书弹劾王安石节外生枝，他认为宫廷卫士保卫皇帝，见到宰相非礼，卫士进行阻止是合情合理的；开封府官员迎合宰相，判处卫士杖刑，将来卫士肯定不敢尽心尽职了。宋神宗认为章惇言之有理，但并未追究王安石的责任。于是宋神宗下令对审讯宫廷卫士的开封府判官梁彦明（字发之，山东东平人，宋太宗雍熙二年即 985 年乙酉科状元梁颢之孙）、推官陈忱进行严肃处理，各罚铜十斤，史称"宣德门事件"。

二月，韩琦还判相州（今河南省安阳市），第三次为官家乡，终于实现"仕宦至将相，富贵归故乡"的愿望。

宋将王韶在"熙河之役"取得对西夏的胜利，但被告挪用军费，朝廷下诏，让杜纯（字孝锡，曾以荫为泉州司法参军）查得实据。王安石却认为杜纯所言不实，另派蔡确审查。蔡确奉命办案，为其白冤。蔡确就"宣德门事件"上疏谈论王安石的错误。蔡确加直集贤院，迁侍御史知杂事。开封府鞫相州民讼，事连判官陈安民，陈安民托左相吴充女婿文及甫（文彦博之第六子）讲情。蔡确认为事关大臣，非开封府可了，遂移御史台，杜绝了官官相护的官场人情。后来，右相王珪力荐蔡确参与治狱，史书说他"锻炼成狱"，成了他被污为奸臣的证据之一。

三月，宋神宗再次下令规定在职地方官职田的具体数量。藩府州知州，如益州（今四川省成都市）、太原府（今山西省太原市）、江宁府（今江苏省南京市）等军十顷；其余各军、监地方行政长官七顷；藩府通判八顷；节镇通判七顷；其余各州六顷；藩府留守、节度使、观察判官五顷；节镇留守四顷；州一级其他官僚一律三点五顷，州一级防御使、观察使及军、监判官三顷。万户以上县令六顷，县丞四顷，不足一万户的县令五顷，县丞三顷，不足五千户的县令四顷，县丞二点五顷，各县主簿、县尉职田数量分别为县令职田的一半。发运使、副使、转运使、副使与节镇知州职田数量相同，发运判官、转运官、提举常平仓与藩府通判数量相等；发运司勾当公事、转运司管勾文字、提点刑狱司检法官七顷。各州军事长官总管十五顷，路分钤辖十顷，安抚司都监、路分都监、州钤辖七顷，藩府都监五顷，走马承受、各州都监、都同巡检、都大巡河等四顷，巡检、堡寨都监、寨主三点五顷等。

四月,设置经义局,负责编纂《诗经》《尚书》《周礼》三书的经义,王安石为提举,吕惠卿和王安石之子王雱(1044—1076,字元泽,北宋著名政治家、思想家、道家学者)一同修撰《三经新义》,吕惠卿后又被任命为知谏院、翰林学士。

周敦颐(1017—1073)卒。周敦颐,字茂叔,道州营道楼田堡(今湖南省道县)人,世称濂溪先生,谥"元","北宋五子"之一,是理学思想的开山鼻祖,文学家、哲学家。著有《周元公集》《爱莲说》《太极图说》《通书》等,所提出的无极、太极、阴阳、五行、动静、主静、至诚、无欲、顺化等理学基本概念,为后世的理学家反复讨论和发挥,构成理学体系的重要内容。

◎宋神宗熙宁七年甲寅(1074 年)

76 岁

谱主活动

是年,契丹派使者来宋廷索求代北(今山西省北部及河北西北部一带)之地。十月初八日,宋神宗手诏韩琦、富弼、文彦博、曾公亮等人,诏曰:"朝廷通好北人,几八十年,近岁以来,生事弥甚。代北之地,素有定封,而辄构衅端,妄来理辨。比敕官吏,同加案行,虽图籍甚明,而诡辞不服。今横使复至,意在必得。朕以祖宗盟好之重,固将优容,敌情无厌,势恐未已,万一不测,何以待之? 古之大政,必询故老,卿夙怀忠义。历相三朝,虽尔身在外,乃心罔不在王室。其所以待遇之要。御备之方,密具以闻,朕将亲览。"听取他们对此事的看法。曾公亮主张主动防御,曰:"宜遣人报聘以不可侵越谕之。万一犯边,先绝其岁赐。"

曾公亮言:"嘉祐间,夏国妄认同家堡为界,延州牒问,遂围大顺,寇边不已,绝其岁赐,始求帖服。今待辽极包容矣,不使知惧,恐未易驯扰。控制之术,毋令倒持。"

宋神宗命令曾公亮之子曾孝宽与吕惠卿"比校三五结队法"。

时事选摘

吕嘉问(字望之,安徽寿县人,吕公绰孙)从户部判官升为提举市易务后,深得宰相王安石信任,因而势焰熏天。市易务本来隶属于三司,由三司使管辖。当时的三司使薛向(生卒不详,字师正,河中府万泉即

— 189 —

今山西省万荣县人,薛颜之孙)本是很有财政头脑的干练官员,但吕嘉问往往凌驾于薛向之上,经常在王安石面前攻击薛向。是年,曾布代替薛向任三司使。三月,宋神宗亲手写御札给曾布,要他了解三司使详情。曾布先奉命察访河北地区市易务情况后,认为吕嘉问只想聚敛钱财,不顾百姓死活,完全违背了设置市易务的初衷,民怨沸腾。其后,曾布将所有调查材料全部交给了宋神宗,宋神宗又将材料移送中书。在王安石、吕惠卿等人庇护下,吕嘉问并未因曾布的弹劾而下台。

四月,以郑侠(1041—1119,字介夫,福建福清人,北宋诗人,追谥"介")向宋神宗进献灾民图为导火索,在朝野的非议乃至慈圣(宋仁宗的第二位皇后,曹彬孙女)和宣仁(宋英宗皇后高氏,宋神宗之母)两宫太后的压力下,王安石请求离任。吕惠卿指使同党变换姓名,每日投匦上书挽留王安石。王安石力荐韩绛为相,以代其位,并以吕惠卿为参知政事,辅佐韩绛。吕惠卿害怕王安石离任后动摇新法,遍发书信给各监司、郡守,让他们上书陈述利害,向皇帝施压,然后从容地请求皇帝下诏,表明始终不因官吏违法而废除新法。宋神宗同意王安石的请求。是月,王安石第一次罢相,转知江宁府,以观文殿大学士、知大名府(今河北省大名县)韩绛复同平章事,翰林学士吕惠卿为右谏议大夫、参知政事。因此,王安石新法得到更坚决地推行。

刘挚任签书南京(应天府,即今河南省商丘市)判官。

苏轼升任密州(今山东省诸城市)知州。

八月,欧阳修获赐谥"文忠"。

王安石弟王安国(1028—1074)卒,年四十七。宋熙宁元年(1068年),41岁的王安国经三司使韩琦举荐,宋神宗召试,赐进士及第,任西京(今河南省洛阳市)国子监教授。世称王安礼(王安石同母弟)、王安国、王雱为"临川三王",王安国器识磊落,文思敏捷,曾巩谓其"于书无所不通,其明于是非得失之理为尤详,其文闳富典重,其诗博而深"。

◎宋神宗熙宁八年乙卯（1075 年）

77 岁

谱主活动

　　是年，四月，在讨论宋辽边界事中，曾公亮主张积极防御。曾公亮言："近者数起衅端，盖欲自庇，不然，亦谋之舛谬。代北之地，详诏旨所谕，以为官吏按行图籍甚明……"

　　曾公亮获恩诏，于是年四月十六日为父曾会立《楚公神道碑铭》于泉州市南安县毫光山白石猴坑（又名白石窟斗）。曾会神道碑在今南安市官桥镇泗溪村屈斗自然村后虎岗山上，碑身方长碑首圆，底有赑屃，通高约 8.4 米，座高约 1.6 米，碑身高约 6.8 米，宽约 2 米，正面居中白文楷书"宋赠金紫光禄大夫、太师中书令兼尚书令、楚国公神道"，背面亦为楷体阴刻铭文，计 61 行，每行 35 字，字径约为 3 厘米×5 厘米。碑文为张方平所撰，孙固（1016—1090，字允中，河南郑州人，官至宰相，谥"温清"）书写，王汾（字彦祖，山东巨野人，王禹偁之孙）篆额，刘务实刻字，记载了曾会的家世谱系、宦游踪迹以及子孙名讳婚姻情况，还有营葬情况及铭文内容等。神道碑于"文化大革命"期间被炸成四段。

　　《楚公神道碑铭》铭文见于《龙山曾氏族谱》：

赠金紫光禄大夫太师中书令兼尚书令楚国公神道碑

　　观文殿学士朝议大夫守户部尚书加陈州军事兼管内劝农使上柱国清河郡开国公食邑三千八百户赐紫金鱼袋　张方平撰

　　龙图阁直学士朝散大夫右谏议大夫充真定路马步军都总管兼安抚

监牧使知盛德军府事及管内劝农使上骑都尉寿安县开国子食邑六百户赐紫金鱼袋　孙固书

　　朝奉郎尚书司员外郎充集贤殿校理同判登文检院上骑都尉官　王汾篆额

　　公讳会，字宗元。其先，夏少康，封少子于鄫，春秋时而国亡，鄫世子巫奔于鲁，去邑为曾。巫孙蒧，蒧子参，并为孔门弟子。唐广明中，七代祖避寇乱，自光州固始挈族徙闽，因家泉州，占籍晋江。时天下分裂，由是三世，悉仕闽越。故泉州录事参军讳瓒，曾王父也；司农少卿泉州节度使掌书记讳峤、夫人萧氏，王父母也；泉州德化令，归朝以殿中丞致仕讳穆、夫人二辛氏，考妣也。有宋受命太祖，既擒诸僭伪，始大一统。

　　太宗以文治，集四方贡士，亲御便殿，阅其辞艺，以采擢其英髦而官宠之。端拱二年，公由乡举首选至礼部，以所著文百轴献于主司，声动场屋，及廷试三题，就座挥毫，文不加点，日未昃卷上奏御，帝异之。时蜀人陈尧叟亦有俊誉。是日上览二士文相埒，敏亦如之，莫适高下，故释褐并授光禄寺丞直史馆。公一命知宣州，赐五品服，自有科第起家之荣未之有，后亦无复继之者。天下耸观缙绅士流，莫不相望其风采，前此科第第一人独得优除，第二、三人同下一等。及是陈公，虽居第一而公实与等夷，徒以甲乙为名次耳。寻谒告省亲，召见问以时务，面授密旨，因令采访福建路，未使事还阙，条二十方，阴被其德，时罕知者。且以亲老，愿补外，特命典州，初请建州，宰相言京官不可领节镇。上为择江南便郡，得宣州，宰相言如前，特迁殿中丞以行。公自远方以上才名遇英主赏拔，宠绝前后，众谓不日而至卿相，且自许亦厚，故不复以攀援进取为意。天姿夷旷，直率无缘饰，专以诚长者。处官不能希合从事，由是与时龃龉，更以下迁，仕宦因以淹踬，历真宗、仁宗二世，出入四十五年，止于刑部郎中、集贤殿修撰、知明州，官不过五品，用不出一郡，抑命矣！夫公后二十年，其子公亮，参知政事，迁枢密使，中书门下平章事，遂相三朝，登元宰，极公师之位，兼以河阳三城节度使守太傅兼侍中鲁国公致仕，源深流光，推恩三代，故司农德化令及公并赠太师尚书令，追封许、陈、楚三公。太夫人赠魏国、韩国夫人。古之所谓有盛德者不在其身，而必在其子孙者，岂虚言也哉！晚年乐池州九华之胜，筑室山下，遂请致仕焉。以明道二年七月考终于山居，享年八十二。遗命葬晋江，十二月就窆岁钦风里之原，祔高祖之兆。公历官自光禄丞，累至尚书诸曹郎中职，任判吏部南曹，再领三司判官，出为两浙节度使，典宣、处、台、建、颍、池、明七州散官，进朝奉大夫，功勋柱国、四赴四明，入辞对，赐服章三品。其在台州，以外艰去官，服除还朝，永熙已厌代章圣践祚。公既少交党，又堂以公议证贵近大臣，左右莫为容，故上不及知。

先帝奖遇之意，益以疏远。公亦自固所志，进不干举，退不诡俗，直己而行，终不易其守。在浙宰相有善公者，寄声谓怨矣，如法令何！公谢之曰：州县至诸监临之，官各司其局，未尝不正以法，以谓官循理则吏知畏，何容逞威于榫楚也，卒不为变。过衢录系囚，有民家女佣作满，主勒不遣逸去，与役者为夫妇，公问法吏当何坐，吏对当徒。公曰：是佣应得自便，但贫贱不能具媒聘耳，命结正释之。凡听讼皆类此。祥符末，执政丁谓建钱塘捍江之役，以发运使领其事，要铠莅之，发卒万余，斩木伐石倾山谷。是岁旱，且役工徒多病死，中外惮其威福，无敢言者，公已解漕职，奏列其状

（宋）真宗主上善其主，有旨中罢，军民如被佑，而旧防亦自固。公以之处事不惮以身犯有势者之怒，必致其不忍之心而已。素探内典，得方广净行之旨，深明祖道圆入寂观，与故翰林杨大年、雪窦僧重显为方外之友，游清净觉地，证第一义心，晚更熟并忘得丧安时而处顺，喜怯哀乐无自入，故康宁寿考，视听不耗，及其易篑，犹履脱然。平生所为文章，历官《杂著》二十卷。景德中，观时政得失，著议论十卷上献，名《景德新编》，盖公之绪余土苴尔。前配夏国太夫人吴氏，继室以黄氏，公时封江夏郡君，妇德顺而正，母道慈以严，后公十五年殁，追封楚国太夫人。子六人：公度，濠州钟离县主簿；公立，供备库副使；公奭，都官员外郎；公望，虞部郎中；公定，秘书丞集贤殿校理，皆早逝。惟次子鲁公崇高光大，独寿而炽。四女，适进士杨克昌、赞善大夫王从益、侍御史王平，次未嫁而夭。孙孝章、孝宗、孝宽、孝绰、孝雍、孝廉、孝述、孝蕴、孝序、孝广、孝纯、孝扬，皆京朝官。宽以起居舍人、龙图阁待制、枢密都承旨，鲁公子也。曾孙二十四人，已官者九人，长稚一志，率由仪训，宦学自立，遂为世家。公久秉国钧，靡逞私虑，表刻未列，怀不自安，此得谢

詹,言故里路隔重险,地无美石,用遣其子,遵于吴越中,载以巨舰,泛海而南,且以是意来告曰:与我游者为旧,先公素概盍序而铭之曰:

> 鄑出姒氏,曾为鲁人。唐季乱离,南徙于闽。
>
> 楚越之区,专土六姓。士处于时,窘于牢阱。
>
> 嗟我三世,隐于附庸。利宾上国,有来自公。
>
> 思文太皇,擢公郡俊。平地青云,金声玉振。
>
> 天下耸观,士林为荣。势且旦暮,而至公卿。
>
> 亦既莅官,惟诚与恕。不务世求,乃与时忤。
>
> 往蹇来连,多踬少迁。郎潜一郡,四十五年。
>
> 外虽不偶,中全所守。富贵在天,将复谁咎。
>
> 晚游方外,安常委和。惟命之明,顾不为多。
>
> 福啬于躬,必启其后。鲁公是膺,位隆朝首。
>
> 典型在国,功利在民。孝孰为大,积善重仁。
>
> 勒铭丰碑,晋江故里。德何如其,清源之水。

岁于熙宁八年四月十六日福建温陵　刘务实镌字

此碑残存于南安市碧石曾氏大宗祠内。

曾公亮次子曾孝宽为龙图阁待制兼权河北路察访司事。八月,"令曾孝宽视教营阵,大阅八军阵于荆家陂"。十一月,曾孝宽以龙图阁直学士签书枢密院事。十二月,曾孝宽"自龙图阁直学士、起居舍人兼枢密都承旨、同群牧使,除枢密直学士、签书枢密院事"。其制曰:

> 朕总四海之重,机务日丛于前。其与之参断国论、图回安危者,惟是一二枢机之臣。则选用之际,其可以不重乎! 具官曾孝宽明智而不流,庄重以有守。学足以通古今之要,材足以拨中外之烦。向繇记言,入承密旨。而能以协恭为节,以济敏为功。经营一方,则惠泽有及于物,朝夕便坐,则献纳有补于时。将畴尔庸,宜茂宠数。进参密直之地,登赞鸿枢之司。噫! 邦之荣怀,得人惟重;武之张弛,以谋则安。往图忠嘉,以答扬朕之光显。休命。

时事选摘

二月，同平章事韩绛不能制住吕惠卿，因此密请皇帝重新启用王安石。宋神宗次日便派使者下诏召回王安石。王安石加紧赶路，七日便到了京师，再次拜相。吕惠卿知晓后感到非常愕然。六月，加王安石之子王雱为龙图阁直学士，王雱坚辞任命，吕惠卿却力劝宋神宗应允他的辞呈，于是王、吕矛盾再次加深。六月，王安石《三经义》写成，加封为尚书左仆射兼门下侍郎。十月，吕惠卿之弟、崇政殿说书吕升卿（字明甫，吕惠卿弟，宋熙宁三年即 1070 年庚戌科吕祖洽榜进士）因罪事而被遣出京师改任江南西路转运副使。不久，御史蔡承禧（1035—1084，字景繁，江西临川人，蔡居厚之父）又论他结党误国等数件罪恶，御史中丞邓绾（1028—1086，字文约，成都双流人，北宋官员）又告发其兄弟强借华亭县（今属上海市松江区）富民钱五百万与知县张若济买田地一同作恶，并将二人一同下狱审问。不久后便下诏让吕惠卿出知陈州（今河南省周口市淮阳区），很快又改知延州（今陕西省延安市）。

太师、魏国公韩琦再判永兴军（治所在今陕西省西安市），尚未就职，前一夕，大星陨于治所，枥马皆惊，便于六月二十四日在相州（今河南省安阳市）溘然长逝，享年六十八岁。宋神宗在禁苑为他恸哭举哀，又辍朝三日，赐其家银三千两、绢三千匹，发兵为其筑墓，御撰墓碑："两朝顾命，定策元勋"；追赠尚书令，谥"忠献"，配享宋英宗庙庭，常令其子若孙一人官于相州，以护丘墓。韩琦墓在河南省安阳市西北的皇甫屯村。韩琦为天圣五年（1027 年）丁卯科王尧臣榜进士，累官至永兴节度使、守司徒兼侍中，封爵魏国公。为相十载、辅佐三朝，为北宋的繁荣发展做出了贡献，欧阳修赞其"临大事，决大议，垂绅正笏，不动声色，而措天下于泰山之安，可谓社稷之臣矣"。其文"词气典重""有垂绅正笏之风"；为诗不事雕琢，自然高雅；工于书法，尤善正书。家中聚书上万卷，在安阳筑有"万籍堂"。韩琦著作有《二府忠论》5 卷、《谏垣存稿》3 卷、《陕西奏议》50 卷、《河北奏议》30 卷、《杂奏议》30 卷、《安阳集》50 卷等。一生写了大量诗文，大多收入《安阳集》行世。《全宋词》录其词 4 首。

其曾为《龙山曾氏族谱》作序言。泉州古有"忠献堂",即为泉州人缅怀韩国华、韩琦父子之处。泉州市区还有"生韩古地"遗迹,位于福建医科大学附属第二医院(泉州西街院区)西大门左侧,泉人传为"连理巷",至今已变为围墙之一段;泉州市人民政府于1984年6月立有"韩琦出生地"文物保护碑。此外,传说中与韩琦出生有关的七里庵(也称鲫鱼庵),现在也修葺一新。南宋状元、泉州知州王十朋有《州治有忠献堂以韩魏公始生得名,废于俗吏,更以清暑今复之》:"相出相州生此州,巍巍勋业宋伊周。后人莫要轻更改,别有堂名胜此不。"

宋神宗曰:"公奉诏立皇子,被顾命立英宗为皇帝,立朕以承祖宗之绪,可谓定策元勋之臣矣。或以公安社稷□周勃,政事比姚崇。"

是年,柯述任漳州通判,奉命赈灾,救活饥民无数,两只喜鹊栖于柯述居住的传舍(招待所),当柯述移居时,那鹊鸟又飞到他的新居处。后来柯述离任漳州时,许多百姓恋恋不舍,送行数十里,那两只喜鹊也飞翔相随不忍离去,人人称异,传为佳话。后苏轼特作《异鹊》诗记其事。诗云:"昔我先君子,仁孝行于家。家有五亩园,幺凤集桐花。是时乌与鹊,巢殻可俯拿。忆我与诸儿,饲食观群呀。里人惊异瑞,野老笑而嗟。云此方乳哺,甚畏鸢与蛇。手足之所及,二物不敢加。主人若可信,众鸟不我遐。故知中孚化,可比鱼与豭。柯侯古循吏,恂恂真无华。临漳所全活,数等江干沙。仁心格异族,两鹊栖其衙。但恨不能言,相对空楂楂。善恶以类应,古语良非夸。试看彼酷吏,所至号鬼车。"其仁民爱物、异鹊知感之事传到宋神宗处,宋神宗赞叹:"真瑞鹊堂。"柯氏遂以"瑞鹊传芳"为堂号,至今泉州柯氏古厝旧屋仍见"瑞鹊"堂号。

◎宋神宗熙宁九年丙辰(1076 年)

78 岁

谱主活动

　　是年,五月初一日,曾公亮为幼子曾孝纯乞求转官,殿中丞曾孝纯为同管勾西京崇福宫。

　　曾公亮致仕养老,尚奉诏荣养西府,而其子龙图阁直学士、吏部尚书曾孝宽还在执政,因此,当时的人称誉"父子两府相见"(即丞相为东府,枢密院为西府)。

时事选摘

　　三月,宋神宗御集英殿,赐进士徐铎(1051—1105,字振文,福建莆田人,与兄长徐锐同登进士榜,在殿试中又一举夺魁,成为状元,相传徐铎曾手植荔枝,命名"延寿红",因其曾中状元,后人更名为"状元红")以下并明经诸科及第、出身、同学究出身总五百九十六人。

　　四月,朝廷令福建转运常平司(负责管理常平仓救济、农田水利等)于年计及役剩等钱内支拨经费,筑泉州外城。

　　曾巩调任洪州(今江西省南昌市)知州,兼江南西路兵马都钤辖(武职,主要负责防务)。

　　王安石在政见上与吕惠卿等相左,宋神宗也不满王安石所为,因而王安石多次托病请求离职。同年,其长子王雱病故,年仅三十三岁。十月,王安石第二次辞去宰相,外调镇南军(治所在今江西省南昌市)节度使、同平章事、判江宁府(今江苏省南京市)。

八月,罢鬻祠庙。时司农寺令天下祠庙,许依坊场河渡募人承买,收取净利。应天府(今河南省商丘市)阏伯(商朝始祖)、微子(宋国开国国君)庙亦在鬻中。判官刘挚叹曰:"一至于此!"往见判府张方平曰:"独不能为朝廷言之邪?"张方平矍然,托刘挚为奏曰:"阏伯迁商丘,主祀大火,火为国家盛德所乘;微子开国于宋,亦本朝受命建号所因。又有双庙,乃唐张巡、许远,以孤城死贼,能扞大患者也。今若令承买,小人规利,冗亵渎慢,何所不为!岁收微细,实损国体。乞存此三庙,以称国家严恭典礼,追尚前烈之意。"疏上,宋神宗震怒,批付司农曰:"慢神辱国,莫此为甚,可速止之!"于是天下祠庙皆得不鬻。(《续资治通鉴》)

◎宋神宗熙宁十年丁巳（1077年）

79岁

【谱主活动】

是年，曾公亮79岁，在家享受晚年生活。曾布谪守鄱阳（今属江西省上饶市），曾公亮手写一柬慰之曰："扶摇方远，六月不得不息；消长以道，七日自当来复。"杨经臣维尝爱而诵之曰："此非知其然而为，神驱气使之然尔！"

十一月初，曾公亮奉诏与富弼、张昇、赵概等致仕老臣陪祀南郊。

十一月初九日，曾公亮依外任使相陪祠例支赐。

宋代黄康弼《续会稽掇英集》卷一录有曾公亮诗作《送程给事中知越州》，后收录于《全宋诗》卷二二六，其诗曰：

> 山阴地胜冠江吴，今得贤侯自禁途。
>
> 侍从暂虚青琐闼，藩宣新剖玉麟符。
>
> 移时前席辞旒扆，不日重城歌袴襦。
>
> 想到蓬莱游未遍，已应归步在云衢。

这是一首送别诗，为送程给事中（即程师孟，《会稽志》载："熙宁十年十月，以给事中、充集贤殿修撰知，元丰二年十二月替。"）赴任越州（今浙江省绍兴市）而作。据庄丽丽、张小平《北宋名相曾公亮诗文系年》考证，写作时间在宋熙宁十年（1077年）五月初九日至七月初九日间。曾公亮曾在越州为官多年，加之其此时已年过古稀，此诗除表达惜别之情外，当蕴有怀旧之意。

程师孟(1015—1092)，字公辟，号正议，江苏苏州人，宋景祐元年(1034年)进士，熙宁元年(1068年)九月以光禄卿出为福州知府，修扩城垣，疏浚河道，修造桥梁，在庙学内建厅舍，州学教授有厅自此始。他提倡植榕，绿化福州，留下不少诗作和"霹雳岩""天章台""冲天台""光禄吟台""宿猿洞"等题刻；在乌山建道山亭，请曾巩写《道山亭记》。福州人民非常感念程师孟，为之建生祠于乌石山千福寺，在祠旁立石碑，镌刻他的诗作。他任职过的绍兴、南昌、广州，也都有当地人民为他建立的生祠。

黄康弼，元丰(1078—1085)初年任将仕郎，试秘书省校书郎，越州会稽县主簿。

《全宋诗》录有曾公亮残句，曰："饭思白石红桃米，菜忆黄龙紫芥心。"此诗应为曾公亮思乡而作，写作时间已不可考。"白石红桃米""黄龙紫芥心"当为曾公亮家乡的家常菜。此时，身居庙堂的曾公亮朝飧夕饮，每忆起故乡的红桃米、紫芥心，总有咀嚼不完的乡思乡愁。因尚无更未确切的资料，故暂系此年之下。

时事选摘

三月，正式颁布《宗子试法》。宋初以来，赵宋皇室后裔从八到十四岁便入学读书，并规定每天背诵二十字以上，他们往往生来便有官职，因而不参加礼部主持的科举考试；有些宗室子孙也参加科考，考中者在原有官职基础上加以升迁。《宗子试法》规定，凡属赵宋皇室"袒免"（即袒衣免冠，为"五服"之一，古人表示关系亲疏的依据和说法）以内，后代已授官职者，按锁厅考试进行，即为防止作弊，在正常科举考场外另设一考场加考。袒免以外的子孙，可在国子监参加统一考试。礼部考试时，将宗室子孙的答卷做记号，单独判卷；宗室子孙无论成绩如何，一律录取一半，但最高录取额不得超过五十人。礼部考试通过后，宗室子孙不参加皇帝主持的殿试，而是改在别处由皇帝进行考察。宗室子孙凡四十岁以上，屡次科考不中者，由宗正司将其名上报皇帝，授以一定官职，在外做官的宗室子孙如不愿参加本地考试，也可申请到国子监参加考试。

五十九岁的曾巩授直龙图阁，由洪州（今江西省南昌市）转任福州知州，后又移知广州。

四月，苏轼调任徐州知州。七月黄河在澶州曹村（今河南省濮阳市西）决口，洪水一泻千里泛滥成灾。徐州在江苏省南部，但八月的梁山泊（位于今山东省与河南省交界处）忽然泛滥，立即威胁到徐州，洪水深达一丈余，情况十分严峻。苏轼下令阻止城中富户逃亡出城以定民心，同时动员军队加入抗洪行列，自己以身作则深入抗洪第一线，广大军民深受鼓舞，积极参与修筑堤防工程。但大雨未停，河水猛涨，灾情愈来愈严重，苏轼采纳应言和尚的意见，在城外开凿清冷口，引积水入故道，慢慢解除了洪水对徐州的威胁。为防止今后洪水再度泛滥，苏轼上书朝廷，请求抽调第二年应服徭役的农民提前服役，增筑城防堤岸。朝廷正忙于修复澶州黄河决口，直到第二年二月才批准了苏轼的计划，赏赐徐州二千四百万钱，可以使用丁夫四千余名，又调拨常平钱六百三十万、米一千八百余石，重新修筑徐州外城，建成水岸四条。宋神宗还专门为苏轼下达了一道嘉奖令。

五月，诏修宋仁宗、宋英宗两朝正史，命宰臣吴充提举，以龙图阁直学士宋敏求为修史，集贤院学士苏颂同修史，集贤校理王存（1023—1101，字正仲，江苏丹阳人）、黄履（1030—1101，字安中，福建邵武人）、林希（1035—1101，字子中，福建福清人）并为编修官。又诏：侍御史知杂事蔡确、知谏院黄履定夺卫州（治所在今河南省卫辉市）运河及疏浚黄河利害异同、理屈不实之人，劾罪以闻。如合就按验，辍官一员及取旨遣内侍同往。

六月，王安石改任集禧观使，封舒国公。

同月，刘挚回开封任同知太常礼院事，为"元丰改制"做准备。

八月，遣苏颂等出使辽国，贺辽主生辰、正旦。

邵雍（1011—1077）病卒，年六十七，追谥"康节"。邵雍与周敦颐、张载、程颢、程颐并称"北宋五子"，隐而不仕，宋仁宗嘉祐（1056—1063）与宋神宗熙宁（1068—1077）初，两度被举，均称疾不赴；有《皇极经世》《观物内外篇》《先天图》《渔樵问对》《伊川击壤集》《梅花诗》等。

陈希亮（1014—1077）卒，年六十四。陈希亮，字公弼，四川眉州青神人,为官三十余年,先后任过知县、知州、知府、转运使等地方官,也曾到首都开封府及朝廷任职,为人疾恶如仇,为官不计个人祸福进退,是受平民百姓欢迎和王公贵人忌惮的好官。他忠于职守,肯为百姓办实事,如严惩贪官污吏,打击地痞无赖,搜捕盗贼,开仓赈民,架设汴河飞桥,强令巫师、巫婆回乡务农等,所以每到卸任离境时,当地父老们都洒泪相送,后因辛劳过度而逝世。著名文学家苏轼自称平生不为人作行状墓碑,但因敬佩陈希亮为人,担心陈希亮的事迹失传而破例写下《陈公弼传》。

◎宋神宗元丰元年戊午（1078 年）

80 岁

谱主活动

是年，闰正月二十三日，曾公亮在家去世，享年八十岁。宋神宗闻讯后，临丧哭泣，为他辍朝三日，诏韩维（1017—1098，字持国，韩亿第五子，韩绛、韩缜的兄弟）、刘挚、韩缜（1019—1097，字玉汝，韩亿第六子）等致祭。曾公亮逝世，皇帝遣奠文，曰：

维

元丰元年，岁次戊午二月丙午越十五日庚申，皇帝遣尚书兵部郎中充天章阁待制、枢密承旨、摄鸿胪卿监护葬事韩维，致祭于故赠太师中书令鲁国公曾公亮之灵曰：嗟予元老，为国上公，持己以清，事君以忠，久执钧衡，民载宁静，调度施设，不失其正，定策两朝，泽流四方，卓卓元功，铭于太常。享年八十，于福为盛，荣子孰知，嗣执枢柄，闻讣惊悝，褒赠是隆，帝师之贵，中令之崇，奕奕英庙，公与配享，庶几德言，千载景仰。

尚飨

关于曾公亮去世的具体时间，《龙山曾氏族谱·第二部》记为"闰正月十三日"，《宋史》《续资治通鉴长编》均记载为闰正月二十四日，曾肇《曾太师公亮行状》载为二十三日。从古人对先祖祭祀至为重视的角度来看，族谱中所记生卒时间会更为确切，且曾肇与曾公亮为同时代之人，他在撰写《曾太师公亮行状》时，曾公亮家族必定要向他提供"行状主人"的真实资料，这也是撰写行状的前提；且与《宋史》记载仅相差一天，综合皇帝派人致祭的时间，我们采用"闰正月二十三"之说。

闰正月二十八日，宋神宗下诏追赠曾公亮太师、中书令，谥"宣靖"，并准其配享宋英宗庙廷。

赠太师中书令配享英宗庙廷

皇帝制曰：尽节卫邦，尤加祭服之禭，宣劳周室，亦豫先王之蒸。矧予旧德之臣，实乃巨勋元老，固当厚追恤之，典举从祀之仪。故太傅平章军国事曾公亮，禀哲谋之才，厉忠贞之志，早熙帝载，久秉图均，定策两朝，小心万务，方隆股肱之眷，力避机轴之严，身退雍容，还东第而拥朱节，子登要密，开右府而迎安车，人臣之荣，近世莫比。谓耆寿之尚，永庶疑政之可咨，胡不憖遗，遽兹沦谢。朕所以趣驾为之临恸，废朝过于故常，欲纾哀且旌尔绩，独冠上古之峻秩，兼跻西省之隆官，爰于享亲，永俾配食，精爽不泯，尚克钦承，可特赠尔为太师中书令、鲁国公，谥宣靖公，配享英宗皇帝庙廷。冥灵有知，服兹显命，尚于尔后，庇佑无疆。

御印

元丰元年二月初十日　下

曾孝宽丁父忧，罢签书枢密院事。五月，宋神宗起复曾孝宽枢密直学士、起居舍人、签书本院事。曾孝宽因丁父忧，乞终丧，承恩许之，给半俸。曾孝宽婉辞，宋神宗从之。

曾公亮卒后，诏遗荫外推恩，三子曾孝纯（字君施）为殿中丞，赐同进士出身。

张方平为曾公亮撰墓志铭：

鲁国公墓志铭

宣徽南院使、光禄大夫、检校太傅、东太乙宫使、上柱国、清河郡开国公、食邑五千三百户实封一千户张方平撰。

元丰元年闰正月戊戌,河阳三城节度使守、太傅兼侍中鲁国公曾公亮薨。

皇上辇如其第奠哭,为不视朝三日,赠太师中书令。甲戌日制诰配享英宗庙廷,礼官择日,复御素服哭于苑中。百官序班慰于殿门,太常诔行,谥名宣靖,命天章阁待制韩缜入内侍省,都知张茂则典护丧事,具卤簿仪物轹于国门,以五月庚寅日葬于开封府新郑县东里乡,其孤奉公理命,以公遗礼见属识其藏。方平从公游四十年,听其言而信其行,审矣! 惟曾氏本禹后姒姓少康之子封于鄫,春秋时国亡,太子巫奔鲁,去邑为曾,仲尼弟子曾参其绪也! 唐末转徙淮甸又徙闽,因家泉之晋江县。曾祖峤,司农少卿,泉州节度掌书记;祖穆,泉州德化令,归朝以殿中丞致仕;考会,终尚书刑部郎中集贤殿修撰。公登仕三朝,追赠三代并太师中书令,封秦、韩、魏、楚国太夫人。当五代乱离,诸侯专士,以三代仕闽,至楚公举进士释褐,授光禄寺丞直史馆,一命知宣州,赐五品服,自有科第起家之荣未之有也,后亦无复继之者! 即命不偶,考终于郎官。夫有德者不在其身,必在其子孙,故庆钟于子。公讳公亮,字明仲,乾兴初,仁宗主上即位,时楚公典郡,备公持表入贺,授试大理评事,不赴调。天圣二年,举进士高第,改太常寺奉礼部知越州会稽县,有鉴湖溉民田,湖溢则田被害,公兴曹娥江堤,疏陡门泄湖水入江,后无水患,于今赖之。坐小累不振累年,四年迁太常博士,近臣荐其学行,补国子监直讲。时夏戎弗率,朝议兴讨,公著《征怀书》一卷奏之,意谓夷狄先怀柔而后征伐;师既出无功,寇益炽,且累年。卒用怀柔而夏戎格。改尚书屯田员外郎,连徙王宫宅讲书教授,物论称其淹滞,召试禁林,除集贤校理,俄兼天章阁侍御、史馆检讨,改兵部员外郎,修起居注,当补西掖。时相贾文元公,公友婿也,以亲兼援旧比,除天章阁待制,赐三品服,迁刑部郎中。贾公去相,遂知制诰,充史馆修撰。丁内艰服除,召入翰林院学士,拜中书舍人,时仁宗主上励精向学,亲礼经术。公自校理至学士常兼侍讲,日侍迩英,历十余年,敷陈道艺,善谕居多。帝察其雅重,由是益加奖遇。庆历中,羌寇之难,大集杂虏,鄜上来谕平,帝复之如天,桀音自革,然惟猾夏之骄,思有以惩创,意在修明纪律,起中国之重,召百执政观瑞物于天章阁。因御资政殿策访时事,所问凡五条,公

— 205 —

援祖宗之善制，举当时之便宜，其言深美。帝遂欲周知庶政之得失，复出细札，迫诸细务。对者直言开陈，无有所隐。公适侍亲疾在家，亟封手诏就问，公对如旨，而所陈者简而易从，度可施行，不崇空语，故多见纳用，大有裨益，至于察谗谀、审好恶，可以为鉴矣！在京诸司率侍从官分领类罕视事，吏缘为奸。公判尚书、刑部、兵部、吏部，流内铨知审三班院，所至周览条格，考校簿书，慎乃攸司不为逸。豫常言宪章典故是为纪纲，律令案牍人命系焉。在职所宜谨守，君子所当明慎恪守，官次胡可忽诸，识者用是知公有经世之业，为翰国之器。至和末，以疾求补外，优除端明殿学士知郑州西道之冲，众皆以迂，续为劝公以听政为急，地近京师，素多奸盗，惟以物色，发其区橐，不得容庇，盗各奔散，境内清净，风声流闻，复召还内禁，擢知开封府，都畿肃然，处有余裕。未几，以给事中参知政事，时嘉祐元年十二月也。寻加礼部侍郎，期岁，除枢密院使、检校太尉、太傅兼郡牧制置使，被寄属之重，专本兵之柄，以为文武之道在人，贤者识其大远之体；德业之用在人，贤者知其简易之要，明其道、致其用，举而指诸天下，以自治其几固。在右府，先理其图籍，以周知中外军制措置之方，边防屯戍险易之别，夷狄控御要害之形，郡邑备御生轻之势，选用精密，赏罚时当，枢机周密，物论以服。六年，遂拜吏部侍郎、同中书门下平章事、集贤殿大学士，既登相位，深惟宰相上承天子以宣教化，总一统类为职。辑宁邦家，必监于先王成宪，无有好恶，必求诸道，若虞机张，省括于度则释，故其议论施设，资于忠恕，本至诚以格物，推大公而率下，庶明励翼，罔有不钦，与韩忠献公对秉钧轴，协恭和衷，开说仁宗主上建立皇太子，以定天下万世之本，故英宗主上自藩邸入居庆宁宫。嘉祐八年三月，英宗缵承大统，进拜中书侍郎、礼部尚书。

英宗主上感疾，皇太后垂帘听事，以至。上躬康复皇太后归政，中外靖嘉，人情允穆，宰相实有功焉，进户部尚书。治平三年，英宗主上不豫，几前被诏奉今上为皇太子。越明年正月践位，进拜门下侍郎兼吏部尚书、左仆射，提举修撰英宗主上实录。间岁，遂登上宰，进昭文馆大学士，监修国史，位登朝首，任重道远，为上为德，夙夜匪懈，克勤小物，知无不为。故事四方之狱来，上吏案下，执政鲜或省也，公得奏谳必躬阅之。民占山泽而银发其地，有强盗者法官当抵死。公曰：银在山泽，非禁物，罪不应死。或曰：法轻易犯，复下刑部，议如公言。先是金银所发，多以强盗坐死，由公之言，后无死者，阅实庶狱详明如此。辽人渔于界河，遂载盐以扰，边吏不能禁，朝议处之未决，或曰：是不足与校。公曰：夷狄狃于姑息，蔓将难图，独为置强将可矣。即以赵滋守雄州。滋坚忍，果能御侮北鄙。

上以肃夏戎寇西陲，公请停其岁赐，遣使诘之。或曰：是激之速叛。

英宗主上明于用策，谓丞相议是谲诈惧而服罪，羌酋嵬名山举族来归，边帅因以取绥州为言，卒致诸羌内附。或曰：夷狄多诈不可信，得绥州亦未可保其往。

上以问公，公曰：举族而来，决非诈。绥州，乃我故地，然遂欲动摇诸羌，顾未有善，于后遣习边事者往计之。不能易公说，折冲绥边，定于面议。更践二府，十有五年，进止语默，皆有常度，所与共事，淡无疏密，行厚节和，不发声色，造膝以请，未尝漏言，间有所论，不留草稿，无贤不肖，兼容各尽，其意用能，光辅三朝，受遗二世。久于其位，人无闲言，夫惟深也！为能通天下之志，惟几也；为能成天下之务，公其深哉几哉！

主上英明睿智，长驾远驭。至于二三元老，恩礼笃至。公被眷遇，始终特隆。非其寅谨抑畏，清约安重足以致然也。尝因岁旱，魃灾异之，故请免。手诏谕之曰：虽十百上，犹不听也。年七十，稽首畈政，不从，自是数请。又三年，上悯其久劳，乃许，然犹未得谢，更加优奖，拜司空河阳三城节度使兼侍中充集禧观使，俾五日一朝。初封英国公，易兖国公，至是改鲁国公。顷之，有兴念关中莫为镇重者，论起公，除永兴军路安抚使，判永兴军，受命即行，六月渡关。先庆州军乱，寻伏诛雍。部气俗豪喜举动事宜，有飞语闻京师，以为下有阴谋，将窃发者。值上元张灯，将吏请公亮无出游，公率宾佐置酒游观，夜艾而归，人情遂安。陕西无事，召还，复领集禧观使。固请老，遂以三城节度使拜太傅兼侍中致仕。入对，因问及所居，欲别赐之第，辞以旧庐足以自庇为当，上弗夺所守，朝集从宰相班，每诞节上寿郊祀奉诏陪祀，拜伏尽恭，未尝敢后。八月，得微疾，不能朝，上犹遣中使诏问朔北备御之策。公力疾以对，言甚精切,使者存问,间赐蒸糕,尝珍养气,示慈惠也。熙宁十年郊礼不预匪常颁如陪祠,上意盖未尝忘也。既家居,日设供具,与故人宾客衍衍相乐,志气精神不衰,岁首执政置酒赋诗,娱宴终日遂为常。未几,次子孝宽签书枢密院事,使迎事公居西府,父为上公,子陪机政,宠光荣,观古未之有也。夫人陈氏,武信军节度使康肃公尧咨之女,从夫爵,封郑国夫人,以子贵,改封鲁国夫人,不克偕老,今则合焉。三子,孝宗,尚书屯田员外郎;孝宽,枢密院;孝纯,殿中丞。一女,适光禄寺丞周沃。孙七人,谞、诜、说、诚、咏、讷、谊。诚为秘书省校书郎,余皆太常寺太祝。

铭曰:

允文仁宗,能哲而惠。考慎厥相,公践其位。

亹亹鲁公,克俊有德。秉国之平,惟怀励翼。

黎献时举,百职时叙。率迪训典,遵王之道。

昊天有命,英后受之。有开帝心,嘉谋是资。

上储自禁,入宁翼室。爰奉介圭,跻助庄栗。

王几之前,祗承末命。访予落止,缉熙初政。

三阶不备,公独当笔。弼谐万机,启心惟一。

在昔周汉,二宣中兴。申甫见褒,丙魏有声。

公辅三朝,重熙笃烈。曰公曰师,亦拥旄钺。

宠渥尔光,福禄尔康。寿允臧矣,子孙昌矣。

于穆清庙,英主之室。从予享之,蒸尝有铋。

维此铭诗,蒸民昰配。泱泱大风,聿成鲁志。

《宋宰辅编年录校补》载:

……神宗初即位,公亮自门下侍郎、兼吏部尚书、平章事、集贤殿大学士、英国公除尚书左仆射依前,兼集贤,进封兖国公。不以监修国史及昭文馆大学士授公亮,为韩琦故也。至熙宁元年正月以旱甚,公亮援宰相以灾异罢免故事,乞罢政。手诏答以"书虽百上,朕亦不听也"。

二年二月,富弼始为首相。十月弼罢,公亮乃迁首相。

初濮议之起,御史吕诲率台属劾奏参知政事欧阳修首开邪议,宰相韩琦、曾公亮附会依违,不报。

及新法之行，刘琦、钱顗等奏劾王安石并及其他大臣。其奏曰："曾公亮位居丞弼，反有畏避王安石之意，阴自结援，更相称誉，以固宠荣，致安石败坏中书故事，曾公亮之罪也。赵抃则括囊拱手，但务依违。"疏奏，琦等遂罢。

……

时右正言李常言青苗不便，上阅常奏，顾曾公亮、陈升之曰："常平事经中书行遣，今人言纷纷如此，乃因执政议论不一故也。"公亮曰："陈升之乃元创法之人，李常亦同议论，今尚俱以为言，则其不便可知。"公亮因请罢提举官，收执法付提刑司行之，若并新法悉废之尤善。

于是，上问李常疏如何措置，安石令常分析。公亮、升之力争，安石亦力辨之。

公亮曰："安石但欲己论胜耳。"上正色曰："岂有此邪？"

公亮曰："此言若诬，天实临之。"……

公亮、升之与安石争青苗久不胜，皆称疾在告。

三年二月……及韩琦言青苗之害，王安石在告，曾公亮、陈升之等举行前诏，乃删去"毋得抑遏不散"之语。安石复视事，志气愈悍，面责曾公亮等曰："为宰相当有执守，何得妄降札子，令体量抑配青苗，又辄删去当日诏语？"

……

初，公亮久在政府，王安石之入也，公亮力荐引之。故安石初参大政，上召谓曰："曾公亮必更与卿协力。"及同执政，公亮知上方向安石，阴助之而外若不与同者，置条例司，更张众事，一切听之。每遣其子孝宽与安石谋议，至上前无所异。于是上益专信任，安石以其助己，深德之。故推尊曾公亮沮抑韩琦。

……

苏轼尝从容责公亮不能救正朝廷，公亮曰："上与安石如一人，此乃天也。"

然安石犹以公亮不尽同己，数加毁訾。

公亮年已七十，虽屡乞致仕，上辄留之，公亮去亦弗勇，安石党友犹

— 209 —

疾之。其后安石益自用，公亮数争上前不能夺，屡请致仕，至是始得罢，以集禧观使，五日一奉朝请，大敕系衔在曹佾上，出入如二府仪，仍诏公亮诸子依韩琦例推恩，遂以兵部员外郎孝宽为秘阁校理，孝宗、孝纯并迁官。

熙宁四年四月，判永兴军，庆卒已伏诛，公亮一以镇静待之，人情遂安，飞语亦息。上闻，谓安石曰："大臣肯奉法如公亮，极不可得也。"遂诏赴阙，为集禧观使。

……

未几，子孝宽签书枢密院使，迎公亮就养西府。

元丰元年闰正月，太傅兼侍中致仕、鲁国公曾公亮薨，年八十。上奠哭之，辍视朝三日。赠太师、中书令，配享英宗庙庭，谥宣靖。及葬，恩礼视韩琦。篆其碑首曰"两朝顾命，定策亚勋"之碑。前一日，车驾又临之。特恩非故事也。上尝论辅臣曰："公亮谨重周密，内外无间，受遗辅政，有始有卒，可方汉张安世。"公亮善荐士，多得人。……初，诏遗表外增推恩二人，子孝宗迁一官，孝纯赐同进士出身。后孝纯辞出身，乞将所得恩，官其族人之未仕者，许之。绍圣元年七月，曾布因言曾公亮先帝以为亚勋，而其家殊不为朝廷旌宠，自孝宽卒，今独孝纯一子，二十四年不改官。先帝尝赐出身，辞不受，权太常丞，为执政所梗，遂阖门不仕，上矍然曰："殊不知其有子。"

王珪撰写《赠太师中书令鲁国曾宣靖公挽词二首》："熠熠台符切太微，满朝文物尽光辉。曾扶圣日攀云上，便向春风解组归。""一代衣冠矜阀阅，同时父子管枢机。人生富贵谁难致，八十如公自古稀。"

四月，曾公亮葬于开封府新郑县三十余里梅河东岸（今河南省郑州市八千办事处香炉朱村辛庄村南一里处），宋神宗亲自篆写曾公亮碑首为"两朝顾命，赞策勋德"，后下诏改为"两朝顾命，定策亚勋"之碑，其墓冢与"重修曾坟寺碑"等尚存。今墓碑为1998年重立，保护碑为2001年立。

时事选摘

正月，王安石为尚书左仆射、舒国公、集禧观使。后再度罢相，出朝，退居江宁（今江苏省南京市）。

闰正月，诏赠尚书令韩琦依赵普（922—992，字则平，河南洛阳人，帮助宋太祖赵匡胤发动"陈桥兵变"，推翻后周，建立宋朝，累封韩王，赐谥"忠献"，并配飨太祖庙庭）事。

相州之狱。当初韩琦任判相州（今河南省安阳市）时，有三盗贼打家劫舍，被邻居赶出居住地。这三人决心报复，在乡里拷打一个老太婆，并将劝说者乱刃劈死。相州司法机关因此判处三个强盗死刑。事隔数年，中书刑房吏人周清审阅原卷宗时，认为相州的判决不合法，理由是按照新法规定，凡杀死他人，从犯若能及时招供，减一等判决。而那三个强盗中为首的是主犯，其余二人应是从犯，且已如实招供，本应从宽发落，但相州司法机关却判处他们死刑，刑部在复审时竟也未加审察，擅自判二人死刑；大理寺在审查时也认为相州司法的判决合理合法。周清固执己见，再一次将此案送交刑部新来的司法官，司法官却认为周清的意见是正确的，双方争执不下，最后惊动了皇帝。是年二月，相州之狱进行了判决，相州观察判官陈安民（陈安民之姐为文彦博第六子文及甫生母，文及甫又是左相吴充女婿）追夺一官、勒停，延长三次录用期，太常博士吴安持（吴充之子）追夺一官，检正中书刑房公事刘奉世（1041—1113，字仲冯，江西樟树人，宋朝政治家、学者）监陈州（今河南省周口市淮阳区）粮料院，中书刑房详断官窦苹（生卒年不详，字之野）追夺一官、勒停，详议官周孝恭、大理评事文及甫也受到了惩罚。蔡确以击搏进，吴充一向讨厌其为人。恰逢吴充谒告，右相王珪力荐蔡确参与审理此案，宋神宗听从他的意见。四月，知谏院蔡确为右谏议大夫、权御史中丞。相州之狱告一段落。

刘挚任集贤校理、开封府推官，改奉议郎。其后宦海沉浮，宋绍圣四年（1097 年），已六十八岁的刘挚被贬鼎州（今湖南省常德市）团练副使,新州(今广东省新兴县)安置,十二月初三日卒于贬所。

　　十一月,命龙图阁直学士宋敏求等详定正旦御殿仪注。宋敏求遂上《朝会议》二篇、《令式》四十篇,诏颁行之。

余记

◎宋神宗元丰二年己未(1079年)

陈升之(1011—1079)卒,年六十九。陈升之于宋景祐元年(1034年)进士及第,历任封州(今广东省肇庆市封开县)知州、汉阳军(治所在今湖北省武汉市)知军。后调任监察御史、右司谏、起居舍人等职。他在朝中任谏官五年,所上奏有一百数十事。后擢为天章阁待制,历任河北都转运使,瀛州(今河北省河间市)知州,真定府(今河北省保定市)知府,加龙图阁直学士、枢密院直学士、开封府枢密副使等职。熙宁元年(1068年),赴朝继任枢密使,兼任制置三司条例司之职,和王安石共事,商讨推行变法。当年十月,翰林学士王安石被宋神宗召见,王安石上书主张变法,推荐陈升之任宰相之职——中书门下平章事、集贤殿大学士,后遇母丧,去相,回家守孝。服丧期满,于熙宁七年(1074年)十二月回朝廷任枢密使。不久因病解职,以同平章事衔出任镇江节度使、扬州通判,封秀国公。次年闰四月罢归建阳考亭(今属南平市),家居四年有余去世,朝廷赠太保、中书令,谥"成肃"。

宋敏求(1019—1079)卒,年六十一。宋敏求于宝元二年(1039年)召试学士院,赐进士及第,宋仁宗朝历任馆阁校勘、集贤校理、知太平州(治所在今安徽省当涂县)、亳州,累迁至工部郎中。宋英宗治平(1064—1067)中,同修起居注、知制诰。宋神宗熙宁(1068—1077)中,除史馆修撰、集贤院学士,加龙图阁直学士。卒后追赠礼部侍郎。宋敏求家藏书宏富,熟于朝廷典故,编著有《唐大诏令集》,地方志《长安志》,考订详备。笔记《春明退朝录》,多记掌故时事,又补有唐武宗以下《六世实录》。

五月,御史中丞蔡确为参知政事。

著名的"乌台诗案"发生。苏轼被任命为湖州知州,按惯例都要写一篇到任谢表给皇帝。苏轼的谢表到达朝廷后一个月,权监察御史里行何正臣(1041—1100,字君表,江西峡江人)首先发难,上书谓苏轼谢表中有"知其愚不适时,难以追陪新进,察其老不生事,或能牧养小民"是愚弄朝廷、妄自尊大之辞,并声称苏轼的这些文字已在全国传阅,自己是从已刊印后在市上卖的苏轼文稿中摘录递呈宋神宗的。其后御史舒亶(1041—1103,字信道,号懒堂,浙江慈溪人,宋治平二年即1065年试礼部第一)也上书攻击苏轼,谓苏轼的谢表是讥讽时政之作,士大夫争相传诵,并进一步指出苏轼在谢表中诽谤宋神宗,牵强附会地将苏轼的谢表加以修改。于是苏轼诽谤君主便是人赃俱在了,从而激怒了宋神宗,达到了陷害苏轼"大不敬"罪名的目的。紧接着,权御史中丞李定上书加以盖棺论定,攻击苏轼不学无术,浪得虚名,其实是一个阴险的家伙,他还列出应该罢黜苏轼的四条理由。宋神宗重新委派冯宗道前往御史台复审此案,经判决,十二月,苏轼责授检校水部员外郎、黄州(今湖北省黄冈市)团练副使,本州安置。驸马都尉王诜(约1048—约1104,字晋卿,太原人,后迁汴京,北宋画家,熙宁二年即1069年娶宋英宗女蜀国大长公主,拜左卫将军、驸马都尉)追夺二官、勒停,苏辙贬监筠州(今江西省高安市)盐酒税,王巩(1048—约1117,字定国,号介庵,自号清虚居士,山东莘县人,王旦之孙,北宋诗人、画家)贬宾州(今广西宾阳县)盐酒务,与此案有关的官员张方平、司马光、刘挚、黄庭坚等被判处以罚铜的处分。

七月,张方平以太子少师致仕。

十月,太皇太后曹氏(1016—1079)崩,年六十四。命王珪为山陵使。

◎宋神宗元丰六年癸亥(1083年)

　　四月,曾巩(1019—1083)于江宁府(今江苏省南京市)卒,年六十五。曾巩天资聪慧,记忆力超群,幼时读诗书,脱口能吟诵,年十二即能为文。宋熙宁二年(1069年),任《宋英宗实录》检讨,不久被外放越州(今浙江省绍兴市)通判。元丰五年(1082年)拜中书舍人,次年去世,追谥为"文定"。曾巩为政廉洁奉公,勤于政事,关心民生疾苦,与曾肇、曾布、曾纡、曾纮、曾协、曾敦并称"南丰七曾"。曾巩文学成就突出,其文"古雅、平正、冲和",位列"唐宋八大家",世称"南丰先生"。

　　闰六月二十二日,富弼(1004—1083)于洛阳家中卒,年八十。宋仁宗天圣八年(1030年),富弼举茂才异等,历授将作监丞、直集贤院、知谏院等职。庆历二年(1042年),奉命出使辽国时,以增加岁币为条件,据理力争,拒绝割地要求。任枢密副使时,与范仲淹等共同推行"庆历新政"。新政失败后,出知郓州、青州等地。任内救助数十万灾民。至和二年(1055年)拜相。宋英宗即位,召为枢密使,因为足疾卸职,进封郑国公。熙宁二年(1069年)再度为相,因反对王安石变法,出判亳州,拒不执行"青苗法"。后以司空、韩国公致仕,退居洛阳,仍继续请求废止新法。累赠太师,谥"文忠"。元祐元年(1086年),配享宋神宗庙庭,宋哲宗亲篆其碑首为"显忠尚德"。与曾公亮同为昭勋阁二十四功臣之一。清康熙六十一年(1722年),从祀历代帝王庙。今存《富郑公集》。

　　十月,吏部尚书曾孝宽奏言孟轲(字子舆,邹国人,战国时期哲学家、思想家、教育家,儒家学派的代表人物,与孔子并称"孔孟")未加爵命,故封孟轲为邹国公。

十一月,加上宋仁宗谥曰体天法道极功全德神文圣武睿哲明孝皇帝,宋英宗谥曰体乾应历隆功盛德宪文肃武睿圣宣孝皇帝。

十一月,判河南府(今河南省洛阳市)潞国公文彦博,以守太师、开府仪同三司致仕。

◎宋神宗元丰八年乙丑(1085 年)

三月,立延安郡王赵佣为皇太子,赐名赵煦,皇太后权同处分军国事,皇太后命吏部尚书曾孝宽为册立皇太子礼仪使。宋神宗赵顼(1048—1085)驾崩,年三十八。宋神宗于 1067—1085 年在位,对国家的积贫积弱深感忧心,而他素来欣赏王安石才干,故即位后命王安石推行变法来振兴北宋王朝,是为王安石变法,又称"熙宁变法",谥号绍天法古运德建功英文烈武钦仁圣孝皇帝。

宋哲宗赵煦(1077—1100,原名为赵佣,宋朝第七位皇帝,宋神宗第六子)继位,当时还不到 10 岁,由宋英宗之后、宋神宗母高氏(1032—1093,安徽蒙城人,1085—1093 年临朝称制,史称宣仁圣烈皇后)以太皇太后名义临朝摄政。她一向反对新法,上台后,立即任保守派首脑司马光做宰相。司马光对新法持全盘否定,提出废除。七月初六日,下令首先将"保甲""方田均税""市易"等法废除,稍后"青苗法""免役法""将兵法"也被废除。

朝廷向司马光征询治国方略,司马光上《乞开言路札子》,建议"广开言路"。司马光又一次呼吁不能再加重贫苦农民负担,而且主张新法必须废除,要对农民施以"仁政",接着上第二份奏疏《修心治国之要札子》,重点谈用人赏罚问题,提出保甲法、免役法和将兵法是"病民伤国,有害无益"。

曾公亮孙、曾孝宗次子曾说于是年乙丑科焦蹈(? —1085,字悦道,安徽繁昌人,放榜后六日卒)榜进士及第。

◎宋哲宗元祐元年丙寅（1086 年）

　　闰二月，蔡确罢。以司马光为尚书左仆射、门下侍郎，以吏部尚书范纯仁同知枢密院事。

　　四月，王安石（1021—1086）卒，年六十六。王安石于宋庆历二年（1042 年）登杨真榜进士第四名，授淮南节度判官，后历任扬州签判、鄞县（今浙江省宁波市鄞州区）知县、舒州（今安徽省潜山市）通判等职，政绩显著，熙宁二年（1069 年）任参知政事，次年拜相，主持变法。因守旧派反对，熙宁七年（1074 年）罢相。一年后，宋神宗再次起用，旋又罢相，退居江宁。元祐元年（1086 年）保守派得势，新法皆废，郁然病逝于钟山（位于今江苏省南京市），赠太傅，葬于江宁半山园。绍圣元年（1094 年），获谥"文"，故世称王文公。

　　六月，吕惠卿落职，分司南京、苏州居住；以富弼配享宋神宗庙庭。

　　九月，司马光（1019—1086）病逝，年六十八。

　　九月，试中书舍人苏轼为翰林学士、知制诰。

◎宋哲宗元祐五年庚午（1090 年）

二月，文彦博以太师充护国军、山南西道节度等使致仕，令所司备礼册命。文彦博乞免册礼，从之。宴饯文彦博于玉津园。

三月，翰林学士承旨苏颂为尚书左丞。

曾公亮次子曾孝宽（1025—1090）卒，年六十六。曾孝宽以荫知桐城，选任咸平县（今河南省开封市通许县），百姓到府衙报告暴雨伤害小麦的事件，知府以妄报罪名杖责百姓。曾孝宽却亲自到田野视察，查核实情，使百姓得以减免赋税。后迁秘阁修选、提点开封府界镇县。保甲法刚开始施行时，百姓都担心会被登记为士兵。知府韩维上书朝廷，请求等候农隙再施行。曾孝宽张榜十七县，揭赏告捕造谣之人，民兵不敢诉，韩维之言不得行。后入知审官东院、判刑部。宋熙宁五年（1072年），迁枢密都承旨，朝廷承旨用文臣，自曾孝宽开始。擢拜枢密直学士、签书枢密院。丁父忧，除丧。曾孝宽以端明殿学士知河阳，徙郓州（今属山东省菏泽市）。郓有孟子庙，曾孝宽来邹县拜孟子时，孟庙已破败不堪，塑像随意塑造，冠带不符合法度，内心大受震动。于是，曾孝宽为孟子请于朝，元丰七年（1084 年），孟子首次配享孔庙，朝廷下发《太常寺牒》《修庙敕》，首次诏定孟子冕九旒、衣九章，敕命增修孟子庙，为封建王朝首次出资维修孟庙。连徙镇，以吏部尚书召，孝宽至执政时，公亮尚无恙，西府迎养，时人荣之。及卒，赠右光禄大夫。

九月，三省枢密院长官聚在一起讨论边境地区缺乏有能力的将帅等问题，同意任命张利一（字和叔，张耆之子，河南开封人）、张守约（字希曾，山东鄄城人）为边境将领。于是三省长官将共同讨论的结果送给太皇太后阅处，请她做批示。尚书右丞许将揣摩太皇太后的心思，在任命张利一、张守约的委任决定上不签字，并秘密上书太皇太后，说张利一是宋神宗大将张诚一的弟弟，张诚一因辽朝入侵问题被贬官，然后被处以刑罚，他建议不能任用张利一，而应该任命王安郁代替张利一的职位。孙升（1038—1099，字君孚，孙观之子，江苏淮安金湖人）、苏辙的奏章呈报朝廷后，许将、傅尧俞等人上书要求辞职。太皇太后息事宁人，诏令负责呈递大臣奏章的官员不接受傅尧俞、许将、韩忠彦（1038—1109，字师朴，河南安阳人，韩琦长子，宋徽宗朝宰相）等人送来的辞职报告。苏辙、孙升在这一诏令下传以后，又联名上书，要求制裁许将等人，其后苏辙又与岑象求（字岩起，四川梓州即今三台县人）联名上书太皇太后，建议对许将等人进行处理。十二月，许将被贬知定州。

◎宋哲宗绍圣四年丁丑(1097年)

是年,章惇秉政,认为文彦博与司马光曾反对王安石变法,降为太子太保。五月,文彦博(1006—1097)卒,年九十二。文彦博于宋天圣五年(1027年)进士及第,历任殿中侍御史、转运副使、枢密副使、参知政事、升任同平章事(宰相)等职,皇祐三年(1051年)被劾罢相,至和二年(1055年)再次拜相,嘉祐三年(1058年)封潞国公、累加至太尉,元丰六年(1083年)以太师致仕。宋哲宗即位后,经宰相司马光举荐,起授平章军国重事。元祐五年(1090年),再次致仕,去世后谥"忠烈"。文彦博历仕仁、英、神、哲四朝,出将入相五十年,稳固朝局,大胆提出裁军八万之主张,精兵简政,减轻人民负担,被世人称为"贤相",有《文潞公集》四十卷。清康熙六十一年(1722年),从祀历代帝王庙。

苏颂历时3年完成《新仪象法要》3卷,其详细介绍了水运仪象台的设计及使用方法,绘制了我国现存最早最完备的机械设计图,附星图63种,记录恒星1434颗,比300年后西欧星图纪录的星数还多442颗。英国科学家李约瑟博士把《新仪象法要》译成英文在国外发行,并称赞"苏颂是中国古代和中世纪最伟大的博物学家和科学家之一"。

二月,苏轼责授琼州(今海南省海口市一带)别驾,移送昌化军(治所在今海南省儋州市)安置。

◎历史评价

赵顼（宋仁宗）："公亮谨重周密，内外无间，受遗辅政，有始有卒，可方汉张安世。"

李复："老凤池边蹲不去，饥乌台上噤无声。"

陆农师："相家说：'龙，人臣得其一体，当至公相。'如曾鲁公（公亮）得龙之脊，王荆公（安石）得龙之睛。"

朱熹《三朝名臣言行录》："（公亮）所至举职，皆有能名。"

脱脱等《宋史》："公亮静重镇浮，练达典宪，与韩琦并相，号称老成。升之自为言官，即著直声。然皆挟术任数，公亮疾琦专任，荐王安石以间之，升之阴助安石，阳为异同，以避清议，二人措虑如此，岂诚心谋国者乎？新法之行，何望其能正救也。"

黄仲昭："公亮方厚庄重，深沉周密，辅弼三朝，号称老成。然始荐王安石可用，及安石变法，无所异同，世讥其持禄固宠云。"

王夫之："曾公亮、王陶之琐琐者，何当荣辱，而引身遽退，虚端揆以待安石之纵横哉？"

《历代群英歌》："曹玮沈勇有谋，公亮入相称职。"

◎ 人物档案

姓名:曾公亮

字:明仲

号:乐正

谥号:宣靖

民族:汉族

所处朝代:宋朝

籍贯:福建泉州晋江

出生时间:999 年

去世时间:1078 年

官职:吏部侍郎、同中书门下平章事(宰相)等

追赠:太师、中书令

代表作品:《武经总要》

主要成就:引鉴湖水入曹娥江,解除民边水患,编纂《武经总要》等

葬处:河南省新郑市八千乡香炉朱村辛庄村,现为郑州市八千办事处辛庄南 500 米

曾公亮家庭关系表

先世	远祖父 曾延世	曾参三十六世孙,曾隐之五子,唐末自光州固始县避乱南下,定居泉州晋江,为曾氏龙山派始祖,光州团练副使
	远祖母 王婉贞	王潮、王审邦之妹,王审知之姐,封郡主
	太祖 曾运	官东昌司马兼兵马都总管
	烈祖 曾宏	唐内侍省使
	天祖 曾锐	官右卫将军
	高祖父 曾瓒	十国时官至泉州录事参军
	曾祖父 曾峤	官至泉州节度掌书记,后赠太师、中书令兼尚书令、秦国公
	曾祖母 萧氏	追封秦国太夫人
	祖父 曾穆	官至泉州德化县令,入宋后以殿中丞致仕,后赠太师、中书令兼尚书令、魏国公
	祖母 辛氏	追封韩国太夫人
	辛氏	追封魏国太夫人
	父亲 曾会	官至刑部郎中、集贤殿修撰等,后赠太师、中书令兼尚书令、楚国公
	嫡母 吴氏	封秦国太夫人
	生母 黄氏	封楚国太夫人
妻子	妻子 陈氏	武信军节度使陈尧咨之女,封郑国夫人,先于曾公亮逝世,后加封鲁国夫人
子辈	长子 曾孝宗	官朝奉大夫、尚书屯田员外郎、军器少监、金紫光禄大夫。娶赵诚之女,封夫人
	次子 曾孝宽	赐同进士出身,以荫知桐城。咸平,除秘阁修撰,提点开封府界镇县,入知审官东院、判刑部。宋熙宁五年(1072年),迁枢密都承旨,擢枢密院,吏部尚书、资政殿大学士,获赠右光禄大夫,后又追赠太师中书令、尚书令、秦国公。娶陈尧咨孙女,封夫人,继娶赵氏,封万年县君
	三子 曾孝纯	赐同进士出身,官殿中丞,进朝奉大夫、光禄少卿,赠太中大夫,进少师。娶赵宗梅女,封夫人
	女儿 曾氏	嫁光禄寺丞周汰

续表

孙辈	曾孝宗生四子： 曾谐（太常太祝），娶吕端女，封淑人 曾说（奉直大夫、淮东提举、太常太祝），娶宋匪躬女 曾咏（奉直大夫、太常太祝、淮东提举），娶章惇女，继娶宋表微女，封宜人 曾讷（太常太祝、淮东提举），娶蔡确女，封宜人 曾孝宽生二子： 曾诜（承事郎、大司农少卿），娶阮氏，继娶陈世先女，封宜人 曾诚（参议郎、秘书少监，赠太子太师、中书令、尚书令、秦国公） 曾孝纯生四子： 曾谊（尚书刑部郎中、朝散大夫） 曾注（礼部尚书、朝奉大夫） 曾谅（右从政郎、奉议郎） 曾讠亡（右从政郎、淮东总管）
曾孙辈	人丁兴旺，簪缨继世，不一一列举。例如曾怀，曾公亮曾孙、曾孝宽之孙、曾诚之子，官至户部尚书、观文殿大学士，提举太平兴国宫，迁光禄大夫，复拜右丞相兼枢密使，封鲁国公

附录

一、宋史·列传第七十一·曾公亮　子孝宽孝广孝蕴

　　曾公亮，字明仲，泉州晋江人。举进士甲科，知会稽县。民田镜湖旁，每患湖溢。公亮立斗门，泄水入曹娥江，民受其利。坐父买田境中，谪监湖州酒。久之，为国子监直讲，改诸王府侍讲。岁满，当用故事试馆职，独献所为文，授集贤校理、天章阁侍讲、修起居注。擢天章阁待制，赐金紫。先是，待制不改服。仁宗面锡之，曰："朕自讲席赐卿，所以尊宠儒臣也。"遂知制诰兼史馆修撰，为翰林学士、判三班院。三班吏丛猥，非赇谢不行，贵游子弟，多倚势请谒。公亮掇前后章程，视以从事，吏不能举手。以端明殿学士知郑州，为政有能声，盗悉窜他境，至夜户不闭。尝有使客亡橐中物，移书诘盗，公亮报："吾境不藏盗，殆从者之廋耳。"索之，果然。复入为翰林学士、知开封府。未几，擢给事中、参知政事，加礼部侍郎，除枢密使。嘉祐六年，拜吏部侍郎、同中书门下平章事、集贤殿大学士。

　　公亮明练文法，更践久，习知朝廷台阁典宪，首相韩琦每咨访焉。仁宗末年，琦请建储，与公亮等共定大议。密州民田产银，或盗取之，大理当以强。公亮曰："此禁物也，取之虽强，与盗物民家有间矣。"固争之，遂下有司议，比劫禁物法，盗得不死。初，东州人多用此抵法，自是无死者。

　　契丹纵人渔界河，又数通盐舟，吏不敢禁，皆谓："与之校，且生事。"公亮言："萌芽不禁，后将奈何？雄州赵滋勇而有谋，可任也。"使谕以指意，边害讫息。英宗即位，加中书侍郎兼礼部尚书，寻加户部尚书。帝不豫，辽使至不能见，命公亮宴于馆，使者不肯赴。公亮质之曰："锡宴不赴，是不虔君命也。人主有疾，而必使亲临，处之安乎？"使者即就席。神宗即位，加门下侍郎兼吏部尚书。

　　熙宁二年，进昭文馆大学士，累封鲁国公，以老避位。三年九月，拜司空兼侍中、河阳三城节度使、集禧观使。明年，起判永兴军。先是庆卒叛，既伏诛，而余党越佚，自陕以西皆警备。阅义勇，益边兵，移内地

租赋，人情骚然。公亮一镇以静，次第奏罢之，专务裁抑冗费。长安豪喜造飞语，声言营卒怨减削，谋以上元夜结外兵为乱，邦人大恐。或劝毋出游，公亮不为动，张灯纵观，与宾佐竟夕乃归。居一岁，还京师，旋以太傅致仕。元丰元年卒，年八十。帝临哭，辍朝三日，赠太师、中书令，谥曰宣靖，配享英宗庙庭。及葬，御篆其碑首曰"两朝顾命，定策亚勋"之碑。

公亮方厚庄重，沉深周密，平居谨绳墨，蹈规矩；然性吝啬，殖货至巨万，帝尝以方张安世。初荐王安石，及同辅政，知上方向之，阴为子孙计，凡更张庶事，一切听顺，而外若不与之者。尝遣子孝宽参其谋，至上前略无所异，于是帝益信任安石。安石德其助己，故引擢孝宽至枢密以报之。苏轼尝从容责公亮不能救正，公亮曰："上与介甫如一人，此乃天也。"世讥其持禄固宠云。子孝宽，从子孝广、孝蕴。

孝宽，字令绰，以荫知桐城县。选知咸平县，民诣府诉雨伤麦，府以妄杖之。孝宽躬行田，辨其实，得蠲赋。除秘阁修撰、提点开封府界镇县。

保甲法行，民相惊言且籍为兵。知府韩维上言，乞候农隙行之。孝宽榜十七县，揭赏告捕扇惑者，民兵不敢诉，维之言不得行。入知审官东院，判刑部。

熙宁五年，迁枢密都承旨，承旨用文臣，自孝宽始。擢拜枢密直学士、签书枢密院。丁父忧，除丧，以端明殿学士知河阳，徙郓。郓有孟子庙，孝宽请于朝，得封邹国公，配享孔子。连徙镇，以吏部尚书召，道卒，年六十六。赠右光禄大夫。

孝广，字仲锡（曾公立第三子）。元丰末，为北外都水丞。元祐中，大臣议复河故道，召孝广问之，言不可，出通判保州。久之，复为都水丞。前此，班行使臣部木筏至者，须校验无所失亡，乃得送铨，监吏领赇谢，不时遣。孝广治籍疏姓名，谨其去留。一岁中，归选者百辈。

除京西转运判官，入为水部员外郎。河决内黄，诏孝广行视，遂疏苏村，凿巨野，导河北流，纾澶、滑、深、瀛之害。迁都水使者。洛水频岁溢涌，浸啮北岸，孝广按河堤，得废渡口遗迹，曰："此昔人所以杀水势也。"即日浚决之，累石为防，自是无水患。出提点永兴路刑狱，陕西、京西转运副使，还为左司郎中，擢户部侍郎，进尚书。坐钱帛不给费，罢为天章阁待制、知杭州。又以前聘契丹失奉使体，夺职。寻复之，移知潭州，加显谟阁直学士、知郓州。

孝广与胡安国、邹浩善，皆大观中忤时相，御史论之，复夺职，知饶州。逾年，徙广州，历成德军、太原府，得故职以卒，年六十，赠正议大夫。孝广莅官以严称，获盗，辄碎其手焉。

孝蕴，字处善（曾公望第三子）。绍圣中，管干发运司椿籴事，建言扬之瓜洲，润之京口，常之奔牛，易堰为闸，以便漕运、商贾。既成，公私便之。提举两浙常平，改转运判官，知临江军，召为左司员外郎，迁起居舍人。

时京邑有盗，徽宗怒，期三日不获，坐尹罪。孝蕴奏："求盗急则遁益远，小缓当自出。"从其言，得盗。崇宁建殿中省，擢为监。居数月，言者论其与张商英善，以集贤殿修撰出知襄州，徙江浙荆淮发运。泗州议开直河，以避涨溢沙石之害，孝蕴以淮、汴不相接，不可成。既而工役大集，竟成之，策勋第赏，辞不受。未几，河果塞，召为户部侍郎，帝尝问右曹储物几何，疾作不能对。徙工部，以显谟阁待制知杭州。其后坐累，连削黜，至贬安远军节度副使。

宣和二年，始复天章阁待制、知歙州。方腊起青溪，孝蕴约敕郡内，无得奔扰，分兵守厄塞，有避贼来归者，获罪，使出境，人稍恃以安。会移青州，既行而歙陷，道改杭州，时贼已破杭，孝蕴单车至城下。城既克复，军士多杀人，孝蕴下令，从者得自首，无辄杀，皆束手不敢鸷。论功，进显谟阁直学士，又加龙图阁学士。卒，年六十五，赠通议大夫。

二、宋史·列传第一百七十八·曾从龙

曾从龙,字君锡,左仆射公亮四世从孙(按:有称曾从龙为曾公亮六世从孙者。其实,据《龙山曾氏族谱》推算,曾从龙是曾公亮叔父曾愈的七世孙,所以应为曾公亮五世从孙)。初名一龙,庆元五年,擢进士第一,始赐今名。授签书奉国军节度判官厅公事。迁兵部员外郎、左司郎中、起居舍人兼太子右谕德。

使金还,转官。疏言:"州郡累月阙守,而以次官权摄者,彼惟其摄事也,自知非久,何暇尽心于民事? 狱讼淹延,政令玩弛,举一郡之事付之胥吏。幸而除授一人,民望其至如渴望饮,足未及境而复以他故罢去矣。且每易一守,供帐借请少不下万缗。郡帑所入,岁有常数,而频年将迎,所费不可胜计。然则轻于易置,公私俱受其病。欲望明诏二三大臣,郡守有阙,即时进拟。其有求避惮行者,悉杜绝其请;其缴劾弹挂者,疾速行之。盖郡计宽则民力裕,利害常相关故也。"又请已振济者免其后。

开禧间丐外,知信州。戍卒行掠境内,从龙置于法,索得妇人衣,命枭于市。召权礼部侍郎兼中书舍人兼太子左谕德。缴还张镃复官词头,以镃抑令侄女竭资财结姻苏师旦之子故也。寻兼太子谕德,兼同修国史、实录院同修撰,兼国子祭酒。为吏部侍郎,仍兼职兼太子右庶子,兼给事中,兼直学士院,权刑部尚书。

嘉定六年秋,阴雨,乞放系囚。进对,言"修德政,蓄人材,饬边备"。帝善其言。七年,知贡举。疏奏:"国家以科目网罗天下之英隽,义以观其通经,赋以观其博古,论以观其识,策以观其才。异时谋王断国,皆繇此其选。比来循习成风,文气不振,学不务根柢,辞不尚体要,涉猎未精,议论疏陋,缀缉虽繁,气象萎薾。愿下臣此章,风厉中外,澄源正本,莫甚于斯。"诏从之。

进端明殿学士、签书枢密院、太子宾客,改参知政事。疾胡榘憸壬,排沮正论,陈其罪。榘嗾言者劾罢,以前职提举洞霄宫。起知建宁府。

丁内艰，服除，为湖南安抚使。抚安峒獠，威惠并行，兴学养士，湘人纪之石。改知隆兴府，复提举洞霄宫，改万寿观兼侍读，奉朝请。

端平元年，授资政殿大学士、沿江制置使兼知建康府兼行宫留守。拜参知政事兼同知枢密院事。时有三京之役，极论南兵轻进易退。未几，言验。进知枢密院事兼参知政事，以枢密院使督视江淮、荆襄军马。疏言："边面辽远，声援不接，请并建二阃。"诏许之，专畀江淮，以荆襄属魏了翁。朝论边用不给，诏从龙、了翁并领督府。及从龙卒，赠少师。弟用虎、天麟、治凤，皆历显任。

三、八闽通志·卷之六十六·泉州府·名臣

　　曾公亮,字明仲,晋江人,进士甲科,历翰林学士,判三班院,出知郑州,盗悉窜他境,至夜户不闭。再入翰林,权知开封府。嘉祐初,参知政事,迁枢密副使,修纪纲,除弊事,省冗兵。六年,拜同中书门下平章事、集贤殿大学士。公亮明练文法,更践久,习知朝廷台阁典宪,首相韩琦每咨访焉。仁宗末年,琦请建储,与公亮等共定大议。契丹渔界河,又数通盐舟,公亮使雄州赵滋谕禁之。英宗即位,加中书侍郎。夏人犯顺,公亮主议绝其岁贡。辽使以帝有疾,不肯赴宴,公亮折之,乃就席。神宗即位,加尚书左仆射,进昭文馆大学士,封鲁国公。熙宁三年,拜司空兼侍中、河阳三城节度使、集禧观使、奉朝请。起判永兴军,旋以太保致仕。卒,赠太师中书令,谥"宣靖",配享英宗庙庭。公亮方厚庄重,深沉周密,辅弼三朝,号称老成。然始荐王安石可用,及安石变法,无所异同,世讥其持禄固宠云。

　　曾孝宽,字令绰(乾隆《泉州府志·列传》作"字孟绰"),公亮之子。以荫知咸平县,民诣府诉雨伤麦被杖,孝宽办("办"疑为"辨"之误)其实,得蠲赋。提点开封府界县镇。保甲法行(万历《泉州府志·人物》及乾隆《泉州府志·列传》均作"镇县。保甲法行"),民讹言且籍为兵,知府韩维乞候农隙行之,孝宽榜十七县,揭赏告捕煽惑者,民兵不敢诉,维言不得行。入知审官东院,判刑部。熙宁五年,迁枢密都承旨。承旨用文臣,自孝宽始。拜枢密直学士、签书枢密院事。父丧,服阕,除端明殿学士,知河阳府,徙郓州。郓有孟子庙,孝宽请于朝,得封邹国公,配享孔子。连徙镇,以吏部尚书召,道卒。初王安石德公亮助己,故引擢孝宽,至执政时,公亮尚无恙,西府迎养,时人荣之。

　　曾孝广,字仲锡,公亮从子。元丰末为北外都水丞。元祐中,议复河故道,孝广以为不可。历水部员外郎,河决内黄,诏孝广行视,遂疏苏村,凿巨野(乾隆《泉州府志·循绩》作"凿巨沟"),导河北流,纾澶、滑、深、瀛之害。迁都水使者,洛水频岁溢涌,浸啮北岸,孝广按河堤得废渡

口遗迹，即日浚决之，累石为防，自是无水患。后为户部尚书，出知杭州、潭州，加显谟阁直学士，知郓州。孝广与胡安国、邹浩善，皆大观中忤时相，御史论之，夺职历守大郡，寻复元官以卒（万历《泉州府志·人物》及乾隆《泉州府志·列传》作"寻复原官以疾卒"）。其莅官以严称，获盗辄碎其手焉。

曾孝蕴，字处善，公亮从子。自知临江军召为左司员外郎，迁起居舍人。时京邑有盗，徽宗怒，期三日不获坐尹罪。孝蕴奏急则遁益远，小缓当自出，如其言果得盗。崇宁建殿中省，擢为监，出知襄州，徙江、浙、荆、淮发运。泗州议开直河，孝蕴不主议，其后竟成而旋塞。历户部工部侍郎。宣和中，知歙州，方腊起青溪，孝蕴分兵守厄塞，境内稍安。会移青州而歙陷，道改杭州，时贼已破杭，单车至城下。城既克复，军士多杀人，下令从者得自首（乾隆《泉州府志·列传》作"下令胁从者得自首"），无辄杀，皆束手不敢（万历《泉州府志·人物》及乾隆《泉州府志·列传》均作"皆束手不敢骛"）。官至龙图阁学士。

曾怀，字钦道，孝宽曾孙。绍兴中知真州，训习民兵，为张浚所奇。乾道初，擢户部侍郎，建言量入为出，使天下之财足天下之用。进权尚书，出知婺州，甫三月召还，特赐同进士出身，除参知政事，迁左宣奉大夫，代梁克家为右丞相。淳熙初，台官詹元宗、季棠论李杓、王宗己，因中怀，怀遂求退，且乞辨明诬谤，以观文殿大学士奉祠。续大理寺根究无实，乃贬责元宗及棠，而复相怀。未几，以疾请罢，复以大观文奉祠。怀尝言事之大者视之以小，小者视之以无，天下无复事矣。封鲁国公。

曾从龙，字君锡，晋江人。公亮四世从孙（按：应为五世从孙）。初名一龙，庆元五年进士第一，赐今名。历中书舍人，迁给事中兼直学士院，权刑部尚书。属阴雨，从龙以修德政、蓄人材、饬边备为言。除签书枢密院事（乾隆《泉州府志·列传》作"除金书枢密院事"），改参知政事。坐论，胡榘劾罢，起知建宁府，历帅湖南、江西，被召除内祠，兼侍读。端平初，除沿江制置使，知建康府。复参大政，兼同知枢密院事。时有三京之役，极论南兵轻进易退，未几言验。进知枢密院事，俄除枢密使，督视江淮荆襄军马，以忧畏卒，赠少师。当史弥远用事，从龙无所附丽，为士论所与。

四、八闽通志·卷之六十七·泉州府·良吏

　　曾会,字宗元,晋江人。端拱中擢进士第二人,寻以亲老愿补郡。由史馆迁殿中丞,知宣州。祥符末,由三司判官出为两浙转运使。奏罢丁谓。建钱塘捍江之役,军民如被宥。历真、仁二朝,出入四十五年,凡典七郡,官至刑部郎中、集贤修撰(乾隆《泉州府志·循绩》作"集贤殿修撰")。

　　曾用虎,字君遇,从龙之弟。以兄任,历官知兴化军,创郡城三步泄,溉田千顷。修太平废陂,民号之曰曾公陂。期年蠲夏税,代编户输傀直弛舍余三万缗。复设平粜仓,以备凶岁。锄盗必竟蹊隧,豪右屏息,招捕陈鞾。以课最闻改江西提刑,移转运判官,召为吏部郎。弟治凤,字君仪,开禧中登第。性简俭,累官广东帅,直徽猷阁。

五、晋江县志·卷之九·人物志

曾会，字宗元。端拱二年进士第二人。廷试，日未昃卷上奏御。时蜀人陈尧叟亦有俊誉，上览二人文藻敏给相侔，释褐并授光禄寺丞，直史馆。以亲老愿补郡，迁殿中丞，知宣州。祥符末，由三司判官出为两浙转运使。丁谓建钱塘捍江之役，以发运使领其事。要珤莅之，发卒万余，斩木伐石，倾荡山谷，中外无敢言，会已解漕职，奏罢其事。历真宗、仁宗世，凡四十五年。典七郡，迁刑部郎中，集贤殿修撰，知明州。卒赠楚国公。子公度、公亮。

曾公亮，字明仲。天圣二年进士，知会稽县，民田每患湖溢，立陡门泄水入曹娥江，田以获利。入知制诰，兼史馆修撰，为翰林学士，判三班院，掇前后章程，视以从事，吏无所容奸。以端明殿学士，知郑州，境内无盗。复入为翰林学士，擢给事中、参知政事，除枢密使。嘉祐六年，拜吏部侍郎同中书门下平章事、集贤殿大学士。首相韩琦每咨访焉，仁宗末年与琦共定建储之议。英宗即位，加中书侍郎兼礼部尚书，寻知户部尚书。神宗即位，加门下侍郎兼吏部尚书。熙宁二年，进昭文馆大学士，累封鲁国公，以老避位。三年九月，拜司空兼侍中，河阳节度使，集禧观使。明年，起判永兴军。时陕西警备，举措张皇，公亮以静镇之。虽闻飞语，从容自在，卒无他变。居一岁，旋京，以太保致仕。元丰元年卒，年八十。上临哭，辍朝三日。赠太师、中书令，谥宣靖，配享英宗庙。及葬，御篆碑首曰"两朝顾命，定策亚勋"。子孝宽、孝纯，元孙恬、慥、怀。从子孝广、孝蕴、孝序，从孙诞、注。四世孙从龙、用虎、治凤。

曾孝宽，字孟绰，公亮子。以荫知桐城县，迁咸平县，除秘阁修撰、提点开封府界镇。保甲法行，民相惊，言且籍为兵。知府韩维上言，乞候农隙行之。孝宽揭赏捕煽惑者，民兵不敢诉，维言不行，入判刑部。熙宁五年，擢拜枢密院。其后，以端明殿学士知河阳，徙郓。郓有孟子庙，孝宽请于朝，封邹国公，配享孔子。连徙镇，以吏部尚书召。道卒，赠光禄大夫。宽执政时，公亮尚无恙，西府迎养，时人荣之。

曾孝蕴,字处善,公亮从子。绍圣中,管干发运司籴粜事,建言扬之瓜州、润之京口、常之犟牛易堰为闸。既成,公私便之。历迁起居舍人。京邑有盗,奏言缉盗之法,急则远遁,少缓自出。从之,果得盗。崇宁中,以集贤殿修撰出知襄州,徙江浙、荆淮发运汝州,议开直河。孝蕴曰:"淮汴相接,徒费力耳。"既而工役集成,叙功第赏,辞不受。未几,河果复塞。召为户部员外郎,徙工部。以显谟阁待制知杭州。宣和二年,以天章阁待制知歙州,进显谟阁直学士加龙图阁学士。卒赠通议大夫。

曾怀,字钦道,孝宽曾孙。宣和初,以父任为金坛簿。南渡后,知江州,改知真州。训习民兵,有纪律,张魏公浚督师,大奇之。除度支员外郎,以丰裕闻。乾道初,擢户部侍郎。奏言以天下财足天下用。孝宗悦,晋权尚书除龙图阁。未几,赐同进士出身,参知政事,代梁克家为相,封鲁国公。淳熙元年,除观文殿大学士,复拜右丞相兼枢密使。台官詹元宗、季裳因言事中怀,怀遂求退,以观文殿大学士奉祠。未几,复相,以疾罢。卒年六十九。赠少保。著有文集三卷。

曾恬,字天隐,公亮元孙。少从杨龟山、谢上蔡、陈了翁、刘元城诸贤游,为存心养性之学。绍兴中,仕至大宗正丞。秦桧当国,恬自守不为诎,求外祠,得主管台州崇道观,寓常熟僧刹。有《上蔡语录》二卷。

曾从龙,字君锡,公亮四世从孙。庆元五年进士第一,授金书奉国军节度判官,累官起居舍人。开禧间,丐外,知信州。戍卒行掠境上,捕索得妇人衣,立命枭于市,闻者肃然。嘉定初,迁礼部侍郎。充金生辰使,执礼不挠,还为刑部尚书。七年,拜礼部尚书、知贡举。八年,除金书枢密院事。十二年,参知政事。奏陈胡榘排阻正论之罪,榘嗾言者劾罢。既而,知建宁府。丁内艰,起除湖南安抚使,抚安峒獠,威恩并著,湘人勒石纪德。端平初,授资政殿大学士,进知枢密院兼知政事。明年冬,北兵窥襄淮,警报沓至,以枢密使督视江淮襄荆军马。疏请并建二闸,诏许专督江淮,以荆襄属魏了翁。疾卒。赠少师。从龙忠实有特操,当史弥远用事时,绝不附之,士论归焉。

六、曾肇《曾太师公亮行状》

维曾氏,系出于禹,为姒姓。其后有封于鄫者,历夏、商、周,传国不绝。春秋时见灭于莒,太子巫奔鲁,去邑为曾氏。巫孙蒧,实事孔子。至参又以孝闻,曰元申西继,见继传。其后久晦不显。唐广明中,有自光州固始县避乱徙家闽越,遂为泉州晋江县人者,公之七世祖也。又三世而生瓒,是为公高祖。自高祖而下三世皆仕闽越。高祖为泉州录事参军。曾祖秦公为司农少卿、泉州节度掌书记。皇祖魏公为泉州德化县令,皆奕世载德、畜而不发。至魏公始归朝,为殿中丞致仕。

皇考楚公,遂以文学政事显名朝廷,至公而曾氏遂大显矣。楚公举进士太宗朝,与陈文忠公试于廷,文皆杰出,并授光禄寺丞、直史馆,而楚公次文忠公为第二。俄特迁殿中丞、知宣州,赐绯衣银鱼,近世进士起家之盛未有如此者也。终尚书刑部郎中、集贤殿修撰。公既贵,赠楚公而上三世皆至公师,封大国。又封曾祖妣秦国太夫人萧氏,祖妣辛氏、辛氏韩国、魏国太夫人,妣吴氏、黄氏秦国、楚国太夫人。

公少力学问,能文章。乾兴初,仁宗即位,时楚公守池州,以公持表入贺,授试大理评事,不赴调。举进士第五人中第,授太常寺奉礼郎、知杭州临安县。未行,改知越州会稽县。公初试吏,即能听决狱讼,吏莫能欺。县有鉴湖溉民田,湖溢则反为田病。公为即曹娥江堤疏为斗门,泄湖水入江。田以不病,民至今赖之。坐亲戚置田部中,公实不知。左迁监湖州酒务。归,迁光禄寺丞,监在京曲院。岁课大溢,特迁秘书省著作佐郎。明道改元,覃恩迁秘书丞。丁楚公忧,服除监在京都商税院。迁太常博士。近臣荐公学行,授国子监直讲。是时元昊叛西边。朝廷议出兵讨之,公自以任博士,得以古谊迪上,且夷狄反复桀骜,宜以德怀柔,不率,然后加兵著《征怀书》一篇奏之。其后元昊请臣中国,卒不出兵。徙诸王府侍讲、兼睦亲宅北宅讲书、潞王宫教授。迁尚书屯田员外郎。故事,王府侍讲岁满进记室、直史馆、赐三品服,公以积累而迁,非其好也。献所为文,召试学士院,授集贤校理。发解别头进士,得人为多,后有至公卿者。

俄兼天章阁侍讲、史馆检讨,迁尚书兵部员外郎、修起居注。当试知制诰,宰相贾文元公,公友婿也,以亲嫌为言,除天章阁待制,迁尚书刑部郎中。文元公罢,遂知制诰,兼史馆修撰。丁楚国太夫人忧。服除,召入翰林为学士,迁中书舍人。公自校理以至为学士,皆兼待诏。是时仁宗励精稽古,博延儒学之士讲论六艺,有不任职往往罢去,独公以道德劝讲,历十余年。事有可以趣时为者,多传经启迪,繇是眷奖加厚。

一日,召执政侍从之臣策访政事,时公侍楚国太夫人疾,谒告家居,亟以手诏就问。公条六事以献。其略以谓完堡栅、畜兵马,使主兵者久于其任则夷狄不敢窥边,取之得其要,任之尽其材,则将帅不患无人;损冗兵、汰冗官、节财用、省徭役,不专在农则耕者劝。又陈古者取六郡良家子为宿卫及府兵,番上十六卫之制,以明今宿卫之失。言狂者似直,爱憎似忠,以明听言、知人之难,而人君得其言,则当审覆而后行,以消谗谀之风,盖皆取当世之所先急而便于施行者以为说云。

既以经术开导人主,至于朝廷典章故实、律令文法,无不练习,而临事明敏果敢。历判尚书刑部、兵部、吏部流内铨,知审刑院、太常礼院。判太常寺兼知礼仪事,勾当三班院。异时领省事者,多以贵达,且数迁徙,类不省事,吏得并缘为奸。公周览诏条,考校簿书,分别是非可否,不为苟简。故所至举职,皆有能名。其在刑部,果于直人之枉。选人以殴父妾得罪,其实为妾所殴,拒之,因误伤妾,非殴也,诉于刑部。公欲直之,同列之长者不从,乃独请对,卒与之。直三班,吏员冗杂。吏非赇贿不行。又第贵戚权要子弟,恃势请谒。公至,尽取前后条目,为之区处,按以从事,吏束手无能为而人亦不敢干以私,后至者莫能易也。其治他司亦然。欧阳文忠公不妄许人,至三班,尝以不敢易公旧事为言,其为世所服如此。与《详定编敕》,修《武经总要》,多所裁定。又尝专奉诏修《游艺集》。书成,赐一子官,辞不受。

数以疾请外,改端明殿学士、知郑州。郑居数路要冲,冠盖旁午,州将疲于应接,鲜能及民事。公独询访间里,为之除害兴利。转运使岁多无名率敛,而辅郡尤甚。公至,一切不报,有不得已者,使民以常赋代之。民以不扰,至今思之。公为政,惠和而尤能钩考情伪,禁戢奸盗。郡故多寇攘,公至,悉窜他境,路不拾遗,民外户不闭,至号公为曾开门。尝有使客,亡橐

— 239 —

中物,移文求盗。公谕以境内无盗,必从者自为也,索之果然,使客惭服,以为神明。未几,复召入翰林为学士,知开封府。其政如为郑时,而人亦习闻。公所为不劳而治,强宗大姓,莫敢犯法,畿内之盗遁逃远去,京师肃然。居三月,擢为给事中、参知政事。提举修《唐书》。时嘉祐三年六月也。明年,加礼部侍郎。又明年,除检校太傅,充枢密使,兼群牧制置使。

六年闰八月,拜吏部侍郎、同中书门下平章事、集贤殿大学士。公既执政,益感激奋励。其为枢密使,修纪纲,除弊事,数裁损冗兵,又更制图籍,以周知四方兵数登耗、三路屯戍众寡、地理远近。及在相位,与韩忠献公勠力一心,更唱迭和。其所更革废举尤多,以谓政事以仁民为先,故其志尤急于去民所疾苦,而补助其穷乏。罢弛茶禁,归之于民。籍户绝田,收其租为广惠仓以廪食穷独。其他施设,多此类也。当是时,天下无事,仁宗委政大臣,垂拱仰成,而海内充实,朝廷谧清,群工百司奉法循理,刑罚宽平,黜陟有序,田里无召发之役,四方不见兵革之事者,宰相辅佐之力也。尝与韩忠献公力赞仁宗蚤建皇子,以为天下万世之本。前此固有言者,未之开纳,至是感悟,储贰乃定。

八年三月,英宗即位,加中书侍郎,兼礼部尚书。英宗哀疚感疾,太皇太后权宜听政,公调护镇附,夙夜不懈,加户部尚书。治平二年,英宗不豫,即床下奉手诏,立今上为皇太子。明年正月,今上即位,加门下侍郎,兼吏部尚书。俄拜尚书右仆射,提举修《英宗实录》。熙宁二年十月,富郑公辞疾去位,又拜右仆射,兼门下侍郎,同中书门下平章事,弘文馆大学士,监修国史,兼译经润文。初封英国公,后改兖国公,又改鲁国公。

在位久,熟于朝廷政事,尤矜慎决狱。异时四方以狱来上者,委成有司,二府总领纲纪而已。公得奏谳,必躬自省览,原情议法。密州银发民田中,盗往强取之,大理当以强盗应死,执政皆欲从之。公独以为此禁物也,取之虽强,与盗民家物有间,固争不决,遂下有司议,如公言。比劫禁物法,盗得不死。先是东州地产金银,坐强取者多抵死,繇公一言,自是无死者,盖公推析律意,不差毫厘,而主于平恕,类皆如此。

谓夷狄骄于姑息,屈于理折,契丹纵边人渔界河,边吏不能禁拘。又数通盐舟,益患之。或谓:“与之校,且生事。”公曰:“不可因循。不禁,后将为患,独可委之强臣。”且言赵滋守雄州,其人强勇有谋可任。因谕以风指。

滋果能明约束、设方略,绝其盐舟,而渔者亦皆远去。谍告虏欲遣泛使,滋又沮之曰:"泛使非誓约,虽至不敢上闻。"卒不至。契丹贺正使在馆,故事,赐宴紫宸殿,时英宗不豫,命宰相就馆宴之,使者以非故事,不就席。公责以:"赐宴不赴,是不虔君命也。人主不豫,必待亲临,非体国也。使人处之安乎?"遂拜赐。

夏人犯大顺城,朝廷忧之,公以为彼方荐饥,姑绝其岁赐,遣使诘问,必窘急谢罪。或曰:"得赐尚尔,况绝之乎?"公曰:"彼虽戎狄,固能择利而处也。"卒遣使,皆如公言。羌酋鬼名山举族来归,且言可率他族内附。种谔乘其势取绥州,又欲因其谋招致他族。或谓夷狄怀诈未可信,且欲弃绥州。上以问公,公言:"举族而来,决非诈。绥州,我故地也,既得之,何可不守?然遂欲招置他族,则我素无备,非仓卒可为,未宜摇动其众,后遣习边事者计之。"不能易公说。

公更践二府,以至为相,十有五年。近世处高位者,莫如公久。其事君接人、语默动静,一皆有法,而尤小心恭慎,不立朋党,推远权势,未尝纳请,谒市私恩。对家人子弟不语及公事,每为密奏,辄削其稿。其忠言正论,与夫推贤扬善,谋大事、定大策,凡语于上前者,退而不伐,亦不言于人。故人亦莫能尽知也。

仁宗末年,大臣一咈公议,往往免去。公终其世,内外无间言,再被顾托。历事三朝,至今上时,受遗辅臣,独公久于其位,上亦笃于信任,不为流言所惑。尝有朝士上书,言两浙浚漕河废置堰闸非便,特以旁郡有公田园,赖以为利。上虽不入其言,公固请辨之,遣使者按验,其言果谬。公亦自言其人尝私谒不遂,今其书具在,并以奏焉。遂黜言者。公复固请宽言者罪,上繇是益贤公,眷待有加。盖公遇事不为姑息,数裁抑侥幸,不以毫发假借,小人不便,思有以中伤而莫能得其隙,故欲以是累公云。公自处显,每思止足。尝因亢旱引咎,累章祈罢免。上以手诏谕公曰:虽十百,上犹不听也。年七十即上书还政,不从。自是数以为言。又三年,而后许之,犹未得谢。进司空,以河阳三城节度使兼侍中,为集禧观使,五日一朝,时三年九月也。

公春秋虽高,筋力尚壮。时方出师西讨,欲得元老大臣镇关中,以为重。强起公为永兴军路安抚使,判永兴。庆州卒盗弄武库,兵且有外应,虽已伏诛,而余党散逸。自陕以西皆警,教阅义勇,置官提举,以备非常,强隆益兵,转运使又请移内陆赋税以实边,人情骚然,不安其居。公至,曰:"叛者诛矣,胡为张皇如是?"一以镇静待之。罢提举教阅义勇官,委之州郡,训练三将以备边,分屯于河中府。及邠、泾州不烦馈运,遂又奏罢移税。由是州郡晏然,乃益缮治城壁戎器增修政事之阙者。雍郊山林阻深,奸人依以为盗,取富人物如己有,一不厌其欲,则并其家害之,为患久矣。公至,购以厚赏,分兵搜捕,不数月殆尽。部多豪右,喜为飞语,以动摇在位且邀姑息。有声言营卒谋结外寇,以上元夜起兵为乱。至闻京师,州人大恐,兵官阴为备,请公毋出游。公不为动,是夜特率宾佐,置酒遨观,夜艾而归,人情遂安,飞语亦息。陕西既无事,乞还。许之,复为集禧观使,固纳节请老,许其归,仍进太傅。

公之归也,上欲赐公第,公辞,以旧庐粗庇风雨,于寒族为称,不敢当。上不夺其志,然使者存问,日月不绝,谓高年宜肉食,数赐羔。

公遇同天节,则必入朝上寿,慰抚良厚。上祠南郊,亦奉诏陪祠,卒事无废礼。其后得末疾,不能朝,上再祠南郊,以公不能从,特诏赐赍,依陪祠故事,固辞不得。盖上之优老念旧,于公尤笃,故恩礼之厚如此。公虽不能朝,上犹遣中使诏问北陲备御之策,公历述近世及祖宗已试之略有验于今者,凡千余言以对。

公既家居,日与宾客、族人置酒弈棋为乐,或使诸孙诵读文章,间乘篮舆,惟兴所适。每岁首,执政大臣连骑过公,饮酒赋诗,以为故事。

既退,四年,次子孝宽为枢密直学士、起居舍人、签书枢密院事。时公寿考康宁,食其养禄。论者谓父子世为公辅,天下固以为荣,然世或有之。至如公罢政事才六年,亲见其子嗣登政府,而其子入则侍帷幄、赞国论,退而承颜侍膳,雍容膝下,一时之盛,虽古未有也。初,其子迎公居西府,久之,公曰:"吾老矣,一旦被病不起,不宜污官寺。"遂葺旧庐以归,未几而公属疾矣。

元丰元年闰正月戊戌,薨于正寝。

公为人,力厚庄重,沉深周密,平居谨绳,墨蹈规矩。及处大事,毅然不惑。至其成功,欿然如未尝有为也。居家谨严,无惰容。虽在高位,常屈己下士,宾客至者,人人尽其说,然亦不曲从也。其处富贵,以清约自持。自布衣以至公相,凡所奉养,亡甚异也。其家人子弟,帅公之教,不为骄侈。子弟修廉,隅力学问如寒士,不知其为势家贵族也。性尤恺悌,待故旧不以富贵易意,任子恩多推与旁宗、外族。及致仕而归,诸孙多未官者。平生善读书,至老不倦。博识强记,晚年精明不衰,对宾客谈论,诵旧学,引朝廷故事,亹亹不绝,听者忘疲。

晚探佛书,造性命之理。寝疾,家人数劝勉进药饵,公却之曰:"物盛则衰,固其常也,非药饵所能。"终辞色不乱。有文集三十卷。

公累阶开府仪同三司,勋上柱国,号推诚保德、崇仁守正、协恭赞治、忠亮翊戴功臣,食邑一万三千五百户,食实封四千九百户。

娶陈氏,武信军节度使康肃公尧咨之女,先公卒,封郑国夫人,以子贵,封鲁国。

子三人:长孝宗,尚书虞部员外郎;次孝宽,次孝纯,殿中丞。

女一人:适光禄寺丞周汰。

孙七人:谞,诜,说,诚,咏,讷,谊。讷,为秘书省校书郎,余皆太常寺太祝。谞,先公一日卒。

公之去西府居也,诏许其次子往来就养。而其子三请解机务,不许。方继有请,而公薨矣。

自公寝疾,上遣中使挟太医诊视,又命辅臣至第存问。讣闻,特辍视朝三日,车驾临哭尽哀。三月丙子,又为素服哭于苑中。赠太师、中书令,配享英宗庙廷。赙恤加等。敕天章阁待制、枢密都承旨韩缜摄鸿胪卿,同入内侍省、都知利州观察使张茂则典护丧事,以五月庚寅葬于开封府新郑县东里乡北赵村之原,以鲁国夫人祔。维公以儒术吏事见推一时,履和蹈义,笃行不怠,故能奋于小官,不繇党援,周旋侍从,致位宰相,佐佑三世,有劳有能,定策受遗,功施社稷,知止克终,老而弥劲,为一代之宗臣,可谓盛哉。是宜铭书太常,配食清庙,诔行易名,传之史官,以信后世。称主上褒显勋旧,垂于无穷之意。

谨具公历官行事状,上尚书省,以移太常以告。

太史谨状。

七、曾公亮大事年表

宋真宗咸平二年(999 年),一岁

二月初七日(一作二月二十五日),出生。

宋真宗乾兴元年壬戌(1022 年),二十四岁

三月,宋仁宗继位,父曾会时守池州,命曾公亮奉表晋京祝贺。皇帝命其为大理寺评事,曾公亮固辞,立志以正途入仕。

宋仁宗天圣二年(1024 年),二十六岁

三月十八日,以进士甲科第五名中第。

八月,授太常寺奉礼郎、节察推官,知杭州临安县。未行,改知越州会稽县。

宋仁宗天圣三年(1025 年),二十七岁

是年,会稽任上治理鉴湖,造福百姓。

次子曾孝宽出生。

宋仁宗天圣五年(1027 年),二十九岁

是年,据载会稽任上发生强买农田风波,后平息。

宋仁宗天圣七年(1029 年),三十一岁

监湖州酒务。

宋仁宗天圣九年(1031 年),三十三岁

是年,回京述职,升任光禄寺丞。又因"岁课大溢",迁秘书省著作佐郎。

宋仁宗明道元年(1032 年),三十四岁

十一月初六日,为秘书丞。

宋仁宗明道二年(1033 年),三十五岁

七月,父曾会于任上去世,丁忧。

宋仁宗景祐三年(1036 年),三十八岁

丁忧期满,监京都商税院。

宋仁宗景祐四年(1037 年),三十九岁

迁太常博士。

宋仁宗宝元二年(1039 年),四十一岁

年初,上书论边事,授国子监直讲。

宋仁宗康定元年(1040 年),四十二岁

迁屯田员外郎。开始编纂《武经总要》。

宋仁宗庆历元年(1041 年),四十三岁

五月十四日,任谏官。

八月初七日,授集贤校理,从此走向政治生涯的"正途"。

八月十一日,为考试锁厅举人。

宋仁宗庆历二年(1042 年),四十四岁

三月,宋仁宗赐《答曾公亮诏》。

继续主持编纂《武经总要》。

宋仁宗庆历三年(1043 年),四十五岁

十月二十二日,以天章阁待制兼侍讲、知制诰兼史馆检讨。

宋仁宗庆历四年(1044 年),四十六岁

正月二十八日,迁同知太常院。

二月二十三日,为宋仁宗讲《毛诗》。

三月十二日,上疏,对范仲淹改革学校事宜发表意见。

十月二十三日,提出修改辍朝礼。

曾公亮主持编纂的《武经总要》成书。

宋仁宗庆历五年(1045 年),四十七岁

闰五月十五日,参与编修《新唐书》。

宋仁宗庆历六年(1046 年),四十八岁

曾公亮由史馆检讨而为史馆修撰。

宋仁宗庆历七年(1047 年),四十九岁

正月二十四日,因修《庆历编敕》成,受赐赏。

三月二十五日,衣三品服,任国子监直讲,后改诸王府侍讲。

宋仁宗庆历八年(1048 年),五十岁

三月二十五日,对答诏问,《上仁宗答诏条画时务》。

曾公亮母黄氏去世,丁母忧。

宋仁宗皇祐三年(1051 年),五十三岁

四月二十九日,翰林学士、管勾三班院,封庐陵郡开国侯,加食邑。

八月十七日,为契丹国母生辰使,出使契丹。

十月十三日,提出处理诸道编管罪犯的意见。

宋仁宗皇祐五年(1053年),五十五岁

正月十二日,以翰林学士权同知贡举。

宋仁宗至和元年(1054年),五十六岁

三月初七日,考试医官。

九月,以端明殿学士知郑州,治理有方,获号"曾开门"。

宋仁宗嘉祐元年(1056年),五十八岁

四月初五日,以端明殿学士、左司郎中、集贤修撰、知郑州为翰林学士、兼侍读学士,仍知郑州。

八月十六日,为翰林学士、尚书左司郎中、知制诰、权知审刑院。

是月,以翰林学士权知开封府。

十二月初五日,为给事中、参知政事,首登相位。

宋仁宗嘉祐二年(1057年),五十九岁

八月初三日,以参知政事同提点详定《编敕》。

宋仁宗嘉祐三年(1058年),六十岁

六月初七日,为礼部侍郎。

九月初五日,讨论茶法。

宋仁宗嘉祐四年(1059年),六十一岁

五月初四日,为桥道顿递使。

八月十二日,讨论郭皇后祔庙事。

宋仁宗嘉祐五年(1060年),六十二岁

七月,《新唐书》成,上表。

十一月十六日,授检校太傅,充枢密使。

宋仁宗嘉祐六年(1061年),六十三岁

闰八月二十日,为吏部侍郎、同中书门下平章事监修国史、集贤殿大学士、左仆射中太师右丞相,赐紫金鱼袋。

宋仁宗嘉祐七年(1062年),六十四岁

八月初九日,为张方平辩护。

宋仁宗嘉祐八年(1063 年),六十五岁

三月二十九日,仁宗去世,撰谥册文。

四月十三日,加中书侍郎兼礼部尚书。

宋英宗治平元年(1064 年),六十六岁

正月二十三日,请罢生日器币、鞍马等。

二月,为中书侍郎兼吏部尚书、平章事。

闰五月初三日,迁户部尚书。

宋英宗治平二年(1065 年),六十七岁

五月二十五日,权兼枢密院公事。

是年,参与"濮议论争"。

宋英宗治平三年(1066 年),六十八岁

正月,御史弹劾曾公亮等"濮议"中的执政派。

十月十三日,向宋英宗举荐人才。

宋英宗治平四年(1067 年),六十九岁

正月初一日,斥责契丹不礼使者。

正月初八日,宋英宗去世,太子赵顼即位,是为宋神宗。

正月十九日,加封门下侍郎兼吏部尚书左仆射,晋封英国公。

闰三月二十二日,为王安石辩护。

四月,因不赴文德殿押班事受到御史弹劾。

七月十九日,举荐吕惠卿。

九月二十七日,为尚书左仆射兼门下侍郎,改兖国公。

宋神宗熙宁元年(1068 年),七十岁

五月二十七日,开始编修《英宗实录》。

七月十八日,为郊祀大礼使。

八月初九日,请罢南郊礼毕赏赐,引起争论。

宋神宗熙宁二年(1069 年),七十一岁

正月二十三日,奉诏处理王广渊条奏置义仓事。

二月,在曾公亮的推荐下,王安石出任参知政事。

四月初八日,与富弼、王安石等讨论中书置属人员问题。

四月十七日,为西京奉安宋仁宗、宋英宗玉容礼仪使。

四月二十六日,奉诏为太皇太后上尊号。

七月二十五日,上《宋英宗实录》。

八月十八日,举荐亲侄曾孝广为官。

十月初三日,为同中书门下平章事。

十月初五日,与宋神宗等商议简兵事宜。

十月,授昭文馆大学士,监修国史兼译经润文使,累封为鲁国公。

宋神宗熙宁三年(1070 年),七十二岁

二月初二日,与王安石辩论坊郭俵钱事。

六月初七日,与宋神宗、王安石讨论边防事。十八日,与王安石在"坐失入秦州民曹政死罪未决"案判案方面发生分歧。

七月初四日,举荐司马光为枢密使人选。

七月初九日,参与宗室改革的讨论;讨论李定的任免问题。

八月初一日,在郭逵加官及任用傅尧俞事上与王安石发生分歧。

八月二十一日,与王安石在川、广等路官员的差除问题上发生分歧。

八月二十六日,与王安石在三司选人问题上发生分歧。

九月十三日,罢相。

十一月,乞罢其恩赐公使钱。

宋神宗熙宁四年(1071 年),七十三岁

正月,反对变卖广惠仓田。

四月二十六日,判永兴军。

宋神宗熙宁五年(1072 年),七十四岁

三月二十八日,乞还。

五月十三日,为集禧观使。

六月初四日,致仕。

宋神宗熙宁八年(1075 年),七十七岁

四月,在宋辽边界事中,主张积极防御。

宋神宗元丰元年(1078 年),八十岁

闰正月二十三日,去世,享年八十岁。

闰正月二十八日,配享英宗庙,追赠太师、中书令。

四月,曾公亮葬。

八、曾公亮诗词

宿甘露寺僧舍

枕中云气千峰近，床底松声万壑哀。

要看银山拍天浪，开窗放入大江来。

送程给事中知越州

山阴地胜冠江吴，今得贤侯自禁途。

侍从暂虚青琐闼，藩宣新剖玉麟符。

移时前席辞旒扆，不日重城歌袴襦。

想到蓬莱游未遍，已应归步在云衢。

挽老苏先生

立言高往古，抱道郁当时。

铅椠方终业，风灯忽遘悲。

名垂文苑传，行纪太丘碑。

后嗣皆鸾鹭，吾知庆有诒。

吊曹觐

款军樵门日再晡，空拳犹自把戈铁。

身垂虎口方安坐，命若鸿毛竟败呼。

柱下杲卿曾断骨，袴中杵臼得遗孤。

可怜三尺英雄气，不怕山西士大夫。

残句

饭思白石红桃米，菜忆黄龙紫芥心。

九、曾公亮著述——存世文章一览表（已知）

文章名称	写作时间	资料出处	收入文献
《乞正辍朝之礼奏》	庆历四年（1044年）十月	《续资治通鉴长编》卷一五二"宋仁宗庆历四年十月庚戌"条，第3705页；《宋会要辑稿》礼四一之五七、五八，第1406页	《全宋文》卷五四八，第26册，第76页
《上仁宗答诏条画时务》	庆历八年（1048年）三月	《续资治通鉴长编》卷一六三"宋仁宗庆历八年三月癸亥"条，第3935页	《宋朝诸臣奏议》卷一四七，第1677～1681页；《全宋文》卷五四八，第26册，第77页
《看详诸道编管配军人罪犯事奏》	皇祐三年（1051年）十月十三日	《宋会要辑稿》刑法四之二三，第6633页	《全宋文》卷五四八，第26册，第78页
《仁宗谥册》	嘉祐八年（1063年）九月二十日	《宋会要辑稿》礼二九之三七，第1082页	《宋大诏令集》卷九《仁宗谥册》；《全宋文》卷五四八，第26册，第76页
《乞从贾黯言谅暗间罢赐执政生日奏》	治平元年（1064年）正月	《续资治通鉴长编》卷二〇〇"宋英宗治平元年正月甲寅"条；《宋会要辑稿》礼六二之九一、九二，第1740页	《全宋文》卷五四八，第26册，第78页
《枢密使兼侍中班序奏》	治平二年（1065年）十月	《宋会要辑稿》仪制三之三〇，第1886页	《全宋文》卷五四八，第26册，第79页
《英宗谥册》	治平四年（1067年）七月十六日	《宋会要辑稿》礼二九之四八，第1087页	《宋大诏令集》卷九；全宋文》卷五四八，第26册，第76页

续表

文章名称	写作时间	资料出处	收入文献
《乞许从罢黜奏》	熙宁元年（1068 年）正月	《宋会要辑稿》瑞异二之二一，第 2092 页	《全宋文》卷五四八，第 26 册，第 80 页
《乞罢南郊礼毕赏赐奏》	熙宁元年（1068 年）八月	《续资治通鉴长编拾补》卷三"宋神宗熙宁元年八月癸丑"条；《续资治通鉴长编纪事本末》卷五七	司马光《传家集》卷四二《乞听宰臣等辞免郊赐札子》；《全宋文》卷五四八，第 26 册，第 80 页
《上神宗乞不宣取瑞木》	熙宁二年（1069 年）		《宋朝诸臣奏议》卷三六《上神宗乞不宣取瑞木》；《全宋文》卷五四八，第 26 册，第 81 页
《答诏言边事奏》	熙宁八年（1075 年）四月	《续资治通鉴长编》卷二六二"宋神宗熙宁八年四月丙寅"条，第 6376 页	《全宋文》卷五四八，第 26 册，第 82～84 页
《别曾布柬》		宋魏泰《东轩笔录》卷六〇	《全宋文》卷五四八，第 26 册，第 84 页
《与曾子宣书》		宋释文莹《玉壶清话》卷七；《宋朝事实类苑》卷四〇	《全宋文》卷五四八，第 26 册，第 84 页
《与神智大师三贴》		宋魏齐贤《圣宋名贤五百家播芳大全文粹》卷七〇，第 631 页	《全宋文》卷五四八，第 26 册，第 85 页
《与盐铁判官启》		宋岳珂《宝真斋法书赞》卷一〇	《全宋文》卷五四八，第 26 册，第 86 页
《武经总要后集序》		《武经总要后集》卷首	《全宋文》卷五四八，第 26 册，第 86、87 页
《恭题御赐诗后》		《清源文献》卷八	《全宋文》卷五四八，第 26 册，第 87 页
《五言四韵诗记》	至和元年（1054 年）九月己酉	《民国郑县志》卷一六	《全宋文》卷五四八，第 26 册，第 87、88 页

续表

文章名称	写作时间	资料出处	收入文献
《与张安道尚书帖》		宋魏齐贤《圣宋名贤五百家播芳大全文粹》卷六三，第588页	《全宋文》卷五四八，第26册，第84页

曾公亮平生著作很多，除参加编纂《新唐书》250卷外，又私撰《唐兵志》3卷、《唐书直笔新例》1卷。见于记载的还有《宋英宗实录》30卷、《元日唱和诗》1卷、《勋德集》3卷、《演皇帝所传风后握奇阵图》和《武经总要》。包括参与编修的官方文献在内，保存下来的只有《武经总要》，其他著述包括个人文集都已失传。现梳理如下：

1.参与几次《编敕》的删修。

2.参与修撰《太常新礼》40卷、《庆历祀仪》63卷。贾昌朝提举，同修者还有孙祖德、张方平、吕公绰、王洙、孙瑜、余靖等人。

3.参与《新唐书》的修撰。今天我们看到的《新唐书》，不只是欧阳修、宋祁两人修成的，实际上，此书的问世也有曾公亮的一分力量。前后参与修撰者还有欧阳修、宋祁、范镇、吕夏卿、王畴、宋敏求、刘羲叟等人。

4.主持修撰《宋英宗实录》。

5.《元日唱和诗》1卷。

6.《游艺集》。

7.《曾公亮文集》30卷，已失传。

《武经总要》是曾公亮和端明殿学士丁度于宋康定元年至庆历四年（1040—1044）承旨主编的一部兵书，共40卷，分前后两集，为中国古代一部军事科学的百科全书。

十、昭勋阁二十四功臣

宋理宗宝庆二年(1226年),图功臣神像于昭勋阁,凡二十四人。

1. 赵普
2. 曹彬
3. 薛居正
4. 石熙载
5. 潘美
6. 李沆
7. 王旦
8. 李继隆
9. 王曾
10. 吕夷简
11. 曹玮
12. 韩琦
13. 曾公亮
14. 富弼
15. 司马光
16. 韩忠彦
17. 吕颐浩
18. 赵鼎
19. 韩世忠
20. 张浚
21. 陈康伯
22. 史浩
23. 葛邲
24. 赵汝愚

在这二十四功臣中，只有曹彬、潘美、曹玮、李继隆、韩世忠是职业军人。赵普、薛居正、李沆、王曾、王旦、吕夷简、韩琦、曾公亮、富弼、司马光、韩忠彦、吕颐浩、赵鼎、张浚、陈康伯、史浩、葛邲、赵汝愚是曾担任过首相的重臣，石熙载仅仅担任过枢密使。

十一、宋代名相曾公亮家族墓葬群初探

陈芳盈　　陈金土

宋代名相、泉州人曾公亮家族,书香永继,仕宦不绝,其族裔为官四方,都能勤政爱民,忠勇任事,不经意之间形成了一张家族"仕宦地理图",只是他们也跳不出人类生老病死的固有规律,因此也在祖国的佳山秀水留下了供后人追思缅怀的壮观墓葬群。墓地本是中国人的人生后花园,曾公亮家族墓葬群却可视作该家族的施政行程表和生息记录单,使人从中窥见这个庞大家族的精神格局、追求轨迹和人文史迹。

在梳理以上文化信息时,我们还发现,随着政治地位的上升和社会贡献的增长,加上社会属性的真实需要,曾公亮家族与诸多宋代名臣结成姻亲,如四川陈尧咨家族、河北吕端,如福建域内的泉州士族刘昌言、蔡确和浦城章惇,还有其他的显宦名士,等等。在姻亲关系上,宋代曾家甚至被帝王之家"看上",与皇家结成了亲戚。

(一)曾公亮其人

曾公亮出身于地处泉州晋江的仕宦家族,活动于北宋中后期的国家政治舞台上,他"少力学问,能文章",不愿依靠父亲余荫以"斜封"踏入仕途,而是凭着个人努力出仕,表现出不凡的禀赋和才气。而北宋王朝此时正当内外矛盾日趋激烈、"兵虚财匮"的转折阶段,由于开国皇帝赵匡胤通过"杯酒释兵权"加强了中央集权统治,却产生"兵将分离"和"守内虚外"的严重后果,且"将不称职"和"冗兵"现象非常严重,到宋仁宗时期,中央禁军和地方厢兵就达到 150 万,给人民造成了极大负担。面对种种弊端,曾公亮上疏条陈六事,提出"完堡栅,畜兵马,损冗兵,汰冗官,省徭役,专任农"等切中时弊、富国强兵的改革建议和措施,得到宋仁宗的嘉许和器重,加上政绩卓著,于宋嘉祐元年(1056 年)以翰林学士、兼侍读学士、中书舍人、集贤殿修撰、权知开封府升任给事中、参知政事,与祖籍河南、出生于泉州的另一宰相韩琦,共同主持朝中政事。

他们"勠力一心,更唱迭和",主张鼎革更新,关注民生疾苦,发展茶业贸易让利于民,清查绝户田产,增加国库收入,扶助孤寡,等等。曾公亮尽力为国家奖掖人才,尤其赏识卓有才干的改革家王安石,虽然保守派激烈反对起用王安石,但并没有动摇曾公亮举荐贤能的决心,他多次在宋神宗面前推荐王安石,尽管自己身居相位,仍然非常虚怀地建议——"安石,真辅相之才"。

曾公亮不仅是北宋中叶著名的政治人物,而且广泛涉猎军事、军火、文学和史学等领域,做出巨大贡献,留下大量著作。他一生从政近半个世纪,虽然主要时间和精力都用在了治理国事上,但还是给后世留下了不少著作,见于记载的有《宋英宗实录》30 卷、《元日唱和诗》1 卷、《勋德集》3 卷、《演黄帝所传风后握奇阵图》等。此外,他还一度出任史馆编修,参与《新唐书》的修撰工作,由欧阳修、宋祁两人领衔编纂的《新唐书》,最后是由曾公亮进呈给皇帝的。其中建树最大的,还是在宋仁宗康定元年(1140 年)至庆历四年(1044 年),曾公亮和丁度奉命主编《武经总要》,这部军事科学专著分前后集共 40 卷,记录了历代军事典章制度、边防战守、各种战例以及武器生产和火药配制等内容,材料翔实,范围广泛,保存了不少有科学价值的资料和珍贵的史料,对后世产生了深远的影响,《四库全书总目提要》认为它"前集备一朝之制度,后集具历代之得失"。被誉为"当代利玛窦"的英国科学史家李约瑟在皇皇巨著《中国科技史》中对《武经总要》做了高度评价,认为它关于火药配方的记录比欧洲至少要早 300 年。尤其值得一提的是,《武经总要》记载:北宋朝廷"命王师出戍"于广南(即广东),"从屯门山用东风,西南行七日至九乳螺洲"。"九乳螺洲"就是今天南海诸岛中的西沙群岛,它充分说明西沙群岛自古以来就是我国神圣的领土,也为我们伟大祖国在维护领土完整和主权时,提供了无可争辩的历史证据。

曾公亮历仕宋仁宗、英宗、神宗三朝,集政治家、军事家、军火家、史学家和文学家于一身,是文理兼通的一代名相。元丰元年(1078 年)闰正月二十三日,曾公亮与世长辞。宋神宗下令停朝三日,并且亲临哭奠,御题陵墓碑额"两朝顾命,定策亚勋",高度评价曾公亮,钦赐配享先皇英宗庙庭。宋理宗宝庆二年(1226 年),朝廷仿唐太宗"凌烟阁"故事,摹画自宋代开国以来二十四功臣像,悬挂于昭勋阁,曾公亮赫然居于其中。

1937年元月,近代文学家郁达夫畅游泉州。三年多后,泉州人陈祖泽在新加坡将自己的著作《温陵探古录》奉赠郁达夫。郁达夫感怀之余,写下七律《咏泉州》,其中有"里中志记曾明仲,桥上人歌蔡状头"的诗句,曾明仲就是泉州历史名人、北宋名相曾公亮。

(二)曾公亮家族仕宦概述

上海图书馆馆藏《龙山曾氏族谱·衣冠传后》写道:"泉南曾氏当宋之时,宰相状元萃于一门,兄弟子孙馆阁侍从者,衣相摩而足相踵,衣冠之盛,诚前代所罕闻也。方宣靖公之相,实与韩魏公同时,二家子孙又皆三世执政。"这段文字描述了曾氏家族科甲繁昌的盛况,不仅毫无夸张之意,其实还有未尽之处。

曾公亮出身仕宦之家。祖父曾穆曾经担任唐末德化县令,颇有政绩。父亲曾会历任刑部郎中、集贤殿修撰等,天资夷旷,为政清廉。特别是从曾公亮开始,泉州曾氏迈进了一个世家大族的奋进历程。

如前所述,宋神宗为曾公亮墓碑御篆"两朝顾命,定策亚勋"碑额,两任泉州知府的理学家真德秀也为曾公亮在泉州市区三朝铺宏博境建"定策亚勋坊",牌坊石柱镌刻楹联有"龙头欣献瑞,麟角庆呈祥""两朝定策皇碑树,千户效忠史志传";宋徽宗敕赐兴宁军承宣驸马都尉曾黉(曾会六世孙,曾公度五世孙,曾公亮五世从孙)"本支百世,与国同休"并镌刻成碑;宋孝宗作《松赋》赐户部尚书、右丞相曾怀(曾公亮曾孙);宋宁宗为状元曾一龙(曾愈六世孙,曾公济五世孙,曾公亮五世从孙)改名"曾从龙",并为之亲作《改名敕》;等等。

可见,曾会、曾公亮家族,绝对称得上宋代"东南望族",现在泉州市区"源和1916"创意产业园,其实都是宋代曾氏老宅的范围。他们除了获得这种来自帝王的直接"赏赐"外,还在仕途科举方面取得了巨大的成就和荣耀:

一门三辅相:太师右丞相曾公亮,少师右丞相曾怀,少师枢密使、参知政事曾从龙。

父子"两府相见":曾公亮(丞相为"东府")与儿子曾孝宽(枢密使为"西府")。

一门封赠三公:太师秦国公曾峤、太师魏国公曾穆、太师楚国公曾会(因曾公亮贵而受封赠);太师鲁国公曾公亮、太师秦国公曾孝宽、太子太师曾诚(因曾怀贵而受封赠);太师魏国公曾详、太师魏国公曾憻、太师秦国公曾应辰(因曾从龙贵而受封赠)。

还有"五代殿馆阁""父子五进士""兄弟两进士",甚至"四子俱登科"的盛况;一门卿监郎中学士,一门大夫之列,一门文武经略,一门郎官,一门守令,等等。其中,仅"一门郎官"就达到90多人,在宋代走向最辉煌的顶点,被誉为"曾半朝"。

现开列部分科举仕宦榜单如下:

曾会,宋端拱二年(989年)己丑科陈尧叟榜榜眼。

曾愈,曾会之弟,大中祥符五年(1012年)壬子科徐奭榜进士。

曾公度,曾会长子,大中祥符八年(1015年)乙卯科蔡齐榜进士。

曾公亮,曾会次子,天圣二年(1024年)甲子科宋郊榜进士第五名,位至宰辅。在泉州市区状元街,重新镌刻了朱熹表侄祝穆写的一副楹联"欧阳之后,六人亚魁虎榜;曾公以来,四相辅治龙池"——榜眼、解元曾会就是"六人"之一,"曾公"即曾公亮,是"四相"之一。父子二人在这副脍炙人口的泉州名联里各占了一席之地。

曾公奭,曾公亮弟,天圣五年(1027年)丁卯科王尧臣榜进士。

曾公定,曾公奭弟,庆历二年(1042年)壬午科杨寘榜进士。

曾公懋,端平二年(1235年)特奏名。

曾公济,曾愈子,曾任郡守。

曾孝宗,曾公立长子,军器少监。

曾孝宽,曾公亮子,官至枢密使。

曾孝序,曾公亮从子,资政殿大学士兼龙图阁直学士。

曾孝广,曾公亮从子,累迁户部侍郎进尚书,知杭州、潭州、郓州等。

曾怀,曾公亮曾孙,曾孝宽之孙,位至右丞相,与泉州状元梁克家同朝为相。

曾从龙,曾公亮六世从孙,庆元五年(1199年)己未科状元,枢密使、参知政事。他成名后,府第建在泉州升文山,即现在的"源和 1916"创意产业园内,在祠堂撰题两副楹联:"琼林宴罢花半壁,御苑归来笏满床";"事宋主七八宗为公为将为相,祀乡贤十六位立德立言立功"。

泉州曾氏还有七代人中有五代人取得科举功名的光辉。

(三)曾氏墓葬群

曾公亮的先祖及其后裔族人,就是泉州历史上的著名家族,堪与同时代的四川眉州苏洵家族、江西南丰曾巩家族、四川阆州陈省华家族等相媲美。

曾公亮家族上溯唐末,下及两宋,十几代从政为官,报效家国,或挽狂澜于庙堂,或施教化于黎庶,从朝廷到地方,都有曾氏子孙的行踪宦迹。到了明清两代,仍不衰竭。他们去世之后,有的叶落归根安葬在大泉州范围内的祖籍地,有的辗转奔驰最后永远栖息在因工作而定居下来的地方。因为从政做事的族人众多,在不知不觉中形成了多处颇具数量的墓葬群,大致分布在河南、安徽、江苏或泉州府所属的南安、晋江、德化等县邑。首先,当然是以曾公亮为主的河南新郑墓葬群,其余则为曾公亮先祖或者族裔眷属的墓葬群。如在泉州域内,有曾氏入闽始祖曾延世为首的南安虎岗山墓葬群,有三世曾宏为主的德化"相安院"墓葬群,有五世曾瓒的"国相院"墓葬群,有七世曾穆为主的晋江御辇"普门院"墓葬群,有状元宰相曾从龙房份墓葬群,以及最新发现端倪的泉州清源山北麓"国田院",还有晋江"报慈院""通泉院"等。

曾公亮家族墓葬群,体现了中国传统的孝悌文化思想,已发现发掘或等待发现的墓葬,可以作为研究当时当地的随葬品和人文风俗,也是研究曾公亮家族和泉州名宦世族发展史以及泉州海丝文化的重要遗存。

1.担当尽责,营葬工作地

曾公亮家族精英迭现,才俊辈出,他们生前为国尽忠、为民尽责,逝后随遇而安,在工作地落葬,在上百年间形成了可观的墓葬群,是家族仕宦人生的人文地理图,也为当时当地添加了无限的人文光辉。

(1)河南新郑境内曾公亮墓葬群

曾公亮与他的四弟曾公奭、五弟曾公望、六弟曾公定,及其后裔的一部分,大都落葬河南郑州新郑。曾会的另外两个儿子即曾公亮的长兄曾公度、三弟曾公立则落葬晋江御辇村。

①九世宋曾公亮墓

曾公亮于宋嘉祐元年(1056年)以翰林学士、兼侍读学士、中书舍人、集贤殿修撰、权知开封府升任给事中、参知政事,又于嘉祐六年(1061年)拜吏部侍郎、同中书门下平章事、监修国史,进昭文殿大学士;宋神宗即位后,加门下侍郎兼吏部尚书;熙宁二年(1069年)进昭文馆大学士,赠太师、封鲁国公。娶武信军节度使陈尧咨女封郑国太夫人,晋封鲁国太夫人,合葬。生曾孝宗、曾孝宽、曾孝纯。事迹载于《宋史》《八闽通志·名臣》等。

宋神宗元丰元年(1078年)闰正月二十三日,曾公亮在家去世,享年八十岁。神宗皇帝闻讯后,临丧哭泣,为他辍朝三日。闰正月二十八日,神宗下诏追赠曾公亮为太师、中书令,谥号"宣靖",并准其配享宋英宗庙廷。五月,葬于河南开封府新郑县三十余里梅河东岸(即河南省郑州市八千办事处香炉朱村辛庄村南一里处)。宋神宗亲自撰写曾公亮墓碑:"两朝顾命,赞策勋德",后来下诏改为"两朝顾命,定策亚勋",墓冢与《重修曾坟寺碑》存在千年。历宋元明清,高大的墓冢、石碑仍然存在,在陵墓北侧有用于看护墓园的寺院叫"曾坟寺",寺外古柏参天,排列着石碑、翁仲等,寺内有大殿奉祀曾公亮神像,还有殿旁的两庑和高大的山门。每到春季庙会时,必定香火鼎盛、繁荣一时。可惜的是,高大的墓冢在"大跃进"时期被夷为平地,巨碑也在"文革"期间被推倒砸碎,曾坟寺也于1953年被毁。万幸的是,墓室被村民们完整地保存了下来,走过了沧桑的岁月而未遭损毁。1994年4月,曾公亮后裔、民盟晋江市副主委曾焕阅到北京开会,返程时取道郑州新郑,在当地人士配合下,寻访到了曾公亮墓址,并于当年7月间在《泉州晚报》发表《宋明宰曾公亮墓考察记》,由此引起当地政府的重视。1997年6月中旬,在新郑市政府的支持下,新郑市文物保管所在香炉朱村的配合下,开始进行重新调查;1998年对土地进行合理调整,划出"曾公亮陵园"用地四十亩,重新封冢、树碑、修路、绿化,泉州晋江市曾公亮后裔中有人捐赠5万元作为首期用款。墓碑正面碑首为左右蟠龙环绕、内拥一"凸"字框,"凸"字框顶部竖镌"御笔"二字,下则为竖排两列的"两朝顾问,定策亚勋",皆为白文篆体;碑身正文为白文隶书"宋太师曾宣靖公之墓",上款"一九九八年十一月重修",下款第一行"新郑市人民政府立",第二行为"李剒田 碑阳书丹并篆额";碑身背面还有碑文;碑身底座立于阶梯状的两层方石之上。墓的边上还有文物保护碑,全文为"新郑市文物保护单位 曾公亮墓 新郑市人民政府 2001 年 11 月 12 日公布 新郑市人民政府 2015 年 7 月 1 日立"。

曾公亮、曾孝宽父子事迹皆列于《宋史》,特别是曾公亮,在去世之时,即享有至高无上的哀荣,似乎可对历史记载做一个正面的回应。一百四十八年后,历经岁月洗涤,南宋朝廷将二十四位功臣画像悬挂在昭勋崇德阁,曾公亮名列其中,在韩琦之后,富弼和司马光之前。

②九世宋曾公奭墓

曾公奭为曾会第四子,宋天圣五年(1027 年)王尧臣榜进士、尚书都官员外郎、赠上柱国、礼部尚书,娶丁氏封县君,合葬开封府新郑县。生曾孝廉。

③九世宋曾公望墓

曾公望为曾会第五子,虞部郎中、赠金紫光禄大夫,娶朱巽女封蓬莱郡夫人,合葬开封府新郑县。生曾孝绰、曾孝述、曾孝蕴。

④九世宋曾公定墓

曾公定为曾会第六子,庆历二年(1042 年)壬午科杨寘榜进士第五名,集贤校理、进少保、金紫光禄大夫,娶张怀女封大宁郡夫人,合葬开封府新郑县。生曾孝彦、曾孝厚、曾孝序。

⑤十世宋曾孝宗墓

曾孝宗为曾公亮长子,朝奉大夫、赠金紫光禄大夫、军器少监,娶赵诚女封夫人,合葬开封府新郑县。生曾谐、曾说、曾咏、曾讷。

⑥十世宋曾孝宽墓

曾孝宽为曾公亮次子,签书枢密院事、资政殿大学士、赠太师秦国公,崇祀泉州府学乡贤祠,娶陈尧咨孙女封夫人,继娶赵氏封万年郡君,合葬开封府新郑县。生曾诜、曾诚。

⑦十世宋曾孝纯墓

曾孝纯为曾公亮第三子，特赐进士出身，朝奉大夫、光禄寺少卿、赠大中大夫，娶赵宗梅女封夫人，葬开封府新郑县。生曾谊、曾注、曾諒、曾讫。

⑧十世宋曾孝广墓

曾孝广为曾会之孙，曾公立第三子，户部尚书、显谟阁直学士、正议大夫、杭州知州、郓州知州、赠少卿，娶王氏李氏赠夫人，葬开封府新郑县。生曾评、曾䜣、曾诰、曾询、曾诗。

⑨十一世宋曾谞墓

曾谞为曾孝宗长子，恩授太常寺大祝，娶吕端女封淑人，葬开封府新郑县。

⑩十一世宋曾说墓

曾说为曾孝宗次子，宋元丰八年（1085年）焦蹈榜进士，奉直大夫、山东开府，娶宋匪躬女，葬开封府新郑县。

⑪十一世宋曾讷墓

曾讷为曾孝宗第四子，恩授大夫、淮东提举常平茶盐公事，娶蔡确女封宜人，葬开封府新郑县。生曾慓、曾协。

⑫十一世宋曾诜墓

曾诜为曾孝宽长子，恩授承事郎，升朝请郎、大司农、苑马寺少卿，娶阮氏、继娶陈世先女封宜人，葬开封府新郑县。生曾恂、曾怿。

(2)安徽濠州境内曾公度后裔墓葬群

曾公度葬原籍地，其后裔落葬濠州。后来，其派下曾谌次子曾求仁拨归泉州。

①十世宋曾孝章墓

曾孝章为曾会之孙，曾公度之子，恩授承议郎、陈州通判，娶任颛女封夫人，葬濠州。生曾谌、曾谭。

②十一世宋曾谌墓

曾谌为曾孝章长子，恩授赵州司户、赠通直郎，娶杨氏，葬濠州。生曾求达、曾求仁。

③十一世宋曾谭墓

曾谭为曾孝章次子，恩授通远军司理，娶吴氏，葬濠州城东大云寺后。生曾求知。

(3)安徽池州境内曾公望后裔墓葬群

曾公望葬郑州，儿子曾孝绰、曾孝述、曾孝蕴均住安徽池州贵池县。曾孝蕴生曾注、曾浩、曾淡、曾浚。

①十世宋曾孝绰墓

曾孝绰为曾公亮之弟，曾公望长子，任朝请大夫、潭州知州，娶钱仲基(钱仲基于宋皇祐二年即 1050 年以国子博士赴任台州赤城，至时，郡大水，请发官廪且丐粟当路以济民饥，陈密学襄有诗美之)女鲍氏(此据《龙山曾氏族谱》所载，或为笔误，待考)，封宜人，葬池州。生曾诏、曾诰、曾谟、曾训。

②十世宋曾孝述墓

曾孝述为曾公望次子，乡进士、任汀州知州、赠中奉大夫，娶杜植(常州无锡人，徙居开封。杜镐孙，杜渥长子，以祖荫补官，历任监司、少府监。以文雅知名，善吟咏)女，封恭人，葬池州贵池县。生曾诩、曾诵、曾识、曾諰、曾诙。

(4)江西洪州境内曾孝述后裔墓葬群

①十一世宋曾识墓

曾识为十世曾孝述第三子，朝请大夫，娶杜氏封恭人，葬洪州。生曾拯、曾挺。

②十二世宋曾挺墓

曾挺为十一世曾识次子，议政郎，葬洪州。

(5)分布在其他省份的墓葬群

①十世宋曾孝雍墓

曾孝雍为曾会之孙，曾公立次子，朝请大夫，赠大中大夫、金书枢密院使，娶向氏、石氏封夫人，葬徐州。生曾训、曾诵。

②十世宋曾孝廉墓

曾孝廉为曾会之孙，曾公奭之子，恩授朝奉郎、江西提举常平、赠朝奉大夫，娶杨日观女赠恭人，葬镇江丹徒。生曾护、曾诞、曾谓。

263

③十一世宋曾咏墓

曾咏为曾孝宗第三子,乡进士、奉直大夫、淮东提举常平茶盐公事,娶章惇女、继娶宋表微女封宜人,葬平江府(宋政和三年即 1113 年升苏州府为平江府,辖区包含今苏州、上海一带)。

2.饮水思源,附葬祖墓群

"富贵不归故乡,如衣锦夜行",是古人鹏程万里的普世追求和昭显心理,"代马望北,越鸟南栖"则是对故土的深深眷念,连动物都有"狐死首丘"的做法,人类就更不用说了。曾公亮家族在入闽开始,就每每以某一代为主,形成了密集度较高的墓葬群。

(1)南安境内一世曾延世墓葬群

曾延世墓葬群,亦称"官桥唐、宋龙山曾氏墓葬群""曾氏祖墓群",南安县治西南三十五都钦风里,土名虎岗猴坑崛斗流隔流佩等处。即今南安市官桥镇泗溪村屈斗自然村后约 500 米虎岗山(有的书籍记作壶岗山)白石猴坑一带,有历唐至宋墓葬 40 多座(棺位 80 多具)。

1999 年 4 月 7 日,南安官桥白石壶岗山曾氏祖墓群,被列入南安市市级文物保护单位,并树立文物保护碑。

清代曾化龙在《"曾氏始基"镌石记》中记载:曾延世坟墓右手有参天的石笋,所以穴号"独角麒麟"。在墓地镌刻有"曾氏始基"四个大字。

①一世唐曾延世墓

墓地在土名"白石窟斗"处,亦称"开闽曾氏始祖墓","龙自菌山作祖,辞楼下殿,远不详述,至壶岗山顿起大帐,成'九脑芙蓉'贵格"……有昆玉山作案山,豪光山"似展诰作朝"。曾延世为唐团练副使,河南光州固始人,娶王潮之妹、王审知之姐,后定居泉州龙山,是龙山曾氏始祖。

②四世唐曾贽墓

曾贽为三世曾盈第三子,唐秘书少监,娶吴氏,合葬虎岗山。

③五世唐曾琳墓

曾琳为四世曾贽长子,赠太尉,墓地在白石始祖坟山猴坑。

④五世唐曾瓒墓

曾瓒是四世曾锐之子,字世珪,为知录事参军,去世后葬于南安白石猴坑,穴号"翻天马蹄",墓占地三四十平方米,坟堆已平,仅存花岗岩墓碑一方,其子曾自操与曾峤兄弟,到南安县钦风里虎岗山为父守孝,将龙山一世祖曾延世棺骸也移葬于此,号称"独角麒麟"穴。至守制三年后,曾峤返回泉城宏博境宏巷祖居操持祖业,曾自操肇基白石钦风里下池乡(遗址在今万山"曾氏大宗祠"所在地),开下池房,为龙山曾氏白石钦风里下池房之祖。曾公亮为曾瓒墓树碑阴刻楷书"唐故知录曾府君墓",旁镌小字楷书,阴刻"四代孙宋尚书左仆射、中书门下平章事、鲁国公立",并立"国相院"守坟,拨本都朴兜界小埭田受种十石入墓祭扫。

传说,新婚夫妇在清明节或重阳节扫墓时,在曾瓒墓桌上点燃三支香,祭拜祝祷,保佑生子,夫妻相互拿卵石抛在墓埕中,到来年时有求必应。所以,墓山是用不计其数的大小卵石堆砌而成的。因为是宰相曾公亮家的祖墓,所以被附近村民叫作"宰相墓"了。

宋刘昌言为曾瓒作《像赞》:"流芳则远,遗泽则普;厥子厥孙,引锥刺股;翩翩竞爽,联镳接武;瓜瓞绵绵,指不胜数;德厚流光,受天之祜。"

⑤五世唐曾珪墓

曾珪是四世曾贽第三子,为漳州侯,娶杨氏。

⑥六世唐曾峤妻萧氏墓

曾峤为五世曾瓒次子,娶萧氏赠许国、秦国太夫人,葬南安白石始祖坟山流隔岭,与秦国、韩国二夫人墓毗邻。

⑦七世宋曾积墓

曾积为六世曾峤长子,恩赠秘书省正字,墓在白石流隔岭萧、辛二夫人陵墓北面。

⑧七世宋曾穆妻辛氏韩国太夫人墓

曾穆为宋德化县令、赠太师、魏国公,娶两辛氏,此为赠韩国太夫人辛氏墓。陵墓原碑镌"宋故韩国太夫人辛氏墓",旁镌"孙尚书左仆射、中书门下平章事、鲁国公立",今碑毁,墓尚存。墓在六世曾峤妻萧夫人墓右侧。

⑨七世宋曾昭范妻郑氏墓

曾昭范娶郑氏三十三娘赠太夫人,郑氏葬南安白石。

⑩八世宋曾会墓

曾会为七世曾穆长子,字宗元,晋江人,生于五代后周广顺二年(952年)二月,宋太宗端拱二年(989年)己丑科陈尧叟榜榜眼,历宋真宗、仁宗二朝,出入四十五年,止于刑部郎中、集贤殿修撰、知明州。宋仁宗明道二年(1033年)七月卒于明州,寿八十二,赠太师、中书令兼尚书令,封楚国公。娶吴氏封夏国太夫人,继娶黄氏封江夏县君,生曾公度、曾公亮、曾公立、曾公奭、曾公望、曾公定。

早在淳化元年(990年),曾会回到晋江准备偕家眷入京时,到南安延福寺拜访契仙上人,留下《题名于泉郡南安延福寺聚秀阁》,里面写道:"余自端拱元年秋入忝乡解之首,宿是寺。二年进士及第,居甲科之二;夏四月,释褐授光禄寺丞直史馆;冬十二月,请假还乡。淳化元年春三月,携家入京,复来于此,因访契仙上人,故志于壁,为他日乞骸东归张本也!"其为自己的归宿早做了安排。根据遗嘱,后人将其灵柩运回家乡,附葬于其曾祖父、唐泉州录事参军曾瓒墓边,即南安三十八都虎岗山。墓前原有石人、石兽,已毁。

曾会墓前原有神道碑一通,为熙宁八年(1075年)四月十六日,曾公亮获宋神宗恩诏,为其父曾会而立。曾会神道碑为长方圆首篆额,下有赑屃,通高8.4米左右,其中的龟形基座高约1.6米,墓碑高约6.8米,宽约2米。碑石从江南吴地用大船由水路运至晋江,再转送白石虎岗山。曾会神道碑在"文革"期间被附近村民剖为两片做跨圳桥板,20世纪90年代中期其裔孙重修祖坟时收回,存于南安市官桥镇双溪上曾村曾氏宗祠。

墓碑正面居中阴刻楷书"宋赠金紫光禄大夫、太师中书令兼尚书令、楚国公神道";背刻铭文,直写阴刻楷书61行,每行35字,记载了曾会的家族世系、一生事迹,兼及其子曾公亮宦秩与子孙名讳婚嫁情况等,介绍墓主归葬情况并进行评赞。由观文殿学士、朝议大夫、户部尚书、知陈州军事兼管内劝农使、上柱国、清河郡开国公张方平撰文,龙图阁直学士、寿安县开国子孙固书,朝奉郎、集贤校理王汾篆额,温陵刘务实镌字。

张方平写道:曾会"自许亦厚,故不复以攀援进取为意。天姿夷旷,直率无缘饰,专以诚长者。处官不能希合从事,由是与时龃龉""处事不惮以身犯有势者之怒""进不干举,退不诡俗,直己而行,终不易其守""不务世求,乃与时忤。往蹇来连,多踬少迁。郎潜一郡,四十五年。外虽不偶,中全所守。富贵在天,将复谁咎"。

⑪八世宋曾愈墓

曾愈为七世曾穆次子,宋大中祥符四年(1011年)徐奭榜进士、秘书丞,娶刘昌言女封袁城县君刘氏,合葬。生曾公济。曾愈六世孙曾从龙为南宋状元。

⑫八世宋曾俅墓

曾俅为七世曾穆第四子,出继曾稹,将仕郎,墓在五世曾瓒墓东枫树后。娶张氏封孺人。

⑬九世宋曾公度妻刘氏墓

曾公度为八世曾会长子,娶刘氏封万年郡君。刘氏葬白石皇山"翻天马蹄穴"。

⑭九世宋曾公度妻刘氏墓

曾公度娶刘氏封万年郡君,葬白石皇山"翻天马蹄穴"。

⑮九世宋曾公济继室陈氏墓

曾公济为八世曾愈之子,继娶陈氏封恭人,葬白石猴坑。

⑯九世宋曾公稔墓

曾公稔为曾穆之孙、曾俅之子,将仕郎,娶谢氏合葬在八世曾会墓侧,穴号"品字三台"。生曾孝和。

⑰九世宋曾寿继室林氏墓

曾寿为八世曾日衍长子,大中祥符元年(1008年)姚晔榜进士,殿中丞,继娶林氏葬白石坑北庄。

⑱九世宋曾乃文墓

曾乃文为八世曾奭之子,赠朝议大夫,娶陈氏合葬祖坟旁。生曾较、曾轸。

⑲十世宋曾孝仪墓

曾孝仪为八世曾愈之孙、九世曾公济长子,为太子赞善大夫,娶林氏封夫人,合葬。生曾讽、曾详。

⑳十世宋曾孝和墓

曾孝和为八世曾俅之孙、九世曾公稔之子,将仕郎,墓在八世曾会坟亭后、祖母张氏(曾俅妻)墓右侧。娶俞氏大娘,葬新禅寺林,生曾愿。

㉑十一世宋曾讽墓

曾讽为十世曾孝仪长子,赠翰林院学士,娶黄允女赠夫人,合葬。

㉒十一世宋曾详墓

曾详为十世曾孝仪次子,以曾孙曾从龙贵,赠太师、秦国公,娶黄氏赠秦国太夫人,合葬。生曾愷、曾恬、曾慨。

㉓十二世宋曾求仁墓

曾求仁为十一世曾谌次子,赠武功大夫、金吾卫上将军,娶郭氏封晋陵郡夫人,合葬南安县三十五都,在曾会墓左坐。生曾翕、曾寮。

㉔十二世宋曾世称墓

曾世称为十一世曾愿次子。

㉕十三世宋曾耆龄墓

曾耆龄为十二世曾世昌次子,娶郑氏,分葬南安始祖坟山。与杨六娘同穴。

㉖十三世宋曾岩寿、苏氏墓

㉗十三世宋曾岩说、谢氏墓

㉘十四世宋曾从龙墓

曾从龙为曾公亮五世从孙,本名曾一龙,为十三世曾应辰长子,宋庆元(1195—1200)初任晋江县学教谕,庆元五年(1199年)己未科状元。因“一龙”之名有犯圣讳,宋宁宗改赐名“从龙”,并为之作《改名敕》。历任奉国军节度使、参知政事、知枢密院事、赠少师封清源郡公,崇祀泉州府学乡贤祠。娶陈经略女封清源郡夫人、晋奉国夫人。有四子:曾巽伯、曾履伯(曾天麟子过继)、曾升伯(曾治凤子过继)、曾颐伯(曾用虎子过继)。

明代黄仲昭《八闽通志》记载:“曾从龙墓,在县南三十五都白石古楼村。”曾从龙原葬南安县郑山铺九巍仑下,为避宋代戊寅兵乱,后来改葬南安县白石猴坑古楼山。原墓前有“曾从龙神道碑”,1949年后被拆移他处。20世纪90年代,从南安漳里一储水小坝底挖掘出土。神道碑为花岗岩质,高 2.44 米,宽 0.92 米,厚 0.15 米,碑石镌有楷书"宋太师枢密使曾公神道",左旁镌有"正德十一年八月吉日重立"。陈夫人原先附葬晋江鹤龄七世曾穆之辛夫人坟后,逢世乱改葬南安白石庵边。

㉙十四世宋曾绎墓

曾绎娶杨氏,分葬南安始祖坟山。

㉚十四世宋曾祖禹墓

曾祖禹继娶蔡氏,分葬南安始祖坟山。

㉛十四世宋曾伯清墓

曾伯清为龙岩县主簿,娶王氏,分葬南安始祖坟山猴坑庵西畔。

㉜十四世宋曾宗旦墓

曾宗旦为吉州龙泉县主簿,娶吴氏,合葬于八世曾会坟山后,墓葬"臂起一峰,石如文笔"。

㉝十四世宋曾伯诚、杨氏墓

㉞十五世宋曾泰叔、许氏墓

曾泰叔为乡进士、文林郎。

㉟十五世宋曾巽伯墓

曾巽伯为通直郎、主管泉州神祐观、嘉善大夫,娶杨氏,合葬。

㊱十五世宋曾升伯、庄氏墓

曾升伯为承奉郎、兴化军涵头都仓。墓在曾巽伯墓右座。

㊲十五世宋曾正叔墓

曾正叔为承信郎、知潮州权机察院税务,娶王氏,继娶郑氏、郭氏,合葬

㊳十五世宋曾晋叔墓

曾晋叔为资政大夫。

㊴十五世宋曾邦文、吴氏墓

曾邦文为吉州龙泉县主簿。

㊵十五世宋曾邦哲、陈氏墓

曾邦哲为进士、肇庆府司法。

㊶十五世宋曾盆叔、李氏墓

㊷十六世宋曾昌孙、姚氏墓

曾昌孙为古田县令。

㊸十六世宋曾光宇、黄氏墓

㊹十七世宋曾歧叟、继室陈氏墓

㊺十八世宋曾邰、王氏墓

㊻十八世宋曾郊、胡氏墓

曾郊为兴化都亭。

㊼十八世宋曾文进、郑氏墓

㊽十八世宋曾文福、吕氏墓

(2)德化县境内"相安院"曾氏墓葬群

"相安院"在泉州德化县治西北新化里浐溪,穴号"将军大座形",前有天马作朝,后有琼山作盖,穴前小山拜舞,宛如谢恩领职之状。

相传,"谶云西畔老龙精,台座将军大座形。将相公侯由此出,不知谁是种瓜人"。又云,龙树西,笋树东,一穴出三公。后来曾会、曾公亮、曾孝宽、曾怀、曾从龙等极尽仕宦科举之荣光,果然不负其言。

①三世唐曾宏墓

位于德化县浔中镇石山村东南初溪水电站后山,坐北朝南。

曾宏为曾运次子,号千九郎,为唐僖宗时佐王潮入闽团练副使曾延世之孙,官内省侍使。其四世孙曾穆于宋太平兴国二年(977年)任德化县令时,迁柩葬于德化新化里浐溪将军山"大座形"(即今浔中镇石鼓村相垵村),其妻陈氏、继室林氏、三娶刘氏、副室辛氏及李氏亦先后葬于附近的岑山黄柏岭坑、涂坂柏兜垄、石笋寨兜、弄风格和石山埔后。嘉祐年间(1056—1063),曾公亮任宰相时,担心其三世祖曾宏墓等无人巡视看护,年久必将荒废,便奏请皇帝批准,在附近石笋寨兜曾宏继妻林氏坟前建立"相安院",作为守坟和朝夕备香灯之所。同时购置田地二顷八十余亩,受种百石充作院租,供春秋祭扫坟墓之资,由租户陈荣耕种,曾宏墓便有了"丞相墓""宰相墓"之称。嘉定八年(1215年),曾宏十一世孙、状元曾从龙官拜参知政事时,特地前来瞻仰祭拜曾宏墓,并于路旁为相安院设立墓道碑和华表。明清以后,均有曾氏族人到曾宏墓祭拜。据称,曾从龙为曾宏立的墓碑还树立在公路旁,但华表已不见踪影。明弘治元年(1488年)九月初九日,温陵(泉州)曾硕德率领族亲长途跋涉前来莫祭先祖,仙游曾氏二十四世孙庠生曾埕撰写《扫松记》,记载了这件事。

曾宏墓为花岗岩石块砌筑,颇具规模,正中镌刻"恩荣"两个大字,旁有小字已漫漶不清,下有石砌碑碣"有宋内省侍使三世祖曾宏墓"。该墓自宋太平兴国二年(977年)至今虽已历千有余年,却仍保存完好。曾从龙所立墓道碑虽略有破损,但仍可窥全貌。

常言道:"先有相安院,后有相坂村。"相安院目前遗址在德化县浔中镇石鼓村相按角落的山上,上山路口还有座"相安宫"。相安院占地仅数亩,部分被村民开垦成菜地,在遗址中部立着两根1米多高的石门柱,石门柱下方有5级石板台阶,台阶周围是用鹅卵石铺就的院子。

在对相安院门柱遗址周围进行清理时,发现数十片陶瓷残片,以及一块半圆形的石头,石头弧顶上有一个孔洞。据当地村民回忆,类似的石头当时有四个,可能是宋代墓葬所用的墓顶封石。在相安院遗址右侧约百米处,有一个同样用鹅卵石修葺的古墓,据介绍并比对族谱画图,这个墓应该是曾宏继室林氏的。

②三世唐曾宏妻陈氏墓

葬崇安里黄柏岭坑,号"生蛇形"。

③三世唐曾宏继室林氏墓

葬涂坂村柏兜垄。

④三世唐曾宏继室刘氏墓

葬石笋寨兜,号"金犁倒地"。

⑤三世唐曾宏副室辛氏墓

葬弄风格。

⑥三世唐曾宏副室李氏墓

葬新化里石山铺后将军出阵形。

(3)晋江境内鸾歌里"国田院"曾氏墓葬群

《泉州府志》(乾隆版)载:"泉自宋初,始分乡、里。"《晋江县志》(道光版)载:"本县宋分五乡,统二十三里。"泉州清源山北麓,古为晋江县三十七、三十八都鸾歌里,大致方位即在泉州府城东方或东北方,从《龙山曾氏族谱》的记载来推断,龙山曾氏"国田院"即位于清源山北麓。墓葬群的逐渐形成,证明宋代龙山曾氏社会地位的不断上升。

2021年2月6日，笔者踏勘泉州清源山北麓，穿过泉州老城区，从洛江区双阳南山苓厝公交站对面的路口上山，沿路蜿蜒而上，时有废弃房屋倒卧路旁，或灌木丛林参差于前，直至室仔村附近，山道右侧土坡之上，林木掩映之中一方大石碑上竖式镌有"唐故高祖母夫人张氏墓"十个大字，旁有小字"五代孙宋尚书左仆射、中书门下平章事、鲁国公曾立"，作两行分列于大字的左右两侧。此即龙山曾氏五世曾瓒妻张夫人墓。

在离张夫人墓道碑不远处，另有一方古碑立于向前延伸的土路旁，同样为花岗岩材质，碑上居中大字为"宋故楚国太夫人黄氏墓"，旁镌小字"宋尚书左仆射、中书门下平章事、鲁国公曾"，亦作两行分列于大字的左右两侧，"门"字因风化已较难辨。此即八世曾会继室黄夫人墓，也就是曾公亮亲生母亲之墓。

除此以外，还有两方曾氏墓碑：一方在巨岩之上，上书"诰赠龙山武翼大夫曾公、太恭人辜氏封茔"，疑为明代墓碑；一方被掩埋于黄土中，露出地表的半截碑面上书写着"清曾氏世祖"，则为清代曾氏墓碑无疑了。虽与宋代曾公亮家族似无直接关联，也一并记录。

龙山曾氏"国田院"唐、宋祖墓群时历千年，是继南安以及德化"相安院"之后，在泉州市域内发现的又一处曾氏祖墓群，有待于进一步探索。

①五世唐曾瓒妻张夫人墓

五世曾瓒娶张氏名十五娘，生曾自操、曾峤。其墓葬在晋江鸾歌里国田院东，土名"菌山"。菌山龙自清源山分落，仙带飘空而下，旁支左抱右拥，正脉中出。至穴后大开屏帐，成"五星聚讲"贵格。面山笏石朝拜，拱抱周密，五世祖妣张夫人葬焉。穴坐未向丑，号"腕上牙笏"。宋丞相曾公亮立华表，题曰"唐故高祖母夫人张氏墓道"，旁镌"五世孙尚书左仆射、同中书门下平章事、鲁国公曾立"。

②八世宋曾会妻吴氏墓

曾会娶吴氏，赠秦国太夫人，附葬五世曾瓒妻张夫人坟山蔡湖，穴后一石高耸，穴号"冲天烛"。吴氏无出。

③八世宋曾会继室黄氏墓

曾会继娶黄氏，封江夏郡君，赠楚国太夫人，附葬五世祖妣坟山，穴在张夫人坟后一仑，穴号"腕上牙笏"。按谱载，夫人殁时，宣靖公（曾公亮)已登仕籍,惧其不克善葬,为之怒然。既而曰:"古者桑梓必恭,所以示子孙不忘本也。且吾父将终,有归葬之命。今已克附先兆,母氏岂可或外。"爰偕术者,卜吉于斯,葬焉。四围坟山,各立石界,并竖神道碑。拨田一百石入国田院,以供祭扫。其神道碑云:"宋故楚国太夫人黄氏墓道"。旁镌"男尚书左仆射、同中书门下平章事、鲁国公曾立",碑在五世祖姚坟旁左畔。

另据推断,楚国太夫人黄氏墓葬之右后为十一世曾诚墓;曾谏墓应在曾公济墓侧。

④八世宋曾介妻黄氏墓

曾介娶黄氏赠同安县君,附葬五世张夫人坟山国田院前。

⑤九世宋曾寿妻陈氏墓

曾寿娶陈氏,葬国田院林氏坟左。

⑥十世宋曾孝仁墓

曾孝仁为八世曾愈之孙、九世曾公济次子,恩授朝议大夫、提点宫使、朝奉大夫,娶王氏封恭人,合葬晋江鸾歌里国田院左边拜石山前,穴号"钟鼓山"。生曾调、曾谔、曾访。

⑦十一世宋曾讠己墓

曾讠己为九世曾公立孙、十世曾孝纯第四子,从政郎、淮东总管,娶陈氏封孺人,附葬五世祖坟山国田院。生曾愫、曾憺、曾忔、曾怵。

⑧十一世宋曾诚墓

曾诚为九世曾公济孙、十世曾孝杰长子,娶林氏,葬国田院东大安山。生曾悰。

⑨十一世宋曾辩墓

曾辩为九世曾公立孙、十世曾孝扬五子,右从政郎,附葬五世张夫人坟山国田院大安山。

⑩十一世宋曾谏墓

曾谏为九世曾公济孙、十世曾孝杰长子,附葬国田院大安山,黄夫人墓右畔隔仑,穴在小路下。

⑪十一世宋曾赞墓

曾赞为十世曾孝著第四子,娶李氏,葬国田院东。

⑫十二世宋曾慨墓

曾慨为十一世曾详第三子,赠中议大夫,葬蔡湖。娶赵氏,生曾宾、曾宪。

(4)晋江县境内鸾歌里"世科坑"——报慈院

曾从龙房份中的很多人去世后葬于晋江鸾歌里"世科坑",即今泉州市区东岳山,也叫"世家坑",还被民间讹称为"洗脚坑"。

①十三世宋曾应辰妻林氏墓

曾应辰为十二世曾憕次子,娶林氏封秦国太夫人,葬晋江东门外"世科坑",晋江三十七都(今泉州市区)凤山之左翼,穴号"美女遮羞"。有大石,镌刻"本支百世,与国咸休",设立报慈院。

②十四世宋曾从龙妻陈氏墓

宋状元曾从龙娶陈氏封清源夫人、秦国夫人,其墓在世科坑。

③十四世宋曾治凤墓

曾治凤为十三世曾应辰第四子、曾从龙四弟,宋开禧元年(1205年)毛自知榜进士,中奉大夫、广州经略、将作监丞,娶林氏李氏,又继娶陈氏。曾治凤与林氏合葬晋江鸾歌里报慈院前。

陈氏葬南安建造寺后。生二子曰:复季、升伯。升伯出继从龙公。(《龙山曾氏族谱》第四部)

曾从龙三个弟弟均将儿子出继从龙,其中或另有隐情。

④二十世宋曾荣祖、陶氏墓

葬祖山世科坑。

⑤二十世宋曾训墓

曾训为赠文林郎、茂名知县,娶张氏,葬祖山世科坑。

⑥二十三世宋曾祯、吴氏墓

葬祖山世科坑。

(5)晋江县境内鸾歌里曾氏墓葬

①六世唐曾峤墓

曾峤为唐司农少卿、泉州节度使掌书记,以曾孙曾公亮贵,赠太师、秦国公,葬晋江鸾歌里通泉院前。娶萧氏,生曾积、曾穆。

②九世宋曾公济妻徐氏墓

曾公济娶徐氏,葬晋江通泉院前秦国公(六世曾峤)坟右。

③十一世宋曾谔墓

曾谔为十世曾孝仁次子，宋熙宁六年（1073 年）余中榜进士、朝请大夫，娶吕氏封淑人。葬晋江鸾歌里通泉院前。生曾慎修、曾慎简。

④十二世宋曾怡墓

曾怡为十一世曾讽次子，朝散大夫，娶黄照女，葬晋江鸾歌里嵩尾坑牛屯山。生曾儒衡、曾佑衡。

⑤十二世宋曾慨妻赵氏墓

曾慨娶赵氏赠宜人，葬晋江鸾歌里嵩尾坑牛屯山。

（6）晋江县境内曾穆墓葬群——普门院

①四世唐曾锐之妻张氏墓

曾锐为三世曾宏长子，唐右卫大将军，娶张氏。张氏葬晋江永宁里御辇村，在七世魏国公曾穆坟右砂后。

②七世宋曾穆墓

曾穆为六世曾峤之子，是曾公亮祖父，乡进士、德化县令，以殿中丞致仕，以孙曾公亮贵，赠太师、中书令、魏国公，后又以曾孙曾孝宽贵，晋封秦国公。先后娶两辛氏，赠魏国、韩国太夫人。生曾会、曾愈、曾介、曾俅。

曾穆葬晋江永宁里御辇村"荷叶摆水穴"，建普门院守坟。魏国太夫人葬晋江鸾歌里鹤岭，韩国太夫人葬白石流隔岭六世曾峤妻萧夫人墓右。

曾穆"清约自持"，教子颇严，与儿子们约法三章：一是不得表露父亲的县官身份；二是不好逸恶劳；三是不拿取他人赠物。四子皆走上仕途，其中三人荣登进士第。

③九世宋曾公度墓

曾公度为七世曾穆之孙，八世曾会长子，宋大中祥符八年（1015 年）乙卯科蔡齐榜进士，承议郎、濠州知州，娶刘氏封万年郡君，附葬七世曾穆坟右。生曾孝章。

④九世宋曾公立墓

曾公立为曾会第三子，恩授供备库副使，赠司空、开府仪同三司，娶黄闳女封庆国太夫人，葬晋江清蒙村陈林山（后为晋江三十二都）。生曾孝元、曾孝雍、曾孝广、曾孝扬。

⑤九世宋曾公敏墓

曾公敏为七世曾穆之孙、八世曾介之子，以曾会恩授衢州录事参军、赠大中大夫，娶吕氏封武陵郡太君，合葬晋江御辇村。生曾孝若、曾孝常、曾孝本、曾孝恭、曾孝著。

⑥十六世宋曾盛孙墓

曾盛孙娶王氏，葬御辇村。

⑦十八世宋曾朝佐墓

曾朝佐葬七世曾穆墓左。

3.叶落归根，回祖籍地营葬

曾公亮家族很大一部分人选择"叶落归根"的做法，或前后代，或异代相隔，在泉州境内的一定区域落葬，主要集中在南安或晋江境内，但密集度相对较弱。

(1)南安县境内田丰里曾氏墓葬

①四世唐曾锐墓

曾锐为曾宏长子，右卫将军，墓在南安田丰里柯坑村。

②六世唐曾自操墓

曾自操为五世曾瓒长子，闽察推常侍，娶洪氏十一娘，合葬南安田丰里柯坑村祖坟右边。生曾昭浚、曾清晤、曾昭范。

③七世宋曾昭浚墓

曾昭浚为曾自操长子，闽都兵马使，娶王氏，合葬南安田丰里长教村。生曾衍。

④七世宋曾昭范墓

曾昭范为曾自操次子，闽长官，宋赠光禄大夫，娶郑氏。生曾日猷、曾日休、曾日望、曾日章。曾昭范葬南安田丰里长教村。

(2)南安境内二十二、二十四都曾氏墓葬

①二世唐曾教墓

曾教为一世曾延世长子，唐宣帝右卫大将军，娶许氏封夫人，葬南安二十四都金田钱庄"猛虎守肉"穴大石墓。生曾盈（国子监祭酒）、曾允（淮安太守）、曾衡（黄门郎）、曾藏（内侍省使）、曾免（漳州通判）。

②十三世宋曾寮墓

曾寮为十二世曾求仁次子,保义郎、平江府都监,娶贾安中女,葬南安鸡笼山。

③十三世宋曾应辰墓

曾应辰是十二世曾憕次子,为曾从龙之父,宋绍熙元年(1190年)余复榜进士,仙游县尉、赠太师秦国公,葬南安二十四都金田村锦屏山印石山。曾从龙请奏,改金田资国院为报忠资福院。

曾应辰在生时曾告诉夫人林氏说:"吾身不荣,诸子必贵,光前裕后,四子断可卜矣。"过后果然应验。

④十四世宋曾天麟墓

曾天麟为十三世曾应辰第三子、曾从龙三弟,嘉定六年(1213年)吴潜榜进士,中奉大夫、军器少监,娶林氏、颜氏,合葬南安礼顺里鸡笼山,后改为二十二都。

⑤十五世宋曾苇墓

曾苇为兴化路都总管,娶苏氏,合葬南安礼顺里鸡笼山,后改为二十二都,附祖坟北面。

(3)南安境内曾氏其他墓葬

①十二世宋曾憕墓

曾憕是十一世曾详长子,曾从龙祖父,为驸马承事郎,赠太师、魏国公,葬泉州城西五里外潘山市后竹仔山(南安三都招贤里陈王宫后竹仔山),有"云裹月石碑",穴号"金剪"。娶周氏赠秦国太夫人,娶邵氏赠楚国太夫人,生曾庆辰、曾应辰。

②十二世宋曾希孟墓

曾希孟为十一世曾翼之子,朝散大夫,娶石氏封恭人,葬南安兴集里,土名金坑村,后改为三十三都。

③十四世宋曾用虎墓

曾用虎为十三世曾应辰次子,与长兄曾从龙为同科举人,朝议大夫、清江安抚使,娶陈氏,继娶刘直阁女封恭人。葬南安刘店铺前郭坑云峰山,后改为二十一都。

④十四世宋曾治凤继室陈氏墓

曾治凤继室陈氏,葬南安建造寺(估计为九日山延福寺)后。

(4)晋江境内曾氏其他墓葬

①七世宋曾积妻张氏墓

曾积娶张氏,张氏葬晋江棠阴里夔山院,后改为津梁院。

②八世宋曾介墓

曾介为七世曾穆第三子,曾会之弟,乡进士、恩赠秘书丞,葬晋江三十一都(今泉州市晋江市西园、磁灶一带)石龟铺后湖边村,娶黄氏。生曾公敏。

③八世宋曾日猷墓

曾日猷是七世曾昭范长子,为节度使,娶杨氏赠夫人,葬晋江爱育里蔡山(后改为四十一都)。

④八世宋曾日衍墓

曾日衍是七世曾昭范次子,为赠大理寺评事,娶郭氏赠汾阳郡君,合葬晋江三十六都(今泉州市丰泽区东海街道一带)香灯院(一作晋灯院)。

⑤九世宋曾公立墓

曾公立为七世曾穆之孙、八世曾愈第三子,恩授供备库副使、赠司空开府仪同三司,娶黄闳女封庆国太夫人,葬晋江清濛村陈林山(后改为三十二都)。

⑥九世宋曾公济墓

曾公济为八世曾愈之子,以楚国公恩授朝议大夫、赠大中大夫、封司徒,娶徐氏封恭人,继娶陈氏封恭人。生曾孝仪、曾孝仁、曾孝杰。曾公济葬晋江爱育里蔡山,后改为四十一都(今泉州市洛江区双阳一带)。

⑦九世宋曾寿墓

曾寿为八世曾日衍长子,宋大中祥符元年(1008年)姚晔榜进士第四名,殿中丞,葬晋江三十六都香灯院。

⑧九世宋曾贡墓

曾贡为八世曾日衍次子,赠中宪大夫,娶蔡氏,葬晋江爱育里蔡山桥外,土名东垵。

⑨十世宋曾孝杰墓

曾孝杰为八世曾愈之孙、九世曾公济第三子,通直郎、奉议郎、温州平阳知县,娶颜氏封安人,祔葬晋江清濛村陈林山楚国夫人墓后。

⑩十二世宋曾植墓

曾植为十一世曾琅之子,太学上舍生、司农寺丞、湖州知州,娶陈氏封宜人,葬晋江永宁里陈店村,后改葬三十二都(今泉州市晋江市池店、磁灶、紫帽镇一带),立碑路旁。

⑪十二世宋曾景光墓

曾景光为十一世曾驷之子,迪功郎,娶张氏,葬晋江三十二都陈林山鹊石下。生曾晏、曾实。

⑫十三世宋曾同辅墓

曾同辅为十二世曾希孟之子,娶叶氏、赵氏封宜人,葬晋江三十八都(今泉州市丰泽区城东北十里即惠安县洛阳镇一带)水磨坑,穴号"飞凤"。

⑬十三世宋曾士衡墓

曾士衡为十一世曾讽之孙、十二世曾朝昌之子,葬晋江永福里万石岭,后改为二十八都(今泉州市晋江市青阳、罗山一带)。

曾朝昌为曾讽第三子,赐进士及第、翰林院侍读学士,两娶吕氏,生曾文衡、曾世衡、曾士衡。

⑭十三世宋曾治凤继室李氏墓

曾治凤继室李氏,葬驷行市接待庵左,土名"古敢井",东至大宅坑,南至接待庵,西至金箱石,北至古陵桥。

⑮十五世宋曾文杰墓

曾文杰娶陈氏,合葬晋江三十六都归江里圣姑宫后红霞山头。

北宋名相曾公亮家族墓葬群,时间恒远,地域广泛,数量庞大,是研究中国古代仕宦文化、科举文化、家风文化、海丝文化以及古建文化的实体遗存。

十二、略论《武经总要》对边防地理的记述

张保见

　　《武经总要》分前、后集，各20卷，宋仁宗时曾公亮等奉敕撰。曾公亮，泉州晋江人，进士甲科，历官同中书门下平章事，累封鲁国公，《宋史》卷三一二有传。清儒认为，是书"前集备一朝之制度，后集具历代之得失"，且"宋一代朝廷修讲武备之书，存者惟此编而已"。是书"凡军旅之政，讨伐之事，经籍所载，史册所记，祖尚仁义，次以钤略。至若本朝戡乱，边防御侮，计谋方略，咸用概举"，可谓古今兼备，所谓兵学内容全面。其重要价值引起了学界普遍关注。目前可见的整理本有四个，即程素红主编《中国历代兵书集成》之《武经总要》，团结出版社1999年版；郑诚整理《武经总要前集》，湖南科学技术出版社2017年版；陈建中、黄明珍点校《武经总要》，商务印书馆2017年版；孙雅芬等《武经总要注》，西安出版社2017年版。其中，郑诚整理本择本善、校本多，方法新颖、用力甚勤，故本文所引《武经总要》文字皆出此本，已有研究在有关该书修纂情况、战争理论、具体战法、军事伦理、军事科技等诸多方面均取得了成绩。

　　边防是军事的重要构成部分，《武经总要》单列"边防"一门，自卷一六至卷二〇，凡5卷，可谓颇为重视。而地理是边防的主要呈现形式之一，《武经总要》论述了边防地理的诸多方面，邢东升着意于交通地理，在考订《武经总要》所载府、州、军、监的方位道里基本可信的基础上，指出北宋边防区域并非连成一体；吴成洋分析指出，该书中的边防史料主要来自《太平寰宇记》；李新伟与赵积优都指出，该书保存了许多边防地理方面的资料；笔者曾评述该书所涉军事地理问题，但前此尚未关注边防内容；郭声波等判断，该书所记载的茂属羁縻州设置的时段应在庆历初年。可见目前学界尚未有全面综合的分析与评判。

（一）

《武经总要》一书重视边防地理,有关内容丰富细致,完整覆盖了北宋中期的边疆地区以及周边的主要少数民族政权,"疆域之远近,城戍之要害,开卷尽在是矣"。"边防"门宋朝部分,涵盖了位于河北的定州路、真定府路、高阳关路、北京路,位于河东的并代忻州宁化岢岚军路、麟府路,位于陕西的鄜延丹坊保安军路、邠宁环庆路、泾原仪渭镇戎德顺军路、秦陇凤翔阶成路,位于西南的益利路、梓夔路,位于中南的荆湖北路、荆湖南路、广南东路、广南西路等地区。体例上采用地理志的编写模式,以边地政区为纲,重视边地政区军事沿革的考察,尤重本朝,建置巨细必书,经世致用的目的十分突出。书中以转运使路,即漕司路做提领,简述《禹贡》所属及分野,而后分述漕司路所在区域的安抚使路即帅司路,帅司路下为府、州,府、州下为县,最后为城、关、寨、堡、铺、津、川、谷、羁縻州等。可谓条理明晰、秩序井然,在此构成框架下,沿革必书。

其沿革书写,集中在与军事关联密切的方面,与地理志重点记载政区沿革有别,体现出了兵要地理的特点。以直面强敌辽国、重兵防守的河北为例,书中先是简单叙述漕司路的分野与沿革:"河北,《禹贡》冀州之域,天文毕、昴之分,春秋赵、魏悉居其境。言星者十二分野,灾异可以参验。它路仿此。古之障塞,以卢龙山镇为限,五代以来,陷于北土。"随后即转到本朝:"今定州至西山,沧州距东海,地方千里,无险阻可恃。本朝定州、真定府、高阳关,皆屯重兵,离为三路,修蒲阴为祁州,则高阳关会兵之路;出井陉至常山,则河东道进师之所。沧州至海口百六十里,即平州界。至淳化后,顺安军东有塘水,隔限胡骑;莫州屯步兵,以护堤道。保州一路,平川旷野,利胡骑驰突,置沿边巡檄兵。北平路置兵马一司,断西山之路。登州隶京东海路,抵女真、契丹界,置水师,隶巡检司……令保边寨。咸以兵马为务,亦罕任文吏,防秋捍寇,为他路之剧。"可见书中历述各帅司路的建置演化、地理特点,以及相互之间的军事辅助关联状况,清晰勾勒出了北宋河北分区布防、互相应援、重在沿边、纵深配置的防御特点。

　　而后是分述三帅司路及其下属沿边政区沿革及所属寨铺等,体例与漕司路同,简述历史,重点放在本朝。首先是定州路:"定州。中山郡。冀州之域,战国为中山国,地平近胡,西北捍奚、契丹","本朝广屯重兵,为边镇之剧。置本路驻泊马步军都部署以下兵官,以州为治所,统定、保、深、祁、广信、安肃、顺安、永宁八州军"。定州帅司路下,记载有定州属沿边北平军:"治北平县。秦曲逆县地,后魏改名北平。本朝建寨筑城,控安阳州、四望口一带山路,至蔚州界,给军满万人,断西山之路……寨铺二十六所";沿边唐县较为例外,不述沿革,只历述下属寨铺、口铺等。其后为沿边保州:"治保塞县。旧莫州清苑县地。建隆初,建保塞军。太平兴国初,建为州。每戎马南牧,率师捍御,常为军锋之冠。今置保州、广信军、安肃军,缘边至西山。都巡检使以保州为治所……口铺六";沿边广信军:"治遂城县。战国时武遂县地。秦筑长城所起,因名遂城。本朝建军……寨铺十五";沿边安肃军:"治安肃县。唐宥戎镇,周为梁门口寨。太平兴国中建军……寨铺二十六";次边顺安军:"治高阳县。旧瀛洲属邑。太宗置唐兴寨,淳化中建为军……寨铺十五。"其余不载。

　　其次是真定府路,所辖区域大多为次边,非沿边,只记述沿边帅司路沿革:"真定府。常山郡,古赵地也。本朝号为重镇,常屯重兵,与定州路兵马掎角捍寇","今置真定府路驻泊马步军都部署以下兵官,统真定府、磁、相、邢、赵、洺六州,以府为治所……寨铺八",最后是沿边高阳关路:"瀛州。河间郡。古燕之南境,周世宗恢复土宇,两河之地并置三关,霸州益津关、雄川瓦桥关、瀛州高阳关。捍御北狄,分重兵守之,西与真定府、定州三路军马,相为掎角","今置高阳关路马步军都部署以下兵官,统瀛、莫、雄、霸、贝、冀、沧、永静、保定、乾宁、信安十一州军,以州为治所"。高阳关帅司路下,只分别记载沿边的沧州、乾宁军、信安军、霸州、雄州和位于次边的莫州等州军沿革及其下属军寨,其余州军不载。

　　据此,我们注意到,《武经总要》对北宋河北边地府、州、县的记载,是以距离边地远近、军事价值作为选择标准的,沿边的重点详细记述,非沿边的则依据军事重要性来选择详细、简单或者忽略记载,很好地突出了本门的主题:边防。而这应该也是全书的编纂通则,即所谓:"国家革五运之浇季,辟四海之封域,舟车所暨,声教大同。若方隅守备,则东起沧海,至北平军,十数城,六百余里,属河北路。东起代郡,西缘大河,至隰州,十三城,千余里,属河东路。东起延安,穷边,至阶州,十五城,千余里,本朝之制,凡一路寨堡关镇皆屯戍兵。属陕西路。巴蜀之地,黎、雅、威、茂、文、龙、永康,属益利州路。戎、泸、夔、施、黔、云安,属梓夔州路。荆、辰、澧、鼎、潭、衡、全、邵、桂阳,属荆湖南北路。广、桂、宜、邕、钦、融、廉、雷、容、琼,属广南东西路。皆山川阻深,绵亘数千里,此自古限隔蛮夷之地","其非控带四夷州郡,略而不书"。就是说边防记述的重点在于极边,即沿边帅司路所属的、与周边政权或内地尚未宾服区域接壤的一线地区,举凡此区域内的政区、军事历史、交通道里、山川关隘等内容,无不详细记载;沿边帅司路所属的次边区域,除少数军事价值极高的外,叙述较为简略;至于地处沿边与腹心衔接处的帅司所在地,叙述更为简略;处于内地的帅司路,往往一笔带过。"边防"门记载的取舍标准,与《武经总要》的兵书属性是一致的。

(二)

关于武装力量的配置,《武经总要》"边防"门采用的是逐路记述的方式,并以备防辽、夏的北部、西北区域为主,西南、东南沿边以及中南内防区域,记述较为简略。这也是北宋中期边防态势和战略部署的呈现:"王者守在四夷,西北尤重。怀柔示信,谨疆场之事;折冲御侮,张蕃卫之服。治险阻,缮甲兵,严烽燧,设亭障,斯长辔远驭之术也"。据载,河北沿边,定州路凡58指挥,58348人;真定府路180指挥,45020人;高阳关路77指挥,45580人。河东沿边,并代忻州宁化岢岚军路116指挥,72900人;麟府路隶并代路钤辖,朝廷遣戍兵、置州兵外,又领大路蕃汉义勇军3900人。陕西沿边,鄜延丹坊保安军路,本路置州兵及朝廷遣禁军更戍外,又领熟户蕃兵9大族,12700人,马1490匹,弓箭手1521人,马155匹;邠宁环庆路,本路置州兵及朝廷遣禁旅更戍外,又领熟户蕃兵247族,总44000人,马4390匹,弓箭手21指挥,马195匹;泾原仪渭镇戎德顺军路,本路置州兵及朝廷遣禁旅更戍外,又领熟户蕃兵 177 族,13341 人,马 5053 匹,弓箭手 147 指挥,21597 人,马 6568 匹;秦陇凤翔阶成州路,本路置州兵及朝廷遣禁旅更戍外,又领熟户蕃兵 174 族,总 35606 人,马 22470 匹,弓箭手 16 指挥,3900 人,马 2642 匹。西南的益利路以及中南的广南东、西路,无具体数字。中南内防的梓夔路,缘边诸寨将土丁义军 4327 人;荆湖北路,本路置州兵及朝廷遣禁旅更戍外,又领义军土丁 19463 人;荆湖南路,凡朝廷置州兵及遣兵更戍外,又领土军弩手、义军土丁 5158 人。以上这些数字,与《武经总要》成书时,北宋攻防的重点在西夏,兵员数量多、马匹数量大,可攻可守,以攻为主;河北路、河东路为与辽对抗前沿,少骑兵、多步兵,经澶渊盟会后,以守为主;西南、中南采取羁縻方式,主要依靠土兵的时代背景是一致的。

交通为军事活动中的重要因素,《武经总要》亦重视交通的情况记载:在相关政区下,皆分层级逐一记述具有军事价值的交通路线及距离,条理分明。下面以位于河东漕司路的并代忻州宁化岢岚军帅司路为例。由于并州为次边,故仅述其周围四至:"东至真定府五百里,西至石州三百九十里,南至潞州四百五十里,北至忻州一百八十里",不列属县。再看代州:"东北至契丹应州界七十里,东南至契丹蔚州五百九十里,北至契丹朔州四百七十里。三百里至姜女馆,百五十里至妫州",记载突出了其比邻辽国的特点。下属繁峙县,"在州东六十里",不书四至;而崞县则记:"在州西五十里","西至朔州界陆蕃岭四十里,南至忻州忻口寨六十里,北至朔州界分水岭三十里"。又载:"凡沿边十三寨,起代州,至忻州,东西故三边,每寨各当川谷之口,控胡骑走集。凡有谷路大小通契丹界四十四里。"对于各寨的交通状况,记述具有标志性的参照物,以及与邻近重要据点之间的距离,如梅回寨:"距河三里,北至麻谷寨八里,东北至契丹蔚州界,有谷路三,通车骑。东至契丹灵丘县界。"大石寨:"距河一里,西至茹越寨六十里,北至契丹界,有谷路七,六通车骑,一通行人。"

一些重要军事通道,则以专门词条单独列出,如位于河东的铁茄岭路、入三受降城路、窟野河路等,特别是北宋曾经开展过军事活动的。如河东通河北路:"自土门路,即古之井陉口,通真定府、定州。咸平初,

契丹寇河北,加兵防守黄泽关路,辽州正控其要。咸平中,契丹寇河北,
加兵防守吴儿谷路,潞州界,由川谷入邢、洺、磁州路。"井陉为太行八陉
之一,向称天险径路。而这类记载尤其关注陕西地区,可谓要路必书,
计有可进军西夏的延州盐夏路、保安军长城岭路、庆州车厢峡路、环州
灵盐路、镇戎军萧关路等五路。如盐夏路:"自州北过塞门寨,度卢子
关,由屏风谷入夏州界,石堡、乌延、马岭,入平夏,至盐州,约六百里。
其路自塞门至石堡、乌延,并山谷中行,最为险狭。乌延至盐州地平。
国初,塞门至乌延蕃部内附,石堡城置兵戍守。至道中,五路出师,范廷
召从此路进军,凡二十日,至乌白池会师。今废卢关、石堡、安远、塞门
四城。北路山谷险峻,比诸路最甚。"由于事关该书修撰时战事,故路径
夷险、历史沿革,一一记述,重在实用。又如中南地区的交趾路:"太平
兴国中,伐交州,金兰州团练使孙全兴帅三将兵,由邕州路进师。"此外,
该书对海防及重要的海路也有关注,如登州海防、广南海路均有专门词
条予以解说。

冷兵器时代,地形地貌等地理环境因素在战争中起着重要作用,在
一些具体战役中甚至起到了决定性作用。北宋王朝在军事战略上取守
御态势,就决定了其在沿边地区重视利用地理形势布防,重视交通要
道、关隘的把控与警戒。《武经总要》的有关内容也体现了这一时代特
点,举凡边地重要隘口,"边防"门对其一一予以详细记述,包括城、镇、
堡、寨、铺、津等等。这些地点有的具有民事、军事双重属性,有的则纯
为军事目标,具有军事景观的特点。"边防"门所记军事景观,数量大且
内容详尽,有的还予以形象描述。如四望口铺:"口甚狭,惟通单骑";赤
塘关:"关城控西北金山岭一带,入定襄雁门路,当川谷之口,号为险固。
庆历中,再加板筑,为重复守御之地";石岭关:"太平兴国中筑,在州南
三十里,山势回抱,号为险阻。其路可行单车,旧有关城控扼。庆历中,
关南削山为城,即烽火山,南正控山口,西连天涧,地势险深,可遏北虏
南牧。山东面沟涧四百余步,开置方田。"

对于一些特殊的边防部署,设专目列出,是"边防"门的一种灵活处
理方式,具有地方志因事增目的特点。以河北塘水为例。自燕云十六
州归辽后,河北可依靠的地理形胜尽失。经过一段时间的摸索,针对

辽、宋两国军事力量的不同特点,北宋边将总结出了用塘泊屯田御敌的办法:"滋其陂泽,筑堤贮水,为屯田以助要害,捍蕃骑侵轶",可谓一举两得。塘水一目,先述其地理分布:"东起沧州界,去海西岸黑龙港口,西至乾宁军,沿御河岸,东起乾宁军,西信安军御河西,东起信安军御河,西至霸州莫金口,东北起霸州莫金口,西南保定军父母寨,东南起保定军,西北雄州,东起雄州,西至顺安军,东起顺安军,西边吴淀,至保州";再述沉洳泊、西塘泊等9处塘泊,条列水系构成、水体广袤及深度;最后述其沿革。其相关资料应当是编纂者抄录自政府档案文书,时间上较《续资治通鉴长编》《宋史·河渠志》为早,内容上比《宋会要辑稿》完备,更具可靠性。

关于民族聚居区,"边防"门也采用地理志的编纂体例,并设置卷一九"西蕃地理"、卷二二"北蕃地理"两个专题。对于西南川峡路、中南广南东西路、荆湖南北路羁縻统治区域,录其羁縻州,并尽可能地述其沿革、户口、交通情况。"西蕃地理"以唐代政区为纲,分为包括夏、银、绥、宥、灵、兰、会、盐、胜、凉、甘、肃州的夏国控制区,瓜、沙、伊、西州和北庭、安西等西域区,鄯、渭、河、洮、岷、廓、叠州等吐蕃诸部区三个部分。除部分补充宋代少量大事记载外,沿革止于唐末五代。这与中州多故,而上述地区部族林立,北宋对其关注不够,双方交流不畅,以致资料匮乏的实际情况是吻合的。"北蕃地理",专述辽国州郡沿革、民族风俗、山川道里,重点在燕云十六州及中京、东京、上京,记载较"西蕃地理"为详。当与二者来往密切,宋廷重视,资料丰富有关。

(三)

《武经总要》中丰富的边防地理记载,体现了北宋中期的边防理念。其中关于宋辽、宋夏疆界的记载,完全以事实为依托。"塘水之北,画河为界,所以限南北,谨障塞也",可见以界河明确了宋河北地区与辽的边界。"并、忻、代三州,宁化、岢岚二军,控契丹云、朔州界,云中、定襄、句注、四卢川、草城川。麟、府二州,守河外十数城",可见宋在河东地区系谨守沿边州县。而河东"岚、石、隰三州,火山、保德二军,缘黄河,捍夏国绥州界",陕西"自绥、宥、灵、夏以北,皆党项所据",夏国"尽有夏、银、绥、宥、灵、会、盐、兰、胜、凉、甘、肃十二州之地",可见宋夏边界也有较为清晰的记载。

《武经总要》重视边政,注意对相关历史经验教训进行总结,故举凡边地军政建置与沿革、历史行军路线等内容,均广泛搜罗,内容宏富。对辽、夏两国资料的搜集,尽管意在知己知彼,但对已属辽的燕云十六州和夏的十二州做重点记述,以及关于河湟吐蕃诸部、河西走廊、西域的记载,则显然寄托着恢复"汉唐旧疆"的理想。

"边防"门清晰勾勒出了北宋中期基于现实需要的边防战略,也即西南、中南内防偏重使用羁縻策略,而更重视北方和西北的外防,并且这种边防战略是灵活机动的,而非机械划一的。仍以前文提到的直面最大军事威胁辽国、作为首都屏障的河北路的记载为例,即可见出北宋边防的悉心布置。该部分首述漕司河北路,次及定州路、真定府路、高阳关路等沿边安抚使路,以及"全魏之地,河朔根本,内则屏蔽王畿,外张三路之援"的大名府安抚使路,也就是四帅司路。其中,定州路统定、保、深、祁、广信、安肃、顺安、永宁八州军,高阳关路统瀛、莫、雄、霸、贝、冀、沧、永静、保定、乾宁、信安十一州军,真定府路统真定府、磁、相、邢、赵、洺六州。不过,定州路所统八州军,仅书定州、保州、广信军、安肃军、顺安军,不录深州、祁州、永宁军;定州所属县仅书居于极边的北平军及唐县,余不录。高阳关路书瀛洲、沧州、乾宁军、信安军、霸州、雄州、莫州,余不录;除瀛洲、莫州、顺安军外,皆为极边州军。瀛洲为高阳关路马步军都部署所在地,也就是帅司路治所。莫州虽非沿边,但"南县君子馆路至瀛州百余里,北缘堤岸至雄州三十里,东至保定军。塘泊狭浅。旧置部署以下兵官,屯兵满万人,以护塘泊,东至保定军六十里,北至雄州三十里",可见其居于护卫北部边防重要防御工程塘泊的中心,且所在"塘泊浅狭",可能成为辽军南下的重点突破区域,又为极边与高阳关路治所瀛洲之间的缓冲地带,是高阳关路各防区的接应点,在此驻有重兵,故对其沿革,也予以记述。顺安军为莫州西邻,亦非沿边,尽管书中没有明确说明为什么详细记录,结合其地理可知应与莫州情形类似。高阳关路显然具有极边、次边和腹里三重防御体系,然而对于其南部已完全处于内地的大名府路,书中注明"属内地,后不录",体现出"边防"门收录资料的特点。可见北宋在北部、西北为应对辽、夏,结合没有险固山川的具体地形地势,总体上采用了大纵深防御的边防战略,在具体每一个区域布防较为灵活,并没有一个整齐划一的所谓三级或二级布防。而在西南,尤其是东南、中南,多有单级布防的区域,有些区域甚至没有布防的记录。可见如何布防、防御层级几何,完全视敌情、地理条件等具体情况而定。当然,这种布防措施也深深打上了北宋以文御武、分而治之的治国理念烙印。

直面强敌、灵活守边的战略战术,在对以开拓塘泊、密植榆柳为特点的河北防御体系的解读方面,书中也有清晰的体现。首先分析防御重点:"今北边要害,阻塘水之外,自保州边吴泊西距长城口,广袤五十里,可以长驱深入,乃中国与匈奴必争之地。自牟山至柏山,凡路口十余,八角口尤阔,几二千步,其余千步洎二十步。定州安阳口趋北山路,岳岭北寨趋蔚州界,石臼、银坊、冶山路,并入寇之所,此守边之将所宜经略也。"其次指出诸部在辽国入侵时,各阶段应进行的分工与配合:"若胡马南牧,王师分入虏境,牵制其势。则保州沿边都巡检缘西山路入幽蓟。咸平中出师大有虏获。北平军路部署出飞狐口路入蔚州界,东莫州路部庙讳(署)自白沟河入涿州界,河东麟府路军司马渡河入天德界。咸平二年,入五合川,破黄寨。景德中,自火山军路入朔州界。代州部署出西陉等山谷间入云朔界。景德元年出军甚有俘获。岢岚军兵马出草城川路入朔州界,此扼吭捣虚之义也。北狄入寇,又尝诏分兵三路,以六千骑屯广信军,将佐三员领之;五千骑屯保州,将佐三员领之;五千骑屯北平军,将佐三员领之,以抗贼锋。始至,勿与斗;待其气衰,披城诱战。若其南越保州与大军遇,则令广信之师与保州兵会,使腹背受敌,而乘便掩击。若其不攻定州,纵轶南侵,则复会北平军兵,合势入北界,邀其辎重。令雄、霸州、信安军以来,互为应援。又命将佐三员,领兵八千,屯永定军。又将佐三员,领军五千,屯邢州,拒东西路。戎寇将遁,则令定州大军与三路骑兵合击之。又令将佐三员,统兵一万于莫州,俟戎骑北去,则西趋顺安军袭击,断西山之路。如河水已合,贼由东路,则将佐三员,领兵五千,会莫州路军,掎角攻之。仍命上将一员,将万兵,镇大名,以张军势。"可见这种防御战略并不是一种被动挨打的消极构想,而是充分利用了现实地理条件,呈现出一种有所为有所不为的积极态势;同时也包含着未来一旦时机成熟,河北、河东互相配合的进攻设想。

《武经总要》对职官设置、兵员构成以及后勤保障方面的记述,体现了宋代因地制宜的边防思想,所谓:"其边镇襟带之处,建都部署、钤辖、都巡检,专督戎政,治城郭,塞蹊隧,置关镇,立堡寨,以为御冲之备。遣禁卫之师,三载更戍,谓之驻泊兵。募土人泊边杂之师,隶禁军额者,谓之就粮军。州兵系训练者,亦充营阵之役。又约府兵之制,河北、河东置义勇三十余万人。陕西以土人愿徙边者,给田置堡,有寇则战,无事力农,谓之弓箭手。熟户蕃部,置本族巡检、都军主以下兵官,凡十一级。蕃部百帐以上补军主,其次指挥使以下至正副兵马使、本族巡检,叙王官之列,至殿侍。延、石、岚、隰有捉生民兵;荆、湖、施、夔间置寨,将蛮酋土人为之。土丁义军,亦置都指挥使以下戎校,分戍城垒。"可见,北宋中期已经构筑起了以守为主、中央地方上下垂直、基层扁平的边防管理体系。军队以正规军、边兵为主,亦重视作为补充力量的地方土兵;兵员既有汉族,也包括诸多少数民族,体现了因地制宜、综合防控的边疆经营策略。

(四)

《武经总要》"边防"门采用地理志的编写体例,所涉地理区域不仅涵盖北宋全部内防、外防边地,也包括辽、夏两政权以及邻近的吐蕃诸部、西域区域。是书既认可当下的边界现状,也寄托着宋人恢复"汉唐旧疆"的精神理想。这存在着一定的矛盾性,却是时代的真实写照。

鉴于"昨藩臣阻命,王师出戍",也就是夏国叛命、宋军防御的时代背景,担心"深惟帅领之重,恐鲜古今之学",出于"虑泛览之难究,欲宏纲之毕举,俾夫善将出抗强敌,每画筹策,悉见规摹"的编书目的,"边防"门内容上遂立足军事需要、重在实用,尤其留意本朝的计谋方略及胜败得失。

其沿革记述,着眼于军事、关注历史战例,与地理志类书籍以政区沿革作为重点不同,展现了兵要地理的特点。书写时,以城、关、寨、堡、铺、津、川、谷、羁縻州等作为词条展开,所记场域具有军事景观的特征;对于军事活动中举足轻重的交通、道里,在相关政区下皆分层级逐一记述,条理分明;一些特殊的边防部署及重要的军事行军道路则设专目列出,体现出的是地方志类书籍因事增目的灵活特点。

有关武装力量的配置及数据表明,《武经总要》的记述与其成书时的北宋中期的边地攻防战略——对辽以守为主,对夏时有攻防、以攻为主,其他地域重在羁縻——是一致的,也可见该书资料来源总体是可靠的。

然而清代四库馆臣对于《武经总要》的态度则是复杂矛盾的,一方面认为"至于诸番形势,皆出传闻。所言道里山川,以今日考之,亦多刺谬",一方面又说其有"与史志相参"的价值。清人周中孚也认为该书"边防诸篇,亦多得之传闻,非所经历。然前集可以考今,后集可以证古,亦足与史志相参",延续了这种评判。今人研究,诸如邢东升、姜勇、李新伟、吴成洋、赵积优、郭声波等,分别从交通地理、编纂体例、史料来源、具体案例等方面,证实该书"边防"门资料来源总体较为可靠,否定了四库馆臣与周中孚的说法,与笔者从军事地理角度的观察较为一致。钱大昕有言:"此书所列兵法,只是书生常谈;而'边防'一门,于河北、河东、陕、蜀、荆湖、两广沿边州军城寨镇铺四至道里了若指掌,且于契丹、西夏所设州军,皆访求而详录之,洵可为考地理之一助。"此论方是知己之言。

《史记》为匈奴、南越、东越、朝鲜、西南夷、大宛作传,开正史重视边事之风,《汉书》而后成为诸家必录内容。至唐,边事及外交事务繁多,杜佑《通典》遂首开"边防"一门,"边防"作为专有名词形诸著述;然所记内容等同于正史四夷传,唐朝御边情况语焉不详,可谓有其名而无其实。北宋乐史《太平寰宇记》设"四夷"一门,共二十九卷,占全书近六分之一篇幅;系杂采历代史传资料,通览性地铺述边事外交,与正史所载无异,且"边防"一词亦不使用,实有倒退之嫌。而《武经总要》专设"边防"门,内防、外防、敌情均有书写,既是对历代重视边事情况的回顾、宋代边防实际需要的回应,也是对《通典》的直接继承,可谓名实相符,标志着边防理念在著述史上的定型。是后,兵书多有关于边防问题的记述,明清时期还出现了诸多边关专志,并在体例和内容方面对《武经总要》多有借鉴。因此笔者认为,《武经总要》"边防"门具有开创之功,在学术上具有承前启后的重要地位。

当然,《武经总要》"边防"门也存在着部分史实有误、地理记载不确、体例不统一等问题,但均属白璧微瑕,不减其光彩。

参考文献

一、著作

[宋]陈均:《皇朝编年纲目备要》,北京:中华书局,2006年。

[宋]杜大珪编,顾宏义、苏贤校证:《名臣碑传琬琰集校证》,上海:上海古籍出版社,2021年。

[宋]李焘:《续资治通鉴长编》,北京:中华书局,2004年。

[宋]吕祖谦:《宋文鉴》,影印文渊阁四库全书本。

[宋]沈括:《梦溪笔谈》,北京:中华书局,2016年。

[元]脱脱等:《宋史》,北京:中华书局,1976年。

[宋]王称:《东都事略》,影印文渊阁四库全书本。

[宋]吴曾:《能改斋漫录》,北京:中华书局,1960年。

[宋]徐自明:《宋宰辅编年录》,影印文渊阁四库全书本。

[宋]徐自明:《宋宰辅编年录校补》,北京:中华书局,1986年。

[宋]杨仲良:《续资治通鉴长编纪事本末》,北京:北京图书馆出版社,2003年。

[宋]佚名:《宋大诏令集》,北京:中华书局,1997年。

[宋]赵汝愚:《宋朝诸臣奏议》,上海:上海古籍出版社,1999年。

[宋]曾肇:《曾太师公亮行状》。

[宋]朱熹:《三朝名臣言行录》,四部丛刊本。

[宋]朱熹:《御批通鉴纲目》,长春:吉林出版集团,2005年。

[宋]左圭:《百川学海》,北京:中国书店出版社,2011年。

[明]黄淮、杨士奇:《历代名臣奏议》,上海:上海古籍出版社,1989年。

[明]黄仲昭:《八闽通志》,福州:福建人民出版社,1989年。

〔清〕丁传靖:《宋人轶事汇编》,北京:中华书局,1981年。

〔清〕方鼎等:《晋江县志》(乾隆版),台北:成文出版社,1976年。

〔清〕黄以周等:《续资治通鉴长编拾补》,北京:中华书局,2004年。

〔清〕嵇璜、刘墉等:《续通志》,杭州:浙江古籍出版社,1988年。

〔清〕纪昀等:《四库全书总目提要》,北京:中华书局,1965年。

〔清〕徐乾学:《资治通鉴后编》,影印文渊阁四库全书本。

〔清〕徐松:《宋会要辑稿》,北京:中华书局,1997年。

〔清〕周学曾等:《晋江县志》(道光版),福州:福建人民出版社,1989年。

〔清〕李清馥:《闽中理学渊源考》,徐公喜编,管正严、周明华校,南京:凤凰出版社,2011年。

《龙山曾氏族谱》,咸丰间木刻印本。

《西亭曾氏族谱》,晋江市内坑镇亭顶村藏。

曾鼎尧主编:《曾公亮学术研究文集(第一辑)》,香港:华星出版社,1998年。

《泉州府志》,泉州书社木刻印本。

粘良图:《晋台宗祠及其姓氏源流》,厦门:厦门大学出版社,2007年。

泉州曾公亮学术研究会:《曾氏史撷》,2005年。

晋江市档案局(馆):《晋江行政区域演变稽略》,北京:方志出版社,2010年。

吴钩:《知宋》,桂林:广西师范大学出版社,2019年。

曾阅、李灿煌:《晋江历史人物传》,福州:海峡文艺出版社,1991年。

曾阅:《宰相曾公亮》,北京:中国文史出版社,2009年。

张㧑之、沈起炜、刘德重:《中国历代人名大辞典》,上海:上海古籍出版社,1999年。

张小平:《宋人年谱二种》,西安:三秦出版社,2008年。

庄晏成:《泉州历史人物传》,第2版,福州:福建人民出版社,2022年。

二、论文

张保见:《略论〈武经总要〉对边防地理的记述》,《黑龙江社会科学》2022 年第 6 期。

赵积优:《曾公亮研究》,西北师范大学硕士学位论文,2013 年。

后 记

历史上曾经的蛮夷之地,从"福建第一位榜眼"欧阳詹开文化之先河,泉州文化开始快速发展,到了偏安一隅的宋王朝,泉州的经济突飞猛进,成为东方大港,经济的发展也进一步带动了文化的繁荣。此时"人杰地灵"之泉州,名人层出不穷,温陵龙山曾氏就是其中的代表,曾会、曾公亮父子更是缔造了宋代泉州仕宦世家的东南传奇。

作为大学研究生和中学语文老师,我们对历史有着浓厚的兴趣;作为地道的闽南人,我们对地方文化更是情有独钟。一直以来,我们虽涉猎较广,但深层研究不足。后来我们相继参加了泉州曾公亮学术研究会,做了一些会务工作,负责组织实施"纪念宋代名相曾公亮诞生1020周年"活动,并开展"2019年曾公亮文化泉州论坛"暨泉州曾公亮学术研究会年会等活动。在筹办学术年会及论文收集的过程中,对泉州名相曾公亮有了更细致、更深入、更全面的了解,我们也萌生了编著此书的学术初衷。

初构好框架之后,我们开始查阅大量的相关史籍,进行比对、修正,为了得到更真实的一手资料,甚至踏勘现场,不断学习、补充,不少史料都是第一次发现。2019年在泉州侨联大厦举办的泉州曾公亮学术研究会年会中,《曾公亮年谱(初编)》完成,并参与论文交流活动,我们还在大会上做了主题发言,得到了与会专家的好评和宝贵的修改意见。再后来,我们还将初稿送交福建省闽南文化研究会,只因篇幅过长,最终只能以标题的形式出现在论文集里,但这也为我们进一步完善年谱提供了精神支持,更坚定了我们完善此书的决心。

后又经过四年多的沉淀、补充、修改,《曾公亮年谱》终于完稿,甚是欣慰!同时,我们也以一如既往的希冀,祈盼本书有助于地方文教事业的发展。

　　为了丰富本书的内容，河南大学历史文化学院张保见教授驱车百余公里到新郑市，为我们找寻最新的资料。

　　在中共晋江市委党史和地方志研究室的大力支持下，本书终得面世。泉州师范学院原副校长、二级教授、福建师大博导林华东老师为本书作序，中国书法家协会理事、中国楹联学会副会长倪进祥为本书封面题签，在此一并鸣谢！

　　本书所载人物和事件较庞杂，又因年代较为久远，许多史料互有出入，经多方考证，以《宋史》和《龙山曾氏族谱》为主要事实依据。

　　由于学术水平有限，书中或还存在不足和疏漏之处，敬请方家批评指正！

陈芳盈　　甘传芳　　陈金土

2023 年中秋逢国庆　再订于泉州